21世纪经济管理精品教材·会计学系列

内部审计理论与实务

李越冬　主　编
李齐辉　刘跃明　副主编

清华大学出版社
北京

内 容 简 介

本书主要分为两大块内容,一个是关于内部审计的基本理论,另一个是关于内部审计的实务。内部审计的基本理论主要体现在第一章到第五章,首先对于内部审计的定义、特点、目标进行了说明,指出内部审计与国家审计、社会审计的区别与联系,同时说明了内部审计与内部控制的关系,进而提出内部审计的内容与方法。然后,对于内部审计相关的职业道德规范和准则进行了说明。接着,论述了内部审计项目管理,如内部审计机构的设置、内部审计质量的评价以及内部审计人员管理等。最后,对于内部审计的流程进行了分析。内部审计的实务部分主要涉及的章节是从第六章到第十章,该部分主要描述了目前内部审计机构实施比较多的审计类别,如内部控制审计、经济责任审计、建设工程项目审计、风险管理审计和舞弊审计。在论述每种审计时,主要分析了每种审计的目的、内容和方法等,并列举实例进行说明,以便理解。

本书封面贴有清华大学出版社防伪标签,无标签者不得销售。
版权所有,侵权必究。举报:010-62782989,beiqinquan@tup.tsinghua.edu.cn。

图书在版编目(CIP)数据

内部审计理论与实务/李越冬主编. —北京:清华大学出版社,2017(2024.1 重印)
(21 世纪经济管理精品教材·会计学系列)
ISBN 978-7-302-45320-8

Ⅰ. ①内… Ⅱ. ①李 Ⅲ. ①内部审计-高等学校-教材 Ⅳ. ①F239.45

中国版本图书馆 CIP 数据核字(2016)第 260838 号

责任编辑:陆浥晨
封面设计:汉风唐韵
责任校对:王凤芝
责任印制:宋 林

出版发行:清华大学出版社
网　　址:https://www.tup.com.cn,https://www.wqxuetang.com
地　　址:北京清华大学学研大厦 A 座　　　邮　编:100084
社 总 机:010-83470000　　　　　　　　　　邮　购:010-62786544
投稿与读者服务:010-62776969,c-service@tup.tsinghua.edu.cn
质量反馈:010-62772015,zhiliang@tup.tsinghua.edu.cn
课件下载:https://www.tup.com.cn,010-62770175 转 4506

印 装 者:三河市龙大印装有限公司
经　　销:全国新华书店
开　　本:185mm×260mm　印张:12　插页:1　字数:279 千字
版　　次:2017 年 1 月第 1 版　　　　　　　　印次:2024 年 1 月第 8 次印刷
定　　价:32.00 元

产品编号:063981-01

　　内部审计作为公司治理的四大基石之一，对于企业非常重要。本书一方面论述了有关内部审计的基本概念，另一方面对具体的内部审计实务操作进行了说明。对于在校学生、企业内部审计人员等具有一定的学习借鉴意义。也就是说，本书适用于专科、本科、研究生学生对内部审计理论的学习，也适合在职的内部审计人员进行后续教育使用。

　　本书主要分为两部分内容，第一是关于内部审计的基本理论，第二是关于内部审计的实务。内部审计的基本理论主要体现在第一章到第五章，首先对于内部审计的定义、特点、目标进行了说明，指出内部审计与国家审计、社会审计的区别与联系，同时说明了内部审计与内部控制的关系，进而提出内部审计的内容与方法。然后，对于内部审计相关的职业道德规范和准则进行了说明。接着，论述了内部审计项目管理，如内部审计机构的设置、内部审计质量的评价以及内部审计人员管理等。最后，对于内部审计的流程进行了分析。内部审计的实务部分主要体现在第六章到第十章，该部分描述了目前内部审计机构实施得比较多的审计类别，如内部控制审计、经济责任审计、建设工程项目审计、风险管理审计和舞弊审计。在论述每种审计时，分析了每种审计的目的、内容和方法等，并列举实例进行说明，以便理解。

　　本书的特点体现在以下几个方面：

　　第一，对内部审计的理论进行了梳理。首先介绍了内部审计的特点，与其他审计的区别与联系，然后从内部审计的基本流程和技术入手，分别阐述了内部审计职业道德规范和准则，内部审计项目管理和内部审计后续审计。

　　第二，依据中国内部审计学会颁布的最新内部审计准则内容，对内部控制审计、经济责任审计、建设工程项目审计、风险管理审计和舞弊审计进行了论述。

　　第三，对基础知识性内容进行了精简介绍，重在应用基本技能、案例分析和职业判断培养审计思维，强调内部审计人员的专业能力和职业判断，关注对理论的实际运用。

　　第四，每章都列示了学习目的，便于学习者了解和掌握本章节的主要知识点和重点难点。

　　第五，每章后面都列示一个思考案例，便于学习者对本章节知识的理解和掌握，并能够把理论与实际相结合，思考内部审计人员在实际案例中应如何应对。

　　本书的结构和框架在主编李越冬副教授与副主编李齐辉和刘跃明所长多次讨论下，由主编李越冬拟定。副主编李齐辉是华西集团有限公司总经济师，副主编刘跃明是四川省审计科研所副所长，他们对于本书的构架和实务部分的写作提供了很多有价值的建议和案例。

本书第一章由李越冬副教授完成；第二章由李越冬副教授和聂光光硕士（现就职于中国证监会江西监管局）完成；第三章到第五章由李越冬副教授和周蕾硕士（现就职于杭州市金融投资集团有限公司）完成；第六章到第八章由李越冬副教授和原审计署审计科研所刘西友博士（现就职于国家发改委）完成；第九章到第十章由审计署科研所杨宇婷助理研究员完成。

鉴于时间有限和能力有限，材料难免存在缺陷与不足，敬请各位读者和老师批评指正，以便进一步提高教材的质量，更好地适应教学需要。

作者

2016 年 11 月

第一章	内部审计概述	1
第一节	内部审计的定义及特点	1
第二节	内部审计的目标	3
第三节	内部审计与政府审计、社会审计的区别与联系	5
第四节	内部审计与内部控制的关系	7
第五节	内部审计的方法与内容	8
第二章	内部审计职业道德规范和准则	24
第一节	内部审计准则	24
第二节	内部审计职业道德规范	29
第三章	内部审计项目管理	36
第一节	内部审计机构的设置	36
第二节	内部审计质量评价	44
第三节	内部审计人员管理	47
第四章	内部审计过程	51
第一节	内部审计计划过程	52
第二节	内部审计实施过程	55
第三节	内部审计报告过程	59
第四节	后续审计	61
第五章	内部审计后续审计	67
第一节	内部审计后续审计中的两个要素	67
第二节	内部审计后续审计的特点和作用	70
第三节	内部审计后续审计的目标与内容	72
第四节	内部审计后续审计的步骤	74
第五节	完善内部审计后续审计的措施	76
第六章	内部控制审计	80
第一节	内部控制审计概述	80
第二节	财务管理内部控制审计	85

    第三节　公司治理运行审计 ·· 89
    第四节　采购内部控制审计 ·· 91
    第五节　固定资产管理内部控制审计 ·· 94
    第六节　内部监督审计 ·· 97

第七章　经济责任审计 ·· 100
    第一节　经济责任审计概述 ·· 100
    第二节　经济责任审计实施的内容 ·· 103
    第三节　经济责任审计结果运用 ··· 108

第八章　建设工程项目审计 ·· 111
    第一节　建设工程项目审计概述 ··· 111
    第二节　招投标审计 ·· 113
    第三节　建设工程的合同管理审计 ·· 114
    第四节　工程管理审计 ·· 115
    第五节　工程造价审计 ·· 116
    第六节　竣工验收审计 ·· 116
    第七节　建设项目财务管理审计 ··· 117
    第八节　后评价审计 ·· 118

第九章　风险管理审计 ·· 121
    第一节　风险管理审计概述 ·· 121
    第二节　风险管理审计的目标和内容 ······································· 131
    第三节　风险管理审计的方法 ··· 135

第十章　舞弊审计 ·· 152
    第一节　舞弊审计概述 ·· 152
    第二节　舞弊审计的目标和内容 ··· 156
    第三节　贿赂舞弊与审计 ··· 167
    第四节　舞弊审计的方法 ··· 175

参考文献 ··· 183

第一章

内部审计概述

本章学习目的

1. 理解内部审计的定义和特点。
2. 了解内部审计的目标。
3. 掌握内部审计与社会审计的区别与联系。
4. 理解内部审计与内部控制。
5. 了解内部审计的内容与方法。

本章将介绍关于内部审计的基础知识,涉及内部控制的定义、特点和目标,以及内部审计与社会审计、政府审计的关系,还涉及内部审计与内部控制的关系,最后将介绍内部审计的内容与方法。通过本章的学习,可以学习到内部审计的基本知识,为后续的学习奠定基础。

第一节 内部审计的定义及特点

一、内部审计的定义

从内部审计的发展历程可以看出,内部审计源于经营权与所有权的分离,财产所有权人为了了解受托人的经营管理责任的履行情况,委派第三方对其经营管理活动进行审计。早期内部审计主要是查错和防止舞弊,虽然不具备内部审计的完整形态,但是已经具有了内部审计的思想。现代股份有限公司的出现、经济的不断发展,使得各个公司的经营规模不断扩大,因此,许多大公司开始在公司内部设立专门的审计部门,对本公司的财务报告的合理真实性发表意见,到现在,内部审计更多地承担着对本单位经营管理活动的合规性、效率效果发表意见的职责。所以,当内部审计的职责越来越重大,内部审计对一个现代公司越来越重要时,了解和学习内部审计是非常有必要的。

1941年,国际内部审计师协会(以下简称IIA)的前身美国内部审计师协会在纽约成立,约翰·B. 瑟斯顿为第一任主席。同年,维克托·Z. 布林克(Victor.Z.Brink)出版了《内部审计的性质、作用和程序方法》一书,把内部审计上升为理论的高度,标志着内部审计学的诞生,该书的出版也推动了IIA的成立。1947年,该协会发布《内部审计职责说明》,对内部审计的定义做出了描述:"内部审计是建立在审查财务、会计和其他经营活动基础上的独立评价活动。它为管理提供保护性和建设性的服务,处理财务与会计问题,有时也涉及经营管理中的问题。"从该定义也可以看出，内部审计的主要职能还是处理财务与会计问题，对经营管理活动评价处于次要职责。从1947年开始，IIA对内部审计的定义不断做出完善和修订，到2001年，IIA将内部审计定义为："内部审计是一种独立、客观的保证和咨询活动。其目的是为组织增加价值和提高组织的运作效率。它通过系统化和规范化的方法，评价和改进风险管理、控制和治理过程的效果，帮助组织实现其目标。"从上述定义可以看出，IIA对内部审计的认识是逐步升华的，经过多次修订的定义比最先发布的定义更加精练简洁，也更加科学。同时，内部审计已不再局限于财务与会计问题的处理上，而是作为公司内部治理的一部分，是对一个公司具有增值职能的服务。在内部审计后续发展期间，IIA虽然也对内部审计相关的准则进行了修订，但是其定义也没有进行太大的改变。

对我国而言，1985年8月，国务院发布了《国务院关于审计工作的暂行规定》，要求国务院和县级以上地方各级人民政府各部门、大中型企业事业单位建立内部审计监督制度，根据审计业务需要，分别设立审计机构或审计人员，在本部门、本单位主要负责人领导下，负责本部门、本单位的财务收支及其经济效益的审计。1985年12月5日，审计署发布《关于内部审计工作的若干规定》，这是我国审计署第一次提出了关于内部审计的定义："内部审计是部门单位加强财务监督的重要手段，是国家审计体系的组成部分。国家行政机关、国有企业事业组织应建立内部审计监督制度，以健全内部控制，严肃财政纪律，改善管理，提高效益。"从上述定义可以看出，内部审计主要是针对国家行政机关和国有企事业单位，主要职责是财务监督。1995年，审计署1号令《关于内部审计工作的规定》，再一次将内部审计定义为："内部审计是部门、单位实施内部监督，依法检查会计账目及其相关资产，监督财政收支和财务收支真实、合法、效益的活动，以及法律、法规、规章规定的其他单位，依法实行内部审计制度，以加强内部管理和监督，遵循国家财经法规，促进廉政建设，维护单位合法权益，改善经营管理，提高经济效益。"审计署这一定义，提出了内部审计执行的主体，丰富了内部审计的职责，强化了其对于公司治理、国家治理的作用。2003年，中国内部审计协会颁布了《中国内部审计准则》，该准则定义内部审计为："内部审计，是指组织内部的一种独立客观的监督和评价活动，它通过审查和评价经营活动及内部控制的适当性、合法性和有效性来促进组织目标的实现。"2013年，中国内部审计协会发布了《第1101号——内部审计基本准则》，其中对内部审计的定义为："内部审计是一种独立、客观的确认和咨询活动，它通过运用系统、规范的方法，审查和评价组织的业务活动、内部控制和风险管理的适当性和有效性，以促进组织完善治理、增加价值和实现目标。"

国内外对内部审计定义的逐步演化，体现出内部审计定义是不断随着实践与理论的发展而发展的。早期内部审计的功能局限于查错防弊，这是和当时的经济发展水平相一致的，随着经济的发展、公司规模的不断扩大，内部审计不再仅仅为处理财务与会计问题服务，而更多地承担着提高公司经营管理水平的职责，内部审计的职能不断丰富，是符合公司发展需要的。从国内外关于内部审计职能的表述中，可以发现，我国对内部审计的定义已经与IIA定义趋同，即内部审计是为促进组织完善治理、增加价值，帮助组织实现目标服务；内部审计必须保持独立性和客观性；内部审计是一种确认和咨询活动；内部审计采用系统和规范的方法；内部审计的主要任务是对组织的业务活动、内部控制和风险管理进行评估和改善。

综合上述分析，本书认为，内部审计是各个组织内部进行的一种独立的确认和咨询活动，旨在保障各个组织的各项经营管理活动的真实性、合法性、效率性和效益性，是能够提高组织的经营管理水平的增值服务。该定义体现：执行内部审计的主体是各个组织内部的相关机构，同时也强调执行主体的独立性，保障了独立性才能保证确认活动真实有效。内部审计实质是一种确认和咨询活动，并且对组织具有增值作用。内部审计的目标是保障组织的经营管理活动的真实性、合法性、效率性和效益性。

二、内部审计的特点

通过上述对内部审计定义的分析，可以发现内部审计是不同于外部审计的，内部审计有着它应该有的特点。本书认为，内部审计具有如下特点。

（1）相对独立性。外部审计是被审计单位委托完全独立的第三方对其受托经济责任进行审计，与被审计单位没有任何关系。然而，对于内部审计而言，它是被审计单位自己组织的审计活动，受被审计管理层领导，只是相对于被审计的部门是独立的。因此，对于内部审计而言，独立性是相对的，并不具有外部审计完全的独立性。

（2）对内提供服务。根据内部审计的定义可以看出，内部审计的执行主体是各个单位自身，然而内部审计的审计对象也是各个单位内部各个机构，因此，内部审计是对各个单位自身提供确认和咨询服务，只需要对本单位领导部门负责，不需要对外提供其审计结果。

（3）职能的广泛性。国家审计是审计单位对国家行政单位、国有企事业单位的财务、财政收支活动真实性、合法性以及效益性发表意见。而社会审计是审计单位对被审计单位财务报告的合法性和公允性发表意见。然而，对内部审计而言，虽然也要对被审计单位的财务活动发表意见，但是，内部审计更重要的职能是对本单位经营管理情况提供建议，作为公司治理的一部分，有着提升公司业务质量和价值的责任。因此，内部审计的职能相比于外部审计而言，更加广泛，不仅仅局限于对财务报告发表意见。

（4）服务具有增值性。从以上对内部审计职能的分析可以看出，内部审计更多的是为本单位的经营管理活动进行确认和咨询，通过评价本单位的经营管理活动，提出改进意见，从而实现本单位的目标。因此，内部审计不是一项重复没有价值的工作，它具有增值功能，能够为一个组织带来效益。

（5）对内部控制进行审计。内部审计与内部控制是相互联系的，不是割裂的关系。内部审计作为内部控制的重要组成部分，而内部控制又是内部审计必须进行审计的对象。无论是我国审计署还是 IIA 在对内部审计的定义中，都提及需要对本单位内部控制进行审查。

（6）审查程序的简化性。基于现代风向导向审计理论，实施审计程序之前，需要对被审计单位的环境及其情况进行了解，在识别、评估风险之后，才能执行具体的审计程序。但是，对于内部审计而言，是被审计单位自己组织的审计活动，内部审计执行机构已经足够了解本单位的经营环境和重要的风险，因此，可以简化审计程序，提高审计的效率。

第二节　内部审计的目标

根据我国审计署 8 号令《中华人民共和国审计准则》的规定，国家审计的目标是通过监督被审计单位财政收支、财务收支以及有关经济活动的真实性、合法性、效益性，维护国家经济安全，推进民主法治，促进廉政建设，保障国家经济和社会健康发展。然而，自刘家义审计长提出国家审计的"免疫系统"功能后，公众对国家审计的功能又有了新的认识。主要体现在：一是国家审计能强化对公共资源整体性、公共责任落实情况、公共政策执行情况、国际竞争导致的公共风险的监督，保障公共资源和宏观经济等方面安全（左敏，2011）。二是国家审计是国家治理的一个重要组成部分，起保障我国经济安全运行的作用。对于社会审计而言，根据我国注册会计师审计准则的规定，注册会计师审计的目标为：① 为财务报表整体不存在重大错误和舞弊提供合理保证；② 对财务报告的合法性和公允性发表审计意见。从内部审计的定义可以看出，内部审计的目标主要是帮助组织实现其目标，因此对于不同的组织而言，内部审计的目标是不一样的。对于内部审计的目标而言，分为总体目标和具体目标。

一、内部审计的总体目标

内部审计的总体目标与具体目标是相互联系的，总体目标是内部审计要实现的最终目标，而具体目标又是实现最终目标的保障。结合当前的实际情况来看，内部审计的总体目标是：能够有助于实现一个组织的战略目标，使公司价值得到增值。任何一个组织，都有其各自的战略目标，而要实现这样一个战略目标，需要组织各个机构各个职能部门协调地发挥作用，而内部审计作为公司治理的一个重要组成部分，存在的意义就在于帮助本组织实现其战略目标，从而增加企业价值。

二、内部审计的具体目标

结合内部审计的总体目标，内部审计的具体目标应该包括以下几个方面。

（1）财务报告的合法性和公允性。保障财务报告符合相关的会计法规和政策，以及财务报告的真实性，是审计的最基本职能，也是内部审计的传统职能。在早期的内部审计中，内部审计的主要职能就是针对财务报告的查错防弊，因此，保障财务报告的合法性和公允性应该属于内部审计的最基本职能。保障财务报告的合法性是指，保证本组织的财务报告符合相关的法律和法规，以及符合会计准则；保障财务报告的公允性是指，保证本组织的财务报告真实地、公允地反映了本组织的财务状况和经营成果。

（2）维护资产的安全完整。从内部审计的产生看，内部审计源于经营权与所有权的分离，内部审计的实质是受托责任。在受托责任关系中，委托人需要了解受托的财产和权力的使用情况，因此委托人委派审计人员对受托人的经营管理情况做出评价。对于受托责任的履行情况，最基本的职责应该是保障受托财产的安全和完整，因此，内部审计的基本目标之一是保证资产的安全完整。

（3）保障经营管理的合法合规性。对于任何一个组织而言，经营的合法合规性是其持续经营、完成目标的基本前提。既然内部审计的总目标是帮助实现一个组织的战略目标，那么，内部审计首先要保障组织经营管理活动符合相关的法律法规，才能实现总体目标。保障经营管理的合法合规包括以下三个方面：第一，组织从事的经营活动要符合相关法律规范的规定，不能有任何违规违纪的行为。第二，组织的所有成员不得有串通舞弊的行为，组织中一旦出现串通舞弊的行为，将会伴随着侵占组织财产、财务造假等行为发生。所以，内部审计人员应该发现和防止本组织的舞弊行为。第三，发现并阻止管理层违背委托人利益的行为，由于存在委托人与管理层之间的代理问题，管理层会违背委托人的利益追求自己利益的最大化，比如装修豪华的办公室、超高的在职消费、不努力工作等，因此，内部审计应该及时发现并阻止管理层做出违背组织利益的行为。

（4）保障经营管理的效益效率性。任何组织处于社会中都面临着有限的资源，那么一个重要的问题就是一个组织如何优化配置自己所拥有的资源，使得其实现效益最大化。内部审计机构非常了解自己所处的组织，再利用绩效审计，可以明确所处组织经营管理的问题，从而实现其战略目标。因此，内部审计有职责发现组织经营管理中的问题，实现组织资源的最优化配置，提高组织的经营管理的效率效果。

第三节　内部审计与政府审计、社会审计的区别与联系

随着社会实践的发展，审计也经历了较大的发展，形成了不同类型的审计，比如资源环境审计、经济责任审计、绩效审计等。按照审计主体不同，可以将审计划分为内部审计、政府审计和社会审计。政府审计，又称为国家审计，国家审计是由国家审计机关执行的，对我国各级行政单位、国有企业、事业单位的财政收支活动和财务收支活动的真实性、合法性以及效益性发表意见。社会审计，又称注册会计师审计或者独立审计，社会审计是由注册会计师提供的，对被审计单位的财务报告的合法性和公允性发表意见。内部审计、政府审计和社会审计是三种相互联系、相互补充的审计形式，既有区别也有联系。

一、内部审计、政府审计和社会审计的区别

内部审计、政府审计与社会审计的区别主要体现在以下几个方面。

（1）审计的主体不同。对于内部审计而言，执行主体是各个组织，是由各个组织的领导部门实施的审计，只对本组织的领导层负责。对于政府审计而言，根据我国审计法的规定，执行政府审计的审计单位是国家审计机关。对于社会审计而言，社会审计是本企业的所有者委托独立第三方审计机构，对本企业的财务报告进行审计。

（2）审计的独立性不同。由内部审计的执行主体可以看出，内部审计是各个组织自行实施的，很多企业会设置审计委员会，由其领导该企业的内部审计，还有很多小规模的企业，内部审计机构是接受该企业财务部领导的，因此，对于内部审计而言，内部审计机构只是相对于被审计的部门是独立的，对于企业而言，是属于企业的构成部分，所以，独立性比较弱。国家审计虽然是由专门的审计机关对我国各级行政单位、国有企业、事业单位进行审计，有部分学者认为，由于我国的国家审计模式是"行政型"的，国家审计机关实质上受政府部门的领导，因此，政府审计的独立性也不是很强。但是另外有学者则指出国家审计是依法审计，虽然属于政府部门，但是其是依法进行审计，其独立性还是比较强的。从理论上讲，社会审计的独立性最强，这是因为，社会审计产生于受托经济责任关系，委

托人需要独立的审计师对管理层的受托经营责任履行情况进行审计，只有审计师与管理层是完全独立的，才能得到真实、公正的审计结果。然而在现实生活中，由于社会审计与被审计单位存在收费关系，独立性受到一定影响。所以，就独立性而言，社会审计与政府审计独立性较强，内部审计的独立性最弱。

（3）审计依据的准则不同。1985年，审计署颁布《关于内部审计工作的若干规定》，第一次对内部审计进行了定义，该文件还规定了内部审计的工作内容、职责、主要程序等。审计署又对该文件进行了反复修订，逐步完善对内部审计工作的要求。不过，直到2003年，我国审计署首次颁布了《内部审计准则》，中国内部审计协会发布了《内部审计具体准则》，从此，我国也就有了与国际接轨的内部审计准则，2013年新颁布了《内部审计准则》作为内部审计的依据。对于政府审计而言，依据我国审计法制定的《中华人民共和国国家审计准则》，作为国家审计机关进行审计的依据、审计人员进行审计的操作指南以及衡量政府审计质量的标尺。社会审计的标准是注册会计师在审计过程中应该遵循的一系列执业规范，主要包括审计准则、职业道德准则、质量控制准则等。

（4）审计的对象不同。根据我国审计署2013年新颁布的《内部审计准则》可以看出，内部审计的对象是一个组织的业务活动、内部控制和风险管理，是对一个组织上述三项活动的适当性和有效性发表意见。政府审计的对象则是，我国各级行政单位、国有企业以及事业单位的财务活动和财政活动，并对这些活动的合法、合规性发表意见。对社会审计而言，注册会计师需要对企业的财务报告的合法性和公允性发表审计意见。因此，内部审计、政府审计与社会审计的审计对象是不一样的，各自审计的侧重点是不同的。

（5）审计报告的作用不同。内部审计是各个组织自行开展，针对本组织业务活动、内部控制和风险管理进行的审计，因此，内部审计的审计报告只需要提供给本组织的管理层，作为本组织经营业务活动改善的依据，是用于帮助组织实现目标的。对于政府审计而言，审计报告需向被审计的单位提供，反映本单位的财务、财政活动的合法合规以及真实情况等。但是，在当前情况下，审计报告还需要向本级政府、上一级审计提供，以反映发现的重大事项。因此，可以看出政府审计的审计报告，在发现重大情况时，还需要向本级政府和上一级审计机关提供。对于社会审计而言，需要公开审计报告，这样才能被利益相关者使用，方便他们做出投资决策。

二、内部审计、政府审计和社会审计的联系

内部审计、政府审计与社会审计虽然有着重大的区别，但是它们却不是对立的关系，而是相互联系、相互补充的。具体表现如下。

（1）取证的审计方法相似。无论哪种审计都需要取得证据，从而得到审计结论。内部审计、政府审计和社会审计三者取证的方法一般都会用到询问、检查文件资料、观察、函证等，如在对现金等有形资产进行审计的时候都会用到检查实物资产，即盘点等方法，在对银行存款进行审计的时候一般都会用到函证。

（2）可互相利用审计发现和结果。内部审计、政府审计与社会审计在审计的收集证据的方法上有相似之处，因此它们可以相互利用审计发现和结果。通过利用审计的发现和结

果,一方面,可以找到被自身忽略的问题;另一方面,可以发现较为严重的问题,合理利用审计的结果,加强薄弱环节的改进。比如,政府审计可以利用内部审计的结果,经过对内部审计的结果评估后,如果内部审计报告能够真实反映被审计单位的情况,那么政府审计可以运用内部审计的结果,对其反映的重要风险点进行重点审计,从而合理配置审计资源。

(3)都要评价内部控制。内部控制是维护组织资产安全、防范舞弊以达到组织目标的第一道屏障,审计人员在审计组织时,都应该对其内部控制进行评价。通过对内部控制进行评价,可以判断组织存在的风险点在哪里,这些风险点会导致什么问题。按照内部审计的作业准则的第十五条和第十六条规定,内部审计人员应当深入了解被审计单位的情况,审查和评价业务活动、内部控制和风险管理的适当性和有效性,关注信息系统对业务活动、内部控制和风险管理的影响。内部审计人员还应当关注被审计单位业务活动、内部控制和风险管理中的舞弊风险,对舞弊行为进行检查和报告。2010年财政部颁布的《企业内部控制审计指引》中明确要求注册会计师应当对财务报告内部控制的有效性发表意见,因此,社会审计可以运用内部审计对内部控制评价的结果,决定进行内部控制审计的程序。内部审计同样也可以利用社会审计的结果,发现自己未发现的问题,以做好进一步的改进。所以,对内部审计和社会审计而言,它们可以相互运用各自的审计结果,是相互补充、相互联系的关系。

第四节 内部审计与内部控制的关系

2008年6月,财政部等五部委联合发布《企业内部控制基本规范》,规定了内部控制的目标、原则、要素以及具体规范。随后,在2010年5月,又颁布了《企业内部控制配套指引》,主要针对具体业务和事项,包括应用指引、鉴证指引、评价指引。这些配套指引和内部控制基本规范的颁布标志着适应我国企业实际情况、融合国际先进经验的中国企业内部控制规范体系基本建成。那么到底什么是内部控制呢?COSO发布的内部控制框架认为:内部控制是受企业董事会、管理层和其他人员影响,为经营的效率效果、财务报告的可靠性、相关法规的遵循性等目标的实现而提供合理保证的过程。而我国《企业内部控制基本规范》则认为,内部控制,是由企业董事会、监事会、经理层和全体员工实施的,旨在实现控制目标的过程。内部控制的目标是合理保证企业经营管理合法合规、资产安全、财务报告及相关信息真实完整,提高经营效率和效果,促进企业实现发展战略。虽然二者对内部控制的定义表述不尽相同,但是关于内部控制的实质以及内控的目标都是吻合的。同样作为维护企业经营活动的合法、合规以及效率、效果,保障财务报告的真实完整的内部审计,那么,内部审计与内部控制到底存在什么样的关系呢?本书认为,内部控制与内部审计既相互区别又相互联系。

一、内部审计与内部控制的区别

虽然,内部审计与内部控制存在相一致的地方,但是它们还是存在区别的,是相互独立的。具体表现在如下几方面。

(1)定义不同。内部审计强调一个组织内部独立的机构或者部门,对组织的经营管理活动进行监督和评价,而对于内部控制而言,它是组织内部全体人员都需要参与的一种控制过程。从定义就可以看出二者的区别,内部审计更重视独立性,需要一个独立部门作为执行主体,而内部控制的执行主体是整个组织的所有人员;内部审计是一种监督和评价活动,而内部控制则是一种控制过程。

(2)目标不同。内部审计与内部控制,在对于一个组织的财务报告和经营活动上都有自己的目标。根据我国内部审计准则的规定,内部审计最终目标是促进一个组织完善其治理模式,增加企业价值,帮助组织实现其目标。对内部控制而言,内部控制的目标是保证经营管理活动的合法性和合规性,保证财务报告的真实性和完整性,以及经营的效率性和效果性。因此,可以发现内部审计的目标更加强调组织的整体价值提升和目标的实现,而内部控制的目标则是从一个比较微观具体的角度出发的。

(3)依据不同。内部审计与内部控制都是很重要的制度,我国政府都在不遗余力地推行、规范各个企业建立内部审计与内部控制制度。内部审计主要是依据我国审计署发布的《内部审计准则》以及由中国内部审计协会发布的《内部审计具体准则》。而内部控制主要是依据财政部联合五部委发布的《企业内部控制基本规范》和《企业内部控制配套指引》。因此,内部审计和内部控制依据的标准是完全不一样的。

(4)采用的方法程序不同。对于内部审计而言,主要采用审计活动执行的程序,比如观察、检查、询问、抽样等。而对于内部控制而言,采取的方法主要是分离不相容的岗位、授权、审核等。因此,内部审计和内部控制在方法和程序的选用上有很大的区别。

二、内部审计与内部控制的联系

内部审计与内部控制同是作为完善企业内部治理的重要措施,作为相互区别、相互独立的内部审计和内部控制,在某些方面又是相互联系的。首先,内部审计是内部控制的一部分。其他联系具体表现如下:

(1)内部审计监督内控控制的有效性。根据内部审计的定义可以看出,内部审计需要对组织的经营活动、内部控制以及风险管理的适当性、有效性进行监督和评价。因此,内部审计能够提升内部控制的质量,也就是内部审计的质量可以影响内部控制的质量,高质量的内部审计制度,可以使得内部控制更加健全和合理。

(2)内部控制会影响内部审计的质量。内部审计的质量可以影响内部控制的质量,同样,内部控制也能够影响内部审计的质量。内部控制健全完整有效,内部审计工作可以更多地依靠内部控制,可以减少内部审计的工作量,因而可以提高内部审计工作的效率。同时,内部控制是有效的,那么内部审计可以针对内部控制中的薄弱风险有针对性地进行监督,提出有针对性的改进意见,从而可以提升内部审计的质量。

第五节 内部审计的方法与内容

一、内部审计的方法

(一)审计方法的发展阶段

审计最初为财务报表审计,其审计方法主要经历了三个阶段。

1. 账项基础审计

账项基础审计又称为详细审计，是最初始的审计方法，主要着眼于查错防弊，从审计期间会计事项所依据的相关会计原始凭证入手，追查到记账凭证、账簿、会计报表等会计文件的形成，验算其记账金额，核对账证、账账、账表，账项导向审计模式适用于规模小、业务较少、账目数量不多的被审计单位，是在审计技术和方法不发达的特定审计环境下产生的，在审计发展的早期应用非常普遍。审计人员主要对会计凭证和账簿进行详细检查，其不对内部控制的存在和有效性进行了解和测试，只是围绕账表事项进行详细审查，优点就是检查比较全面仔细，缺点是费时耗力，且无法验证账项、交易的真实性，很难得出可靠的审计意见，审计结论存在很大的局限性。

2. 制度基础审计

制度基础审计是以内部控制制度为基础的审计方法，将审计的重点放在对内部控制制度各个控制环节的审查上，审计人员先对被审计单位内部控制系统进行调查，并在评价内部控制系统的基础上决定审计范围和重点。制度导向审计模式将审计的重点放在对内部控制制度各个控制环节的审查上，目的是发现内部控制制度的薄弱之处，找出问题发生的根源，然后针对这些环节扩大检查范围；对内部控制制度有效之处，则可缩小其检查范围或简化其审计程序。这种方法比账项基础审计节省审计的时间和费用，可以提高审计的效率和效果。在这种审计模式下，是否检查凭证与经济事项、检查多少凭证与经济事项都不再是大海捞针，而是建立在对被审计单位内部控制系统认识基础上的重点审查。

3. 风险导向审计

风险导向审计最显著的特点是：它立足于对审计风险进行系统的分析和评价，并以此作为出发点，制定审计策略和与企业状况相适应的多样化审计计划，将风险考虑贯穿于整个审计过程。首先，风险导向审计需要将客户置于行业、法律、经营管理、资金、生产技术甚至企业的经营理念等环境中，从各个方面研究环境对审计风险控制的影响，并对这种影响进行评价，将其数量化。其次，在保留制度基础审计优点的基础上，重点研究被审计单位的内部控制，此时审计人员所研究的是已经扩大了的内部控制系统，不仅包括会计控制，还包括企业经营管理的其他控制，其目的不仅仅是找出薄弱环节，更要研究由于控制的缺陷而产生的控制风险，并对此进行评估。再次，通过对产生风险的各个环节的分析评价，审计人员利用审计风险模式，可以把被审计单位的重大错报风险量化，确定出可以接受的检查风险水平，并以此确定实质性测试的重点和测试水平，确定如何收集、收集多少以及收集什么性质的审计证据。最后，将审计风险降低至审计人员可以接受的水平，出具相应的审计报告。

风险导向审计模式合理地扬弃了作为制度导向审计模式基础的"无利害关系假设"，把指导思想建立在"合理的职业怀疑假设"的基础上。不只依赖对被审计单位管理层所设计和执行内部控制制度的检查与评价，而是实事求是地对公司管理层是否诚信、是否有舞弊造假的驱动，始终保持一种合理的职业警觉，将审计的视野扩大到被审计单位所处的经营环境，捕捉潜在的风险点，将风险评估贯穿于审计工作的全过程。

（二）审查书面资料的方法

审查书面资料的方法包括三类：第一类是按照审查书面资料的顺序划分，可分为顺查法和逆查法；第二类是按照审查书面资料的数量和范围划分，可分为详查法和抽查法；第三类是按照审查书面资料的技术内容划分，可分为审阅法、核对法、分析法、复算法等。

1. 按照审查书面资料的顺序划分

1）顺查法

顺查法，也称正查法，是指按照会计业务处理的先后顺序依次进行审查的方法。顺查法的审计程序与会计处理的顺序完全一致，在审查时首先审阅原始凭证和记账凭证，然后将记账凭证与账簿记录相核对，最后将财务报表与账簿记录相核对。

顺查法的审计程序是：原始凭证→记账凭证→会计账簿→财务报表。

在采用顺查法时，主要运用了审阅和核对的技术方法。通过对凭证、账簿和报表的审阅和核对发现问题，取得证据，分析原因并查明真相。采用顺查法，取证过程与会计处理一致，容易发现疏忽和遗漏，但容易发现高估与多计。但是，此法的取证工作量较大，需要花费注册会计师较多的时间和精力，因而审计的效率不高。

在审计实务中，如果被审对象呈现以下特点，注册会计师可以采用顺查的方法。第一，被审单位规模较小，业务较少；第二，被审单位管理制度和内部控制极差，存在问题严重；第三，被审单位存在严重违纪事项需要查实。若不具备以上特点，注册会计师一般不宜采用顺查的方法。

2）逆查法

逆查法，也称倒查法，是指按会计处理顺序的相反顺序依次进行的审查。即先检查财务报表，在财务报表审查的基础上检查账簿记录，最后再检查会计凭证。

逆查法的审计程序是：财务报表→会计账簿→记账凭证→原始凭证。

在采用逆查法时，注册会计师首先要根据自己的经验对报表进行分析，并以此判断哪些方面可能存在问题，或构成重要性必须进行检查。在报表分析的基础上确定重点审查项目，检查相关的账簿记录。在检查账簿时又往往采用审阅和分析的方法发现可能存在的问题，最终通过凭证的审查来确定被审事项的真相。采用逆查的方法，分析和审阅所占比重很大，先确定审查重点，然后逐个进行审查。逆查法容易发现高估与多计。

在现代审计实务中，逆查法是较为普遍采用的一种方法。此法可以针对性地取证，有的放矢，突出审计重点，节约审计的时间和精力，提高审计工作的效率。但是该法需要依赖注册会计师的专业判断，运用的成功与否易受注册会计师工作能力和经验的影响，一旦注册会计师判断失误，对报表和账簿的分析、审阅有可能出现偏差，将会影响审计的质量。为此，逆查法本身的特点决定了它适合于大型企业以及内部控制制度较好的单位。

2. 按照审查书面资料的数量和范围划分

1）详查法

详查法，又称全查法或精查法，是指对被审单位一定时期内的全部会计资料，包括凭证、账簿和报表等，逐个地进行审查，以大量取证来评价被审单位经济活动的合规性、合法性以及会计资料的真实性、准确性的一种审计方法。

采用详查法，由于逐个地对反映被审事项的会计资料进行审计，较容易查出存在的问题，审计结论的可靠性大、审计风险较小、可以最大限度地保证审计工作的质量。但是，现代企业规模大、业务多、会计凭证数量多，即使在审计中安排了大量的注册会计师来进行审计，所耗费的时间和精力都是很大的，审计的成本较高。

详查法与顺查法有较为密切的联系。详查法要对所有的会计资料逐一检查，因此检查过程可以从凭证检查开始，采用顺查法的程序。作为审计方法，详查法仅适用于小型企业和行政事业单位、存在严重问题而进行专案审计，以及内部管理和控制制度很差的单位。

2）抽查法

抽查法，又称抽样审计，是指从被审计单位一定时期内的会计资料中按照一定的方法抽取出一部分作为样本，通过对样本检查的结果来推断被审经济活动的合法性、合规性、真实性和可靠性的一种方法。

抽查法不对所有的被审资料进行检查，而是通过对一部分资料的检查来推断总体，因此这种方法的审计效率较高，审计成本较低。缺点在于审计结论与被审计单位的实际情况会存在一定的差异，如果这种差异很大，将影响审计结论的正确性，因此运用此法是否能够正确地确定样本数量以及样本是否具有代表性是抽样审计方法能否成功的关键。

抽查法通常适用于规模较大、业务较复杂、会计资料繁多的单位以及管理基础好、内部控制制度较完善的单位。

3. 按照审查书面资料的技术内容划分

1）审阅法

审阅法是通过对被审计单位有关书面资料进行审查阅读来取得审计证据的一种方法，用于书面证据的取证。

审阅法通常包括凭证的审阅、账簿的审阅、报表的审阅和其他资料的审阅。

（1）会计凭证的审阅。会计凭证有原始凭证和记账凭证两种，通常记账凭证后面总是附有原始凭证，因此原始凭证和记账凭证的审阅在实务中可以同时进行。

会计凭证的审阅主要从凭证的外表形式和内容实质两个方面进行。

① 外表形式的审阅。在审阅原始凭证的外表形式时，应该注意凭证的取得是否合法，是否注明凭证制作单位的名称和地址，凭证是否连续编号，各项目是否填制齐全，有无加盖签发单位的公章和经手人的签字等。

在审阅记账凭证的外表形式时，应注意记账凭证有无注明制单人、复核人和主管人员的签章，记账凭证后有无附有原始凭证，记账凭证上注明的原始凭证数量与所附原始凭证是否一致等。

② 内容实质的审阅。审查原始凭证的内容时，首先注意经济业务是否合理、合法，是否符合国家的有关方针和政策；其次，判断凭证的内容是否真实；最后注意审阅凭证在入账时是否经过了必要的审批。

审查记账凭证的内容时，主要注意记账凭证的业务摘要内容与原始凭证是否一致，会计分录的处理是否正确。

（2）会计账簿的审阅。账簿的审阅以明细账和日记账的审阅为主，因为明细账和日记账的记录详细，通过审阅易于发现问题；而总账通常只进行总括的反映，因此对总账的审阅没有太大的意义。在检查现金业务、结算业务和各种费用时，明细账的审阅往往作为一种重要的方法。

审阅账簿时，一方面要注意账簿的记录是否规范，如账簿启用手续、使用记录是否完整，业务摘要、对应科目等记录是否齐全，账簿记录有无涂改的痕迹，对记账错误的更正是否符合要求；另一方面要注重账簿记录的内容是否完整。如数字记录是否正常，记录的内容有无重复，记录反映的财务活动的增减变化是否正常等。

（3）财务报表的审阅。在审阅报表时，第一，要注意报表的编制手续是否齐备，有无编报人员和审核人员的签章；第二，应注意报表各个项目是否填列完整；第三，注意报表各项目的对应关系和钩稽关系；最后，还应注意报表各附注说明是否正常。报表的审阅一般结合核对、复算和分析等方法来进行。

（4）其他资料的审阅。除了审阅会计凭证、会计账簿、财务报表等会计资料外，注册会计师还可以审阅公司的合同、章程、协议、计划、预算等其他经济资料。

2）核对法

核对法是对被审计单位有关书面资料按照它们相互的内在联系互相进行核对而取得审计证据的方法。通过核对能验证被审单位账簿记录和报表编制的真实性。核对法主要包括了账证核对、账账核对、账表核对和账实核对。

（1）账证核对。账证核对主要是将账簿的记录与作为记账依据的凭证进行核对以判断账证是否一致。账证核对包括了总账和明细账同凭证的核对，也包括了账簿同原始凭证和记账凭证的核对。

会计账簿是依据凭证来记录的，两者之间存在密切的关系。在进行账证核对时，注册会计师可以将审阅账簿记录的结果为依据有重点地进行账证核对，在审阅账簿时应特别关注金额较大的、内容模糊不清的记录，对于具有这些特征的，注册会计师应追查至会计凭证，并在审计工作底稿中予以记录。

（2）账账核对。账账核对是指账簿记录之间的核对。可以采取两种方法予以核对：一是按照账簿记录的对应会计科目来进行，例如，赊销业务发生所涉及的"应收账款"与"主营业务收入"和"应交税费——应交增值税（销项税额）"以及"主营业务成本"与"库存商品"之间的核对；另一种是按账簿的相互关系来进行核对，比如总账与明细账和日记账的核对。

（3）账表核对。账表核对是将财务报表的相关栏目与其对应的会计科目数进行核对，以查证财务报表是否按账簿记录编制。

账簿记录是编制财务报表的基础。因此，对于账表核对，通常是将有关报表项目的金额与总分类账户的金额进行核对，但有些报表项目是根据明细账记录计算分析后列示的，这样就需要考虑报表项目与相应明细账进行核对。账表核对的重点是对账、表所反映的金额进行核对，以此来判断报表数据是否为虚构或存在差错。对于发现的账表不符，应追查原因并在审计工作底稿中予以记录。

（4）账实核对。账实核对是指有关明细账与实物相核对，以查明账存数与实存数是否相符。

账实核对是注册会计师在审查有实物形态的财产物资时常采用的一种方法。在实际的操作中，注册会计师会将盘点的结果与有关的账簿记录进行核对，编制盘点表，详细地列示盘点实物的品名、规格、账存量和实存量，以及账实之间的差异，并具体分析产生差异的原因并做出妥善的处理。

核对法在审计实务中使用范围较为广泛，无论是账证核对、账账核对、账表核对还是账实核对，注册会计师都要注意对已核对过的内容应用规定的符号做好标记，以避免重复复核。

3）分析法

分析法是指注册会计师对被审计事项的各个因素运用分解、综合的手段，掌握其相互关系及其对审计事项的影响程度，从而取得审计证据的一种方法。采用分析法的目的在于帮助注册会计师找到审计的线索，以确定进一步检查的内容和步骤。分析法包括因素分析法、综合分析法和逻辑分析法等。审计过程中的报表分析、账户分析、账龄分析是分析的主要内容。

（1）因素分析法。因素分析法是将对某一事项产生影响的各个因素予以分离，在此基础上分析各个因素对该事项所产生的影响及其影响程度。例如，将影响利润的因素可以分解为售价、销售数量、销售成本、销售税金、营业费用、营业外收支等，并且可进一步进行品种和结构的分析。

（2）综合分析法。综合分析法是将与被审事项有关的各个因素相互联系起来进行分析。因此，综合分析法是因素分析的逆向过程。

综合分析通过各个因素的性质分析被审事项的性质，通过各个局部的性质分析出总体的性质。综合分析也包括了将个别的、分散的审计证据结合起来进行分析，使审计证据形成充分的证明力。综合分析在注册会计师形成审计意见时特别重要，对于注册会计师来说综合分析是对被审计工作单位做出正确评价的必要手段，同时也是防止发生重大失误的必要手段。

（3）逻辑分析法。逻辑分析法是对与被审事项具有一定的内在逻辑关系的事项进行分析，从而确定它们对被审事项的影响，帮助注册会计师确定审查的重点和方法，并帮助注册会计师判断对被审事项的可靠性程度。在审计过程中，有许多事项并不直接是需要确认的对象，但它们和需要确认事项之间存在着内在的逻辑关系，注册会计师可以采用逻辑分析的方法来分析这些事项与被审事项的内在逻辑关系，确定它们对被审对象可能产生的影响，使得所采用的审计程序更有针对性。例如，注册会计师发现所得税率调高，就应该注意由于税率调高可能导致被审计单位隐匿利润以达到逃税的目的，因此对所得税的审查更应予以关注。

4）复算法。

复算法是指以重复计算会计资料的有关数字为手段，检查被审计单位的会计工作质量的一种查账方法，对被审计单位的有关计算结果进行重新计算以验证被审单位的计算结果是否正确，又称"验算法"或"核实法"。包括：复算原始凭证上的单价乘数量的积数、记账凭证上的合计数；复算各账户中的借、贷方本期发生额和期末余额；复算会计报表中有关项目的小计数、合计数、总计数、乘积数和百分比数等；复算预测、计划、预算等其他资料中有关数据。运用复算法和核对法，复核计算和核对有关资料的数据计算及钩稽关系是否准确、是否相符。

在审计过程中，需要复算的内容很多，主要有：一是对某些业务的计算结果进行复算，如对固定资产折旧率的确定、折旧额的大小；存货采用后进先出法计算的本期发出存货的成本；汇兑损益的确定等。二是对成本归集和分配的结果进行复算，如对生产费用的归集、分配和结转等。三是对账簿有关计算内容的复算，包括每页各栏目金额的小计、合计、余额等的复算。四是对报表有关计算内容的复算，包括有关项目的小计、合计、总计和其他计算。五是对有关分析资料计算的数据进行复算，如报表分析中的各比率指标的计算是否正确等。

需要说明以下两点：一是利用复算法计算出的数字与原数字一致，只能证明原计算的结果是正确的，但并不等于这个数字是真实的，注册会计师需要采用其他审计方法来验证这些数据的真实性。二是计算口径和方法的适当性是计算结果正确性的前提，因此注册会计师在复算时首先要鉴定其计算方法口径的正确性。

（三）证实客观事物的方法

证实客观事物的方法是审计方法体系中的一个重要组成部分，主要用于证实客观事物形状、性能、数量和价值的方法，主要包括盘点法、调节法、观察法、询证法、鉴定法和比较法。

1. 盘点法

盘点法是注册会计师运用盘点的手段来证实被审计单位财产物资的数量和价值是否真实的一种方法。该法是配合账实核对而进行的一种直接获取审计证据的方法。

盘点法的盘点范围主要是：现金、有价证券、存货、固定资产等。盘点的形式主要有直接盘点、监督盘点、突击盘点和通知盘点四种。

1）直接盘点

直接盘点是指注册会计师亲自在盘点现场参与对实物的盘点。此法较少运用，一般只对贵重的数量较小的财产物资进行取证时采用。盘点时应有被审计单位的人员参加。

2）监督盘点

监督盘点是指注册会计师在盘点现场监督和观察被审计单位的盘点过程而不直接进行盘点的方法。绝大部分实物证据都是采用监督盘点取得的。盘点时，注册会计师亲临现场，由被审计单位的人员自己动手盘点，而注册会计师只对盘点过程进行监督以判断清点结果的可靠性。在认为必要时，注册会计师可以对监督盘点所取得的盘点结果进行复点。

3）突击盘点

突击盘点是指注册会计师在事先未通知被审计单位有关人员的情况下突击组织的盘点。对于现金、有价证券和贵重物资等的盘点可采用突击盘点法，此法有利于发现盘点对象在一般情况下的状态。

4）通知盘点

通知盘点是指注册会计师在预先通知被审计单位有关人员的情况下组织的盘点。通知盘点的协调性较好，可以节省注册会计师的时间，提高审计效率，但容易掩盖财产物资在管理中的漏洞和问题。

2. 调节法

调节法是注册会计师通过对被审事项的有关数据进行必要的调节来验证其与对应数据是否真实的一种方法。它主要运用于审计日与财务报表日数据的差异调节以及对未达账项的调节。

1）对编报日和审计日数据差异的调节

由于编报日和审计盘点日不在同一天，注册会计师需要对该期间的有关数据差异进行调节。而这段差异的时期内被审计单位的经济业务已经发生变化，注册会计师已无法直接取得被审计单位编表日实际资产结存数来验证账实的一致性。这时的调节就是以一定时点上的数据，将被审计单位因正常业务而发生的增加、减少的数据相应进行调整或剔除，将审计日的有关数据倒推至编报日，调节后的数据与账面实存数进行核对，就可验证编报日的账实是否相符。通过盘点，对取得的有关数据运用下述公式进行调节，就能获得编报日的实际结存数，如果实存数与账存数相符，则说明该资产的账实一致。

编报日结存数 = 审计日结存数 + 编报日至审计日的减少数 − 编报日至审计日的增加数

上述公式中，编报日结存数是指需要推断的实际结存数；审计日结存数可以通过审计日的盘点来取得；编报日至审计日的增加减少数可以通过凭证的审阅取得，如收料单或领料单、现金收据或发票等。下面列举一个实例予以说明。

ABC公司2007年12月31日甲材料明细账账面结存2000件，被审计单位已于该年末对材料进行了自行盘点，盘点资料显示账实相符。注册会计师于2008年2月20日对甲材料进行了审计盘点，盘点结果甲材料2月20日实际库存2080件。注册会计师审核了1月1日至2月20日甲材料的领料单，该期间内甲材料共领用了5520件，同时，注册会计师审核了该期间的甲材料入库单，共入库甲材料5600件。按照上述调节公式，年末甲材料实际结存数为

$$2080+5520-5600=2000（件）$$

经过调节，验证了年末甲材料账实完全相符，也验证了被审计单位年末的自行盘点数也是正确的。如果调节的结果与账面数存在较大出入，注册会计师应进一步查明原因并进行必要的调整。

2）对未达账项的调节

注册会计师在审计过程中一般都需要将银行日记账与银行对账单核对，但由于存在未达账项而不一致，因此需要通过调节有关数字来验证、核对两者的一致性。

银行存款未达账项是由于结算凭证在传递过程中而使被审计单位与银行结算存在一个时间差而形成的，它表现为被审计单位和银行某项结算某一方已经入账而另一方尚未入账。注册会计师在对银行存款账面数进行审查时，必须消除未达账项的影响，通过编制银行存款余额调节表将未达账项调整为已达账项，然后将调节后的银行存款余额与对账单余额进行核对。调节后的银行存款日记账的余额变为调节前的银行存款日记账余额加上银行已经收到入账而企业尚未入账记收的数额，减去银行已经付出入账而企业尚未入账记付的数额；调节后的银行对账单的余额变为调节前的银行对账单余额加上企业已经收到入账而银行尚

未入账记收的数额，减去企业已经付出入账而银行尚未入账记付的数额。经过调节后的银行日记账余额应与银行对账单余额相符。如果不符，则说明存在问题，应查明原因。

被审计单位通常会定期编制银行存款余额调节表，此时，注册会计师可以自行重新编制，也可向被审计单位索取调节表，并对其可靠性进行审核后不再进行调节。

3. 观察法

观察法是指注册会计师通过对被审计单位的经营环境、实物等实地查看以获取审计证据的一种方法。通过观察法，注册会计师可以取得对被审计单位的整体印象。观察法包括环境观察和实物观察两种。

1）环境观察

环境观察是注册会计师在审计过程中对被审计单位内外环境进行的察看、了解。环境观察包括被审计单位的内部环境和外部环境的观察。

内部环境观察主要是对被审计单位的整体布局、生产及管理的状况、内部控制制度的情况、员工的素质及文明生产情况等的观察；外部环境观察包括对被审计单位的位置、与周边环境的协调性、影响经营的有利或不利因素等的观察，以帮助注册会计师更好地进行审计判断。

2）实物观察

实物观察是注册会计师对被审计单位的财产物资进行实地观察，以寻找可能存在的问题。其观察的重点是财产物资的存放、保管和使用状况，以了解财产物资的多少、使用与否、保管好坏和新旧程度等。实物观察与盘点法联系较为密切。

4. 询证法

询证法又称查询法，是指注册会计师运用调查询问的方式或函证的方法向被审计单位内外人士进行取证的一种审计方法。询证法包括面询和函证两种形式。

1）面询

面询又称口头询证，是指注册会计师以口头发问的方式面对面地向被审计单位内部有关人员询问有关的情况。

在进行面询时，注册会计师应事先拟出询问提纲，并恰当选择询问对象，在谈话时，应态度和缓，取得被询问者的理解和支持；注册会计师应做好笔录，并由询问人和被询问人签名认可，作为审计工作底稿。

2）函证

函证又称书面询证，是指注册会计师通过发函给有关单位和个人来证实书面资料或经济活动事实的一种方法。此种方法较为适合对应收账款、应付账款等往来款项的审查。

函证又包括肯定式函证和否定式函证两种方式。肯定式函证是指明确要求被函证对象对询证函中的事项给予回函答复。通常对重要事项的查询采用肯定式函证。否定式函证是指当被函证对象不赞同函证内容时予以回函答复。

5. 鉴定法

鉴定法是指查账人员对于需要证实的经济活动、书面资料及财产物资超出查账人员的专业技术和知识时，由查账人员另聘有关专家运用相应专门技术和知识加以鉴定证实的办法。如查账人员需要对书面资料真伪的鉴定，实物性能、质量、估价的鉴定，经济活动合理性的鉴定等，如查账组织中无该方面的专门人才，就有必要聘请有关专家进行鉴定。

鉴定法主要应用于一些涉及较多专门技术问题的查账领域，以及难以判别真实情况的一般查账事项。如对会计电算化系统的审查，有时不得不聘请计算机方面的硬件与软件专家；对某些专家查账中有关作案手段的判别，可能需要聘请鉴定笔迹的专家；有关书面资料真伪的识别、实物的性能与质量、工程项目的质量等的评估，都需要鉴定技术进行检测，这时常常需要聘请工程技术方面的专家等。

鉴定法应用中应注意的问题：在查账中运用鉴定法，实际上是聘请他人协助查账工作代行查账人员的职权，运用该技术获取的证据多数都是外来证据（也有的称为专家提供的证据，同时也不排斥这部分证据中有内部证据）。

在具体运用鉴定法时，应注意以下几点。

（1）聘请的专家能否保持独立性。专家的独立性十分重要，因为查账的本质就在于查账人员的独立性，当由查账人员以外的其他职业专家代行查账职权时，独立性同样不应受到损害。因此，对于聘请的专家，首先应该进行资格审查，判明他（她）是否与被查单位（或被审人）有经济利害关系以及伦理上的亲近关系，为人是否正直。

（2）应该选择威信高、信誉好、在当地影响大的专家来协助查账。

（3）在进行鉴定时，查账人员对查账的一些具体细节应该保密，也就是说，在专家鉴定时，查账人员不应将鉴定的意图以及查账中的某些情况向专家透露，以防影响专家的态度，从而影响证据的客观性。

（4）进行鉴定，一般都应由有关专家出具鉴定报告，并且要求在报告上签名，以明确责任。

（5）对于受聘协助查账工作、出具鉴定报告的有关专家，查账人员应予保密。

6. 比较法

比较法是指注册会计师将被审计单位的有关书面资料与相关的某些资料进行比较，以取得审计证据的方法。通过比较来判断被审计单位的经济活动和财务报表是否正常，从中找出疑点以确定进一步检查的重点。

运用此法，注册会计师注意确定恰当的比较基础，如选择将需验证的资料同上期的、同计划或历史的资料以及类似单位或行业的有关资料相比较等。具体比较时，可以采用绝对数比较，也可采用相对数比较。

1）绝对数比较

绝对数比较是将有关资料的数量、金额数据直接进行比较，看其差额的程度是否属于正常范围，其变动是否合理。

通常在利用绝对数比较时，其运用范围会受到较大的限制。特别是与不同单位进行比较时，或被审计单位在有较大变化的情况下，绝对数比较就会失去意义。因此，绝对数比较虽然直接、简单，但在运用时应注意有关资料的可比性，以避免出现错误的判断。

2）相对数比较

相对数比较是将有关的百分比或比率进行比较的一种方法。在进行比较时，先将有关的资料按它们的内在联系计算出用以比较的相对指标，然后再进行比较。如果被审计单位已有现成的相对指标，则可直接进行相对数比较。通过相对数比较的差异来分析判断业务的正常情况。

同绝对数比较一样，相对数比较也要求注册会计师选择恰当的比较基础。相对数比较通常可以对不同单位的资料，或者本单位不同时期的资料进行比较，尤其是当本单位不同时期变化较大时更适宜。所比较的事项必须是同类的事项，具有相同的性质，如果是不同类的事项，必须对有关的数据进行处理使它们转化为共同事项后才能进行比较。比较的基础越合理，比较的结果就越有参考价值。例如，各费用项目的预算制定较为准确，比较的差异较能说明问题；反之，费用项目预算数本身不合理，则比较的结果就无太大的意义。

二、内部审计的内容

从内部审计的定义可以看出，内部审计是对一个组织经营活动、内部控制和风险管理三方面内容进行的审计。根据 IIA，内部审计的内容主要有四方面：

① 组织产生数据的真实可靠（包括财务数据和非财务数据）；
② 内部控制是否健全完整；
③ 组织的各项的制度以及规章是否符合法律法规的要求；
④ 评价以及改进组织的经营管理效率。

根据我国内部审计基本准则的规定，内部审计的内容主要包括以下三方面：

① 监督和评价业务活动、内部控制以及风险管理的适当性和有效性；
② 关注信息系统对业务活动、内部控制以及风险管理的影响；
③ 识别、应对舞弊风险。

因此，本文将内部审计的内容划分为：业务活动审计、内部控制审计、风险管理审计、信息系统审计和舞弊审计。

（一）业务活动审计

业务活动审计是指内部审计部门对本单位各项经营业务活动的合法合规性、经济性以及效益效果性进行监督和评价。

（1）业务活动审计的目标。内部审计的最终目标是实现组织的目标，那么实现组织目标的前提应该是组织能够顺利地运转。因此，对业务活动进行审计是完全必要的。具体说来，业务活动审计的具体目标应该包括：第一，合法合规性目标，必须保障组织各项经营业务活动符合国家的相关法律法规，一旦出现违背法律法规的经营业务活动，那么，组织将面临无法正常经营下去的风险。第二，绩效性目标，绩效性目标是指组织的业务活动的经济性、效益性和效果性。组织想要持续生存下去，经营业务活动不仅要合法合规，还要给组织带来持续不断的经济效益。

（2）业务活动审计的内容。根据业务活动审计的内容和目标，业务活动审计的内容应该包括以下几方面：第一，组织的各项规章制度符合相关的法律规范，内部审计人员必须明确组织是否建立国家相关法律法规要求建立的规章制度，同时，内部审计人员还必须明确组织已经建立起来的各项规章制度是否符合法律规范的要求。第二，业务活动产生的财务信息以及非财务信息的真实完整可靠，通过业务活动产生各种信息是组织用来改善经营管理的基础信息，通过对财务以及非财务信息的分析，可以发现组织业务活动中的不足，从而提出改善措施，提高组织的经济效益。第三，对业务活动的具体审计，包括销售与收款循环审计、采购与付款审计、生产与存货循环审计以及货币资金的审计，通过对各项业务活动的具体审计，内部审计人员需要评价和监督各项业务活动的真实性、经济性和效益效果性，包括与各项业务活动相关的控制活动的有效性。

（3）业务活动审计的方法。内部审计人员，应当依据审计的目标、审计风险以及重要性，来确定应该采用的审计方法，以获取充分的证据，从而对组织的经营业务活动发表审计意见。在对业务活动进行审计时，除了运用传统审计方法，比如观察、询问、检查、分析程序等。在业务活动的绩效性审计时，还可以运用其他审计方法，比如，比较分析法、因素分析法、量本利分析法、成本效益分析法等。通过上述方法，审计人员不但可以发现该组织在发展过程中出现的趋势，为以后的发展做出预测，提出改善措施，同时，还能发现与其他组织的差距，从而对现有的经营模式进行调整，最终使组织实现经济效益最大化的目标。

（二）内部控制审计

内部控制审计是指内部审计机构对本组织内部控制的审计以及运行的合规性、有效性进行监督和评价。

（1）内部控制审计的目标。内部控制审计是内部审计的一个重要组成部分，在对内部控制进行审计时，先要取得内部控制审计的目标。第一，内部审计人员应该审核本组织内部控制的建立、维护和运用是否符合国家相关法律法规的要求，这是对内部控制进行审计的最基本目标。第二，确保内部控制设计的有效性也是对内部控制进行审计要实现的目标之一，只有设计有效的内部控制，才能保证内部控制发挥其应有的职能。第三，设计有效的内部控制没有得到连贯一致执行，那么内部控制也无法达到其应有的效果，因此，内部控制审计的又一重要目标就是对内部控制执行的有效性进行监督。

（2）内部控制审计的内容。我国注册会计师对内部控制进行审计时，只是审计与财务报告相关的内部控制，对于非财务报告相关的内部控制却没有进行审计。然而，内部审计对内部控制进行审计时，不仅需要对财务报告相关的内部控制进行审计，也需要对非财务报告相关的内部控制进行审计。这是由内部审计的目标和内部控制的目标决定的。因此，内部控制审计的内容具体包括如下几个方面：第一，监督和评价与财务报告相关的控制环境、控制活动以及信息系统的有效性。内部控制的目标是要保证财务报告的可靠性，因此，应当从内部控制的五要素进行审计，审核内部控制环境、风险评估、控制活动、信息与沟通以及监督是否能够保证财务报告提供真实、可靠的财务信息。第二，监督和评价与非财务报告相关的控制环境、风险评估、控制活动、信息沟通与监督的有效性，主要包括经营活动的效益效果、对国家法律的遵守、组织目标的实现。对一个组织而言，不仅仅是财务活动，还涉及经营活动、管理活动等，同时，一个组织能够生成的信息不仅仅是财务信息，还包括大量非财务信息，因此，对内部审计中的内部控制审计而言，需要监督和评价的不仅仅是财务活动、财务信息，还包括经营活动、管理活动等非财务活动以及非财务信息。

（3）内部控制审计的方法。在审计发展历史长河中，审计方法论经历了账项基础审计、制度基础审计以及风险导向审计，当前，风险导向审计已经成为全球采用的审计方法。对内部控制审计而言，注册会计师应采用自上而下的审计方法，指引规定，注册会计师应当按照自上而下的方法实施审计工作，从财务报表层次开始，在整体层面了解财务报告内部控制风险，再将关注重点放在企业层面的控制上，逐步将审计工作重点下移至重要流程、重要账户、列报及相关的认定上。内部审计部门在进行内部控制审计时，也可以采用注册会计师自上而下的审计方法，具体说来可以按照以下思路展开：第一，关注企业整体层面的风险，对企业的控制环境进行评估，识别企业的整体风险。第二，针对企业财务活动、经营活动以及管理活动的具体控制活动以及控制流程进行测试，评估其有效性。第三，针对财务报告的重要账户、列报及其认定，识别其真实可靠性。内部审计人员，在实施审计的过程中，可以适当吸收企业内部相关业务活动的专业人士参加审计。审计人员应该综合应用观察、检查、询问、问卷调查、穿行测试以及重新执行等方法。

（三）风险管理审计

风险管理审计是指内部审计机构对组织识别、评估和应对风险的过程进行监督和评价，对风险管理过程的有效性、适当性发表意见，并提出改进意见。

（1）风险管理审计的目标。我国内部审计协会2005年发布的内部审计具体准则16号——《企业风险管理审计》中指出："风险管理，是对影响组织目标实现的各种不确定性事件进行识别与评估，并采取应对措施将其影响控制在可接受范围内的过程。风险管理旨在为组织目标的实现提供合理保证。"结合风险管理审计的定义以及风险管理的定义，可以看出风险管理审计的目标包括：第一，对组织建立的风险管理制度是否符合相关法律规范的规定进行评价，保障各个组织应该根据相关的法律法规建立相应的风险管理体系。第二，对组织风险管理机制设计的合理性进行评价，风险管理机制设计得是否合理是企业能否有效地进行风险管理的基础，所以，内部审计人员应该对风险管理机制设计的合理性进行评价，保障组织建立的风险管理机制是合理的。第三，内部审计人员应该对风险识别、评估过程的合理性与有效性进行监督。

（2）风险管理审计的内容。根据风险管理审计的目标，风险管理审计的内容应该包括如下几方面：第一，对风险管理制度进行审计，需要对风险管理制度的合规性以及设计的有效性进行审核。风险管理制度应该包括组织制度、目标制度、识别制度、评估制度以及应对制度，内部审计人员应该对整个制度进行审计，并提出改进意见。第二，内部审计人员应当对风险管理的方法进行评价。根据我国内部审计协会发布的内部审计规范，风险评估的方法包括定性法和定量法，通过定性和定量的方法，对组织面对的风险以及对组织的影响程度进行描述。所以，内部审计人员需要评价相关机构对组织所面临风险的描述的准确性、可靠性以及完整性发表审计意见，并提出改进意见。第三，内部审计人员应当对风险应对措施进行评价，对应对措施的合理性和有效性以及成本效益性发表意见，并提出改进意见。

（3）风险管理审计的方法。风险管理审计可以运用传统的审计方法，比如，分析法、审阅法、核对法等，还需要大量运用经济活动分析法、现代风险管理法以及数理统计等方法。具体可以运用如下方法：第一，在识别风险时，可以采用因果分析法、因素分析法、经济活动分析法以及统计分析法等。第二，在衡量风险时，可以采用专家调查法、风险报酬法、风险当量法以及蒙特卡罗模拟法等。第三，在评估风险应对措施时，可以采用避免风险、分离风险单位、损失控制等。

（四）信息系统审计

信息系统审计是指内部审计机构对组织的内部信息系统进行审计，对信息系统以及相关的内部控制和流程的合规性、有效性以及合理性进行监督和评价。

（1）信息系统审计的目标。信息系统是一套处理信息的人机一体化体系，主要是由计算机硬件、网络和通信设备、计算机软件、信息资源、信息用户和规章制度组成的。而会计信息系统是指一套专门处理会计信息的人机一体化体系，对会计信息进行分析、核算、计量、记录以及输出。对于当前的各个组织而言，不仅会计信息系统发挥了重要的作用，其他非会计信息系统也发挥着同样重要的作用。因此，在对信息系统进行审计时，应实现如下目标：第一，内部审计人员需要确保本组织的信息系统的建立和运用符合国家法律法规的规定。第二，内部审计人员需要保证信息系统运行的有效性，还需要关注与信息系统相关的内部控制与流程的有效性。

（2）信息系统审计的内容。根据我国内部审计协会颁布的内部审计准则，信息系统审计是对组织层面信息技术控制、信息技术一般性控制以及业务流程层面相关应用控制的审查和评价。因此，信息系统审计应该包括：组织层面信息技术控制、信息技术一般性控制和业务流程层面相关应用控制。第一，组织层面信息技术控制，是指董事会或者最高管理层对信息技术职能以及内部控制重要的态度、认识和措施。内部审计人员应该重点关注管理层是否营造对信息技术重要性进行强调的氛围，是否带领组织建立了可靠的信息系统，并且重视信息系统运行的合理可靠。第二，信息技术一般性控制，指与网络、操作系统、数据库、应用系统及其相关人员有关的信息技术政策和措施，以确保信息系统持续稳定运行。内部审计人员可以利用相关专业的专家，配合审计工作，以对信息系统运行的安全性、准确性以及可靠性做出评价，同时还需要提出改进的意见。第三，业务流程层面应用控制，是指为合理保证应用系统准确、完整、及时地完成业务数据的生成、记录、处理、报告等功能而设计、执行的信息技术控制。内部审计人员应该重点审计与数据输入、处理与输出环节相关的控制活动，比如授权与批准、职责分离、访问权限、一致性核对等，对其是否存在、是否得到有效执行进行监督和评价。

（3）信息系统审计的方法。内部审计人员应当采用适当的审计方法，以确保获得充分的审计证据。内部审计人员在采用观察、询问、问卷调查、穿行测试等传统的审计方法之外，还可以针对信息系统特征进行验证性的审计，同时也可以借助专家采用计算机领域的方法。

（五）舞弊审计

舞弊审计是指内部审计人员需要识别、纠正组织在运行中的舞弊串通行为，同时也需要对识别的舞弊风险进行报告。

（1）舞弊审计的目标。舞弊是指组织的内部、外部人员采用欺骗等违规违法手段，损害或者谋取组织利益，以为自身谋取不正当利益的行为。损害组织经济利益的舞弊是指，组织内、外人员为谋取自身利益，采用欺骗等违法违规手段使组织经济利益遭受损害的不正当行为。而谋取组织经济利益的舞弊，是指组织内部人员为使组织获得不当经济利益而其自身也可能获得相关利益，采用欺骗等违法违规手段，损害国家和其他组织或者个人利益的不正当行为。内部审计旨在维护组织的利益，实现组织的目标，应当对组织不存在重大舞弊行为提供合理保证。因此，舞弊审计的目标应当包括：第一，识别、发现组织在运行过程中存在的舞弊行为。第二，内部审计人员应该保持应有的职业谨慎和职业怀疑态度，识别组织存在的舞弊风险。

（2）舞弊审计的内容。内部审计机关在执行内部审计时，可以通过审计程序、审计方法识别存在的舞弊行为，当然，也可以针对组织的自身情况，进行专门的舞弊审计。在进行舞弊审计时，应该包括如下内容：第一，组织的董事会或者最高管理机构是否营造了诚信道德的文化氛围，以及管理层整体的诚信度，应当对这些情况进行充分的了解，以报告给董事会。第二，从组织的日常经营活动中发现舞弊行为，需要关注员工行为的规范性、合理性，业务活动的授权审批制度是否规范以及不相容的岗位是否进行了职责分离，还需要考虑内部控制的合理性。第三，警惕组织发生的非日常活动以及异常交易，从异常的交易活动中识别是否存在舞弊的风险。

（3）舞弊审计的方法。内部审计人员在进行舞弊审计时可以采用检查、观察、分析、询问等审计方法。舞弊是比较敏感的话题，因此，审计人员还需要运用相关心理学的知识，比如，调查谈话法、疑点突出法、差异对照法、迂回探测法、定向询问法、启动回忆法等。内部审计人员应该保持应有的职业谨慎态度，运用合理适当的审计方法，识别以及报告组织的舞弊行为和舞弊风险，必要时，应当向专业法律人士进行咨询。

美国世通公司：由内部审计牵出假账大案
——访国际内部审计协会执行主席威廉·毕绍普

毕绍普主席告诉我们，世通公司的一个名叫辛西亚·库伯的内部审计人员，在一次例行审计中发现公司财务中有故意造假行为的证据，她向当时的首席财务官报告，而首席财务官其实就是参与欺诈的人之一，他让库伯停止审计，但库伯又向当时的审计委员会主席报告。在美国，公司审计委员会包含有独立董事，他们不受雇于公司，所以库伯女士越过高管将内幕报告给审计委员会，于是调查扩大了，发现了超过30亿美元的假账。

丑闻曝光以后，世通公司不得不裁员17 000人，2001年7月21日公司被迫申请破产保护，美国历史上迄今为止最大的破产案产生了。7月30日，世通公司被纳斯达克摘牌。随后，美国司法当局以欺诈罪逮捕了首席财务官沙利文和总审计师迈尔斯。8月8日，公司在内部审计中再次发现，追溯到1999年，公司还有一笔33亿美元的错账，这样世通公司的财务丑闻涉及金额增加到70多亿美元，公司的股票价格已经由64美元跌至9美分，跌幅达99.8%，资产总额也由1153亿美元跌至10亿美元左右，跌幅达99.1%。

在世通事件中，正是内部审计师首先发现了问题。内部审计制度在美国大中型企业中，已经出现了半个多世纪，一开始是一项检查错误、纠正财务弊端的传统财务审计，之后，又发展为管理审计,近几年又发展为以风险管理为核心的风险导向审计。这一次,美国纽约证券交易所出台的所有上市公司必须建立公司的内部审计制度这一措施,目的就在于杜绝假账的产生。但人们也在怀疑,内部审计人员毕竟是公司的职员,与公司是雇佣关系,与公司的利益是一体的,账目的真实性依旧会是一个谜。对于这一点,毕绍普先生也谈到了他的看法。

毕绍普主席说,内部审计主要与公司运营有关,即公司资产是否得到足够的保护,信息是否得到准确及时的处理,在一个单位中,内审人员与董事会和审计委员会一起确认经营风险,评估内部控制的程度。内部审计人员应该直接向董事会、审计委员会以及非财务的主管部门报告负责。这种汇报方式有助于内部审计人员的独立性与公正性。

资料来源:http://fol.math.sdu.edu.cn.

要求:说明内部审计在公司治理中的重要性。

第二章 内部审计职业道德规范和准则

本章学习目的

1. 了解内部审计准则框架体系。
2. 了解国际内部审计准则。
3. 掌握内部审计职业道德规范。

第一节 内部审计准则

一、内部审计准则概述

（一）内部审计准则的含义

1. 关于内部审计准则的几种不同解释

就像对审计准则含义的界定至今仍然众说纷纭一样，从不同的角度，人们对内部审计准则的定义也各有不同。

观点1：美国国家审计总署的观点

内部审计准则是审计师对所进行的内部审计工作的质量和充分性的总的衡量。它与审计师的专业资格有关。

观点2：美国内部审计师协会的观点

内部审计准则是用以评价和衡量内部审计部门工作和作用的内部审计实务的准绳或标准。

观点3：国际内部审计师协会的观点

国际内部审计师协会为了提高内部审计工作的质量和效率，于1974年成立了职业准则和责任委员会，负责制定内部审计的准则。该委员会认为：内部审计准则不应机械套用社会审计的准则，应有自己的侧重点，应包括三个方面：一是内部审计的职责说明，二是内部审计职业道德标准，三是内部审计实务准则。

观点4：中国国家审计署的观点

内部审计准则是内部审计职业规范体系的重要组成部分，是内部审计人员在执行内部审计业务过程中必须遵循的行为规范，是内部审计人员审计工作质量的权威性判断标准。

以上的观点综合总结可以看出：内部审计准则是由专职机构或组织负责制定颁布的，用以规范和约束组织内的内部审计机构及其审计人员的执业资格条件和执业行为，衡量和评价内部审计工作质量的具有权威性的原则或标准。

2. 内部审计准则概念延伸

《中国内部审计准则序言》指出:"中国内部审计准则是中国内部审计工作规范体系的重要组成部分,由内部审计基本准则、内部审计人员职业道德规范和内部审计具体准则三个层次组成。"说明内部审计基本准则并非是一个单一的概念,而是有着完整的架构和丰富的内涵。因此要真正了解内部审计准则这一概念,应该从内部审计框架体系这一角度来理解。

(二)中国内部审计准则框架体系简介

我国内部审计准则框架体系是一个由不同层次和部分组成的严密结构体系,不同层次之间、不同部分之间相互作用、相互影响,因此,应该相互配合、相互促进。当前,中国内部审计准则是中国内部审计工作规范体系的重要组成部分,由内部审计基本准则、内部审计人员职业道德规范和20个内部审计具体准则组成。见图2-1。

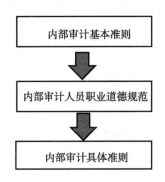

图2-1 中国内部审计准则体系的层次

层次一: 内部审计基本准则

内部审计基本准则是内部审计准则的总纲,是内部审计机构和人员进行内部审计时应当遵守的基本规范,是指导和制定内部审计人员职业道德规范和内部审计具体准则的基本依据。2013年颁布的并于2014年1月1日开始实施的中国内部审计准则在2003年颁布的基础上,基本准则由原来的27条调整为33条,内容包括一般准则、作业准则、报告准则和内部管理准则。

一般准则对内部审计机构和内部审计人员的基本资格条件和工作方式进行了规范,是内部审计人员合理确定审计目标、设计审计程序、形成审计结论的前提保证。

作业准则是内部审计准则的核心,它按照审计目标→评估风险→选择审计证据→实施适当审计程序→测试等程序,实现对整个审计证据收集过程的技术性规范。

报告准则的规范重点在内部审计的结论上,它规范了内部审计结论的表现形式,包括内部审计报告的编写要点和内容,也规范了内部审计人员在形成审计结论过程中的具体要求。

内部管理准则是对内部审计机构构建内部管理制度和质量控制体系的具体规范,目的在于确保内部审计目标的实现。

层次二: 内部审计人员职业道德规范

内部审计人员职业道德规范是内部审计职业规范体系的重要组成内容。它从职业道德行为的角度对内部审计人员的职业素质、品质、专业能力等各方面提出严格的要求,以保证内部审计人员能够独立、客观地进行内部审计活动,确保内部审计作用的发挥,促使组织目标的实现。其内容主要包括一般原则、诚信正直、客观性、专业胜任能力、保密等具体原则。

层次三:内部审计具体准则

内部审计具体准则是根据内部审计基本准则制定的,是内部审计机构和人员在进行内部审计时应当遵循的具体规范。内部审计具体准则包括20条准则,涉及审计计划、审计通知书、审计证据、审计工作底稿、结果沟通、审计报告、后续审计、审计抽样、分析程序、内部控制审计、绩效审计、信息系统审计、对舞弊行为进行检查和报告、内部审计机构的管理、与董事会或最高管理层的关系、内部审计与外部审计的协调、利用外部专家服务、人际关系、内部审计质量控制等内容。中国内部审计具体准则的主要内容简介见表2-1。

表2-1 中国内部审计具体准则的主要内容简介

内部审计具体准则	准则名称与内容说明
第2101号内部审计具体准则——审计计划	
第2102号内部审计具体准则——审计通知书	
第2103号内部审计具体准则——审计证据	
第2104号内部审计具体准则——审计工作底稿	
第2105号内部审计具体准则——结果沟通	
第2106号内部审计具体准则——审计报告	
第2107号内部审计具体准则——后续审计	
第2108号内部审计具体准则——审计抽样	
第2109号内部审计具体准则——分析程序	
第2201号内部审计具体准则——内部控制审计	
第2202号内部审计具体准则——绩效审计	
第2203号内部审计具体准则——信息系统审计	
第2204号内部审计具体准则——对舞弊行为进行检查和报告	
第2301号内部审计具体准则——内部审计机构的管理	
第2302号内部审计具体准则——与董事会或者最高管理层的关系	
第2303号内部审计具体准则——内部审计与外部审计的协调	
第2304号内部审计具体准则——利用外部专家服务	
第2305号内部审计具体准则——人际关系	
第2306号内部审计具体准则——内部审计质量控制	
第2307号内部审计具体准则——评价外部审计工作质量	

中国内部审计基本准则和具体准则充分考虑了"风险评估"、"内部控制"、"公司治理"和"成本效益"等现代组织经营管理中的概念。这些概念使准则既具有理论上的科学性,又具有事务上的先进性。

二、国际内部审计准则简介

1978年,IIA正式颁布了《内部审计实务准则》,这是"内部审计准则"的雏形。所以1978年是国际内部审计历史发展过程中的第二个转折点。此准则颁布后被世界各国的审计领域普遍认可。

1999 年，IIA 及其下属的研究基金在反复进行讨论、研究、向各方征求意见后，正式颁布了《内部审计实务框架》。正如财务会计准则框架一样，《内部审计实务框架》是内部审计准则的核心，所以，1999 年 6 月是国际内部审计历史发展过程中第三个"历史性转折点"。

鉴于全球内部审计职业的快速发展，IIA 理事会于 2006 年组建了筹划指导委员会和专门小组，着手修订 2001 年版的《内部审计专业实务框架》，经过近三年的努力，形成了新的《国际内部审计专业实务框架》(International Professional Practice Framework，IPPF)，于 2009 年 1 月 1 日颁布实施。这时的国际内部审计专业实务框架包括强制性指南和强力推荐指南，其中强制性指南包括内部审计定义、职业道德规范、标准和释义。强力推荐指南包括立场公告、实务公告和实务指南。具体内容见表 2-2。2013 年 1 月 IIA 修订了国际内部审计专业实务框架（IPPF），称为红皮书。这时的国际内部审计专业实务框架包括强制性指南和强力推荐指南，其中强制性指南包括内部审计定义、职业道德规范、内部审计实务标准（《标准》）。强力推荐指南包括立场公告、实务公告和实务指南。具体内容见表 2-3。强制性指南的要求对于内部审计师和内部审计部门有效地履行职责是必须且重要的。《职业道德规范》要求内部审计师依据《标准》提供内部审计服务。内部审计师是指国际内部审计师协会会员，已经或正在获取 IIA 职业教育资格的人员以及按照内部审计定义的界定提供内部审计服务的人员。首席审计官（CAE）负责对《标准》的全面遵循。强力推荐的指南通过了 IIA 的认可，由 IIA 国际技术委员会按照规定的流程制定。这类指南不具强制性，但它有助于对《标准》进行解释，或将《标准》应用于特定内部审计环境中。强力推荐的指南可以由胜任的内部审计师凭借其专业判断加以运用。

国际内部审计师协会的《职业道德规范》目的是促进内部审计职业道德文化的发展。《职业道德规范》对于内部审计职业必要而又适用，它是内部审计对治理、风险管理和控制做出的客观确认之所以被信任的基础。

表 2-2 2009 年 IPPF 内容架构

强制性指南	内部审计定义	阐明内部审计的基本宗旨、性质和工作范围
	职业道德规范	阐明开展内部审计活动的个人或机构需要遵循的原则和行为规范，表明了执业行为规范的最低要求而不是具体活动
	标准和释义	关于内部审计专业和评价内部审计工作效果的基本要求的条款。它普遍适用于全球范围内的组织和个人
强力推荐指南	立场公告	有助于对内部审计感兴趣的社会各界了解重大的治理、风险或控制事项以及内部审计在其中扮演的角色和作用
	实务公告	帮助内部审计师应用内部审计定义、《职业道德规范》和标准，同时推动良好的实践。它涉及展开内部审计的方式、方法和需要考虑的因素，但不包括详细的过程和程序。它包含的内部审计实务与跨国、国内或特定的行业事项、特定的业务类型以及法律法规相关事宜
	实务指南	它为开展内部审计活动提供详细的指引，包括具体的过程和程序，例如，工具、技术、程序以及分步骤的方法和形成书面文件的范例

表 2-3 2013 年 IPPF 内容架构

强制性指南	内部审计定义	阐明内部审计的基本宗旨、性质和工作范围
	职业道德规范	阐明开展内部审计活动的个人或机构需要遵循的原则和行为规范，表明了执业行为规范的最低要求而不是具体活动
	内部审计实务标准（《标准》）	以原则为导向的强制性要求，为实施和推动内部审计提供了框架，其组成内容包括： * 关于内部审计专业实务和评价内部审计工作效果的基本要求的条款，这些要求普遍适用于全球范围内的组织和个人。 * 释义，对《标准》中名词或概念做出解释，使表达更加规范和统一
强力推荐指南	立场公告	立场公告表明 IIA 关于内部审计在特定事项中的角色、职责、所持的立场及观点。有助于对内部审计感兴趣的社会各界了解重大的治理、风险或控制事项以及内部审计在其中扮演的角色和作用
	实务公告	帮助内部审计师应用内部审计定义、《职业道德规范》和《标准》，同时推动良好的实践。它涉及展开内部审计的方式、方法和需要考虑的因素，但不包括详细的过程和程序。它包含的内部审计实务与跨国、国内或特定的行业事项、特定的业务类型以及法律法规相关事宜
	实务指南	它为开展内部审计活动提供详细的指引，包括具体的过程和程序，例如，工具、技术、程序以及分步骤的方法和形成书面文件的范例

《职业道德规范》延展了内部审计的定义，包括两个基本部分。

第一部分是与内部审计职业和实务相关的原则（共四条原则：诚信、客观、保密、胜任）。其中诚信是指内部审计师的诚信确立信用，从而为信任其判断提供基础；客观是指内部审计师在收集、评价和沟通有关被检查活动或过程的信息时，要显示出最高程度的职业客观性，在做出判断时，内部审计师不受其个人喜好或他人的不适当影响，对所有相关环境做出公正的评价；保密是指内部审计师尊重所获取信息的价值和所有权，没有适当授权不得披露信息，除非是在有法律或职业义务的情况下；胜任是指内部审计师在执行内部审计业务时能够使用所需要的知识、技能和经验。

第二部分是描述内部审计师预期行为规范的行为规则（在四条原则下共有十二条行为规则）。这些规则有助于将上述原则运用于实践中，目的在于指导内部审计师的行为。具体的规则如下。

1. 诚信

内部审计师：

（1）应当诚实、勤恳并负责地开展工作。

（2）应当遵守法律，按照法律和职业要求进行披露。

（3）不得蓄意参与非法活动，或参加有损于内部审计职业或其所在组织的行为。

（4）应当遵守并协助实现组织的法律和道德目标。

2. 客观

内部审计师：

（1）不应参与可能损害或被认为会损害其公正评价的活动或关系，包括参与与组织利益相冲突的活动。

（2）不能接受可能损害或被认为会损害其职业判断的任何物品。

（3）应当披露已知的，如果不予披露，可能会歪曲检查工作报告的所有重大事实。

3. 保密

内部审计师：

（1）应当谨慎利用和保护履行职责过程中获取的信息。

（2）不应当利用信息牟取私利，或者以任何有悖法律规定或有损组织法律和道德目标的方式使用信息。

4. 胜任

内部审计师：

（1）应当只从事与其所具备的知识、技能或经验相适应的服务活动。

（2）应当依据《国际内部审计专业实务标准》开展内部审计报务。

（3）应当持续提高专业能力和服务的效果、质量。

《国际内部审计专业实务标准》既是内部审计专业的基础，也是《框架》的核心。其目标包括：描述反映内部审计实务的基本原则、为开展和推动各类具有增值效应的内部审计业务提供框架、建立评估内部审计业绩的依据、促进组织流程和运营的改善。

《国际内部审计专业实务标准》包括属性标准、工作标准和实施标准。其中属性标准（1000序列）说明内部审计部门特点和对人员的要求，主要描述了执行内部审计活动的组织和个人的特征，共有四条一般准则。工作标准（2000序列）描述内部审计工作的性质，并提供了衡量内部审计活动质量的准绳，从总体上说明内部审计服务，共有七条一般准则。实施标准（实务公告 nnnn.Xn）是前两者在特定审计活动中的具体体现，可以更具体地指导内部审计人员将属性标准和工作标准应用于特定的内部审计活动中，分为针对确认活动（assurance）和咨询活动（consultation）两种主要的内部审计活动类型。确认服务指内部审计师为了对机构、业务、流程、系统或其他对象提供独立意见或结论而做出的客观评价。确认服务的性质和范围由内部审计师确定。咨询服务本质上是一种顾问服务，一般应客户的具体要求而开展。咨询服务的性质和范围需与客户协商确定。在开展咨询业务时，内部审计师应保持客观性，不承担管理责任。

第二节　内部审计职业道德规范

一、内部审计职业道德概述

（一）内部审计职业道德的必要性

内部审计人员职业道德是内部审计人员在开展内部审计工作中应当具有的职业道德、应当遵守的职业纪律和应当承担的职业责任的总称。内部审计人员从事内部审计活动时，应当遵守本规范，认真履行职责，不得损害国家利益、组织利益和内部审计职业声誉。内部审计职业道德规范是对内部审计人员职业道德行为的标准规范。

内部审计是组织内部一种独立、客观的监督和评价活动，它的目的是通过对组织的经营活动及内部控制的适当性、合法性和有效性进行审查、评价，促进组织目标的实现。内部审计是专业性较强的职业，这一职业的复杂性，使外部人员难以对内部审计过程及内部审计人员的工作做出评价。因此，有必要针对内部审计人员制定职业道德规范，对他们在工作中的操守、品质进行约束，促使他们认真工作。同时，职业道德规范的建立是内部审计职业取得外界理解与支持，增加外界对内部审计职业的信赖的必然要求。

从 20 世纪 80 年代内部审计重新登上历史大舞台的二十几年来，内部审计为我国社会主义市场经济健康、规范地发展做出了很大的贡献。但由于历史和现实的种种原因，内部审计人员尚未普遍树立起强烈的风险意识、责任意识和道德意识，还存在一些违规的职业道德现象，因而在建立社会主义市场经济体制的进程中强调内部审计人员的职业道德，更有其深刻的现实意义和深远的历史意义。

自 1984 年中国内部审计学会组建以来，一直非常重视内部审计职业道德标准的建设与宣传教育。2002 年更名为中国内部审计协会后，在国家审计署的领导下，专门设立了一个准则委员会来负责内部审计准则的起草、修改和论证工作。2003 年 4 月 12 日，中国内部审计协会依据《中华人民共和国审计法》、《审计署关于内部审计工作的规定》及相关法律法规，经国家审计署批准，印发了《内部审计职业道德规范》；2013 年中国内部审计协会颁布了《第 1201 号——内部审计人员职业道德规范》。

（二）内部审计职业道德的目的

制定内部审计人员职业道德规范的目的，具体概括为以下三个方面。

（1）确立衡量内部审计人员行为的道德标准，约束内部审计人员职业行为，促使内部审计人员恪守独立、客观、正直、勤勉的原则，以应有的职业谨慎态度提供各种专业服务，有效发挥内部审计的监督、评价与服务作用。

（2）明确内部审计人员的职业要求和职业纪律，促使内部审计机构和内部审计人员遵守内部审计准则及相关的职业准则，不断提高专业技术技能和道德水准，维护和提高内部审计人员的职业形象；得到外界理解和支持，增加外界对内部审计职业的信赖。

（3）明确内部审计人员的职业责任，维护内部审计人员的正当权益，维护国家利益、组织利益、员工利益，保护投资者和其他利害关系人的合法权益，促进社会主义市场经济的健康发展。

内部审计职业道德规范适用于内部审计人员和内部审计机构执行业务的全过程和对各类组织进行的内部审计。

（三）内部审计人员的立场

内部审计工作范围广泛，因此，内部审计人员在办理审计事项时，应坚持如下立场：

1. 以组织整体利益为依据

不论是什么样的企业和组织单位，也不论是处于什么样的审计地位，只要从事内部审计工作，则不管审计环境如何变化，内部审计人员都应该具备"综合审计"的观念。因此，在实施审计或提出建议和报告时，内部审计人员不仅要考虑被审计事项本身的情况，而且还要全面衡量企业的整体利益，站在维护整体利益的立场，内部审计人员应不计较个人在其中的得与失，保持奉献精神，提供最佳服务。

2. 争取超然独立的审计地位，保持客观态度

为了保持超然的审计地位，内部审计人员不能参与被审计单位任何实际作业，包括记录登记和报表编制，以及其他任何可能损害其独立性的活动。在客观态度方面，内部审计人员从事观察、分析、考虑、决策、建议时，应该摒弃个人的任何偏见。以事实为依据，做出符合逻辑的推论，在对外报告与对内联系方面，注意语气及措辞，避免由于表达不清而使他人产生误解或者发生偏见。

3. 在审计工作中与有关方面保持良好的关系

首先需要明确，由于内部审计范围的日益扩展和审计内容的不断延伸，内部审计单位与外界的接触面也日趋扩大，况且，由于当前内部审计的目标是帮助企业增进效能，提高其附加价值，因而，内部审计人员必须将以往的消极"监察管制"观点转变到"经营管理伙伴"的观念上，否则，就无法圆满完成审计任务；其次，随着企业经营规模的扩张和分工的细致，企业内任何部门想完全不依赖其他部门的协作而深入地开展自己的本职工作已经不太可能，分工要求协作，内部审计工作也不例外，它需要其他部门的配合与帮助；再次，内部审计人员在实施内部审计时，肯定会发现问题，按照审计职责的要求，内部审计人员有责任建议相关部门解决问题，纠正偏差，并督促其建议能够付诸实施，取得实效。因此，需要被审计单位的配合与协助。从上述分析过程看，内部审计人员在办理审计事项时，除了要搞好本部门内部的人际关系外，还需要处理好与其他许多部门之间的关系，尤其是与被审计部门之间的关系。

总之，在实施内部审计时，内部审计人员应站在医师、顾问、导师和朋友的立场，对被审计单位提供建议、解答和释疑，以诚恳的态度负责上级与下级单位之间的联系与协调。

二、内部审计职业道德的含义和基本要求

（一）内部审计职业道德的含义

道德是社会为了调整人们之间以及个人和社会之间的关系所提倡的行为规范的总和，它通过各种形式的教育和社会舆论的力量，使人们得以遵守。职业道德是某一职业组织以公约、守则等形式公布的，从业人员自愿接受的职业行为标准。内部审计人员职业道德是内部审计人员在开展内部审计工作中应当具有的职业道德、应当遵守的职业纪律和应当承担的职业责任的总称。

（1）职业道德。职业道德是指内部审计人员所应当具备的职业品格和道德行为。它是职业道德体系的核心部分，其基本要求是独立、客观、正直、勤勉。

（2）职业纪律。职业纪律是指约束内部审计人员职业行为的法纪和戒律，尤其指内部审计人员应当遵循职业准则及国家其他相关法规。

（3）职业责任。职业责任是指内部审计人员对国家、组织、员工和其他利害关系人所应当履行的责任。

(二)职业道德的基本要求

内部审计职业道德基本要求包括两个方面:一是严格遵守《中国内部审计准则》及中国内部审计协会制定的其他规定;二是不得从事损害国家利益、组织利益和内部审计职业荣誉的活动。

(1)内部审计人员在履行职责时,应当严格遵守《中国内部审计准则》及中国内部审计协会制定的其他规定。

我国内部审计准则的制定是在参考了国际内部审计师协会所颁布的内部审计实务标准的基础上,结合我国的经济情况及内部审计工作的实际情况制定的,具有一定的科学性、现实性和前瞻性。

内部审计基本准则是内部审计的基础,是制定具体准则和实务指南的依据;内部审计具体准则是对内部审计人员实施内部审计活动过程中具体问题的规范。

内部审计基本准则和内部审计具体准则针对内部审计工作各个环节的重大问题提出了原则性的指导,具有操作性,又有一定的灵活性,它是内部审计人员在实施内部审计时必须遵循的执业标准,内部审计人员应认真遵守内部审计准则等规定。

(2)内部审计人员不得从事损害国家利益、组织利益和内部审计职业荣誉的活动。内部审计人员作为组织经营活动和内部控制的评价者和监督者,应保持自身的诚实、正直,忠于国家,忠于组织,维护职业荣誉,不能从事有损国家利益、组织利益和内部审计职业荣誉的活动。

(三)职业道德的一般原则

一般原则要求内部审计人员在从事内部审计活动时应当保持诚信正直;应当遵守客观性原则,公正、不偏不倚地做出审计职业判断;应当保持并提高专业胜任能力,按照规定参加后续教育;应当遵循保密原则,按照规定使用其在履行职责时所获取的信息。内部审计人员违反本规范要求的,组织应当批评教育,也可以视情节给予一定处分。可见,诚信正直、客观性、专业胜任能力和保密是内部审计人员所应具备的最基本的职业品质,是从事内部审计职业所必须具备的基本条件。

1. 诚信正直

《第1201号——内部审计人员职业道德规范》第二章一般原则中指出,内部审计人员在从事内部审计活动时,应当保持诚信正直。

诚信正直原则指内部审计人员应当将国家、组织、员工利益置于个人利益之上,正直、诚实,能明辨是非,坚持正确的行为、观点,不屈服于压力,按照法律及职业要求,遵循法律,不偏不倚地对待有关利益各方,不以牺牲一方利益为条件而使另一方受益。

内部审计人员在实施具体内部审计业务时,诚信守信表现为不应有下列行为:①歪曲事实;②隐瞒审计发现的问题;③进行缺少证据支持的判断;④做误导性或者含糊的陈述。

内部审计人员在实施具体内部审计业务时,廉洁正直表现为不应有下列行为:利用职权谋取私利;屈从于外部压力,违反原则。

2. 客观性原则

1)客观性的内涵

《第1201号——内部审计人员职业道德规范》第二章一般原则中指出,内部审计人员应当遵循客观性原则，公正、不偏不倚地做出审计职业判断。

客观性原则指内部审计人员对有关事项的调查、判断和意见表述，不受外来因素的影响，应当基于客观的立场，以客观事实为依据，实事求是，不掺杂个人的主观愿望，也不为委托单位或第三者的意见所左右；在分析、处理问题时，不能以个人的好恶或成见、偏见行事。要求内部审计人员在执业中必须一切从实际出发，注重调查研究。它是审计人员在进行内部审计活动时应当坚持的一种精神状态。

2）客观性的评估

内部审计人员实施内部审计业务前，应当采取下列步骤对客观性进行评估。

识别可能影响客观性的因素。

评估可能影响客观性因素的严重程度。

向审计项目负责人或者内部审计机构负责人报告客观性受损可能造成的影响。

3）可能影响客观性的因素

可能影响客观性的因素有自我评价、经济利益关系、密切私人关系和外在压力等，主要包括以下几方面。

（1）审计本人曾经参与过的业务活动。

（2）与被审计单位存在直接利益关系。

（3）与被审计单位存在长期合作关系。

（4）与被审计单位管理层有密切的私人关系。

（5）遭受来自组织内部和外部的压力。

（6）内部审计范围受到限制。

4）保持客观性应当采取的措施

（1）提高内部审计人员的职业道德水准。

（2）选派适当的内部审计人员参加审计项目，并进行适当分工。

（3）采用工作轮换的方式安排审计项目及审计组。

（4）建立适当、有效的激励机制。

（5）制定并实施系统、有效的内部审计质量控制制度、程序和方法。

（6）当内部审计人员的客观性受到严重影响，且无法采取适当措施降低影响时，停止实施有关业务，并及时向董事会或者最高管理层报告。

3. 专业胜任能力

内部审计人员要提供高质量的专业服务，除必须具有良好的职业品德外，还必须具备较强的业务能力。对内部审计人员的专业胜任能力的要求主要包括以下几个方面。

1）总体要求

内部审计人员应当具备和提高专业胜任能力，遵守内部审计准则等职业规范，运用会计准则及国家其他相关技术规范。

2）专业胜任能力

内部审计人员必须拥有实施内部审计活动所必需的知识、技能和其他能力。内部审计人员应当具备的专业胜任能力通常包括以下几项。

（1）审计、会计、财务、税务、经济、金融、统计、管理、内部控制、风险管理、法律和信息技术等专业知识,以及与组织业务活动相关的专业知识。

(2)语言文字表达、问题分析、审计技术应用、人际沟通、组织管理等职业技能。

(3)必要的实践经验及相关职业经历。

内部审计人员应当通过后续教育和职业实践等途径,了解、学习和掌握相关法律法规、专业知识、技术方法和审计实务的发展变化,保持和提升专业胜任能力。

内部审计人员实施内部审计业务时,应当保持职业谨慎,合理运用职业判断。

内部审计人员所掌握的专业知识应能达到这样的一个水平:即能够发现组织经营过程中存在或潜在的问题,提出解决问题的建议,并将审计结果清楚地表达出来,经济有效地完成审计业务。

3)几项具体要求

(1)不得从事不能胜任的业务。如果内部审计人员不具备完成某项专业服务的专业知识、技能或经验,但却从事了这样的业务,其后果往往导致审计质量无法满足有关各方的需要或维护国家组织、员工的利益。因此,首先内部审计机构不能进行业务能力不能胜任或不能按时完成的业务;其次,内部审计机构不得委派内部审计人员承办其专业能力不能胜任的业务;最后,内部审计人员不得承办其专业能力不能胜任的工作。

(2)内部审计人员不得宣称自己具有本不具备的专业知识、技能或经验。如果内部审计人员依法取得了从业资格证书,就证明在该领域具备了一定的知识。一个合格的内部审计人员不仅要充分认识自己的能力,对自己充满信心,更重要的是,必须清醒地认识到自己在专业胜任能力方面的不足,不高估、不虚报。如果内部审计人员缺乏足够的知识、技能和经验,但却宣称自己具有提供专业服务的知识、技能和经验,即构成了一种欺诈。

(3)对助理人员和其他专业人员的责任。审计项目负责人要对助理人员和其他专业人员的工作结果负责。要求对助理人员和其他专业人员的业务能力进行评价;业务执行之前对其进行必要的培训;在业务执行过程中,对其进行切实的指导、监督、检查。

4)利用外部专家服务

《中国内部审计准则》第 2304 号内部审计具体准则规定,内部审计机构可以根据实际需要利用外部专家服务。内部审计人员并非所有领域的专家,可能并不具备完成特定局部业务的专业知识、技能或经验,所具有的专业知识并不能保证对审查的所有事项都能做出合理的判断。例如某些生产过程中的技术问题,或对某些物品的股价就超出了内部审计人员的知识范围和专业能力。当内部审计人员所审查的事项需要运用到某些特定领域的专业知识时,应当聘请相关的专家机构协助,所聘请的专家可能来自组织的外部,也可能来自组织内部其他部门或机构。《中国内部审计准则》指出内部审计机构和内部审计人员可以在下列方面利用外部专家的服务,包括:特定资产的评估、工程项目的评估、产品或者服务质量问题、信息技术问题、衍生金融工具问题、舞弊及安全问题、法律问题、风险管理问题等。

在聘请有关专家时,内部审计机构应当对有关专家的独立性和专业胜任能力进行评价,内部审计人员要对专家的工作结果负责。评价时应当考虑下列影响因素。

(1)外部专家与被审计单位之间是否存在重大利益关系。

(2)外部专家与被审计单位董事会、最高管理层是否存在密切的私人关系。

(3)外部专家与审计事项之间是否存在专业相关性。

（4）外部专家是否正在或者即将为组织提供其他服务。

（5）其他可能影响独立性、客观性的因素。

同时，内部审计机构应当与外部专家签订书面协议，书面协议的内容包括：外部专家服务的目的、范围及相关责任；外部专家服务结果的预定用途；在审计报告中可能提及外部专家的情形；外部专家利用相关资料的范围；报酬及支付方式；对保密性的要求；违约责任等。

最后，内部审计人员在利用专家工作时，应当评价外部专家服务结果的相关性、可靠性和充分性，并且不仅要自己遵守职业道德，也应当提请并督导专家遵守职业道德，确保职业质量。

4. 保密原则

由于内部审计工作的性质决定了内部审计人员进场会接触组织内部的一些机密的内部信息，内部审计人员对于执行业务过程中知悉的商业秘密、所掌握的被审计单位的资料和情况，应当严格保守秘密。这一责任不因审计业务结束而终止。

在内部审计机构及外勤工作处所以外的任何地点和场所，均不应谈论可能涉及被审计单位机密的情况；除非得到被审计单位的书面允许或法律、法规要求公布者外，不得提供或泄露给第三方，也不能用于私人目的；要防止因为这些信息与资料的泄露给组织带来的损失；还应当采取措施确保协助其工作的业务助理人员和专家信守保密原则。当然保密责任不能成为内部审计人员拒绝按专业标准要求揭示有关信息、拒绝出庭作证的借口。

这些审计人员的审计行为恰当吗？

××股份有限公司审计部审计人员赵明，2014年2月份对股份有限公司所属一家生产企业进行了年终审计。经审计得知该企业年内亏损严重，如果短期内无法扭转亏损，可能马上就要宣布破产。但考虑为企业保守商业秘密，未在审计报告中予以反映。

张新也是××股份有限公司审计部审计人员。在对所属东方电子公司进行年度审计时，公司对其提出了一个要求，即希望半个月内完成所有的审计任务，并出具审计报告，以便向公司股东大会汇报。张新同意了这一条件，并按此要求编制审计计划。该项目的另一位审计人员黎明多年来一直协助东方电子公司编制会计报表。

为了及时完成任务，张新临时聘用了一批还没有毕业的会计专业的大学生。由于张新手上还有一个项目没有完成，因此，他对这些学生进行应急培训后，即告诉他们如何核对账册、检查凭证等，然后就请他们去东方电子公司进行审计，还指派了一个学习成绩很好的学生作为该项目的临时负责人，他自己则在另一家公司进行电话指挥。10天后，这些学生带回了厚厚一叠工作底稿。因为时间有限，张新将这些工作底稿稍作整理，就草拟了审计报告，并在两周之内，提交给了东方电子公司。

根据以上资料，评价上述审计人员的审计行为是否恰当，并解释原因。

第三章 内部审计项目管理

本章学习目的

1. 了解设置内部审计机构的主要因素和原则。
2. 掌握设置内部审计机构的主要形式。
3. 了解内部审计机构的权限和职能。
4. 掌握内部审计质量评价方法和内容。
5. 了解内部审计人员的业务素质和提高路径。

内部审计项目管理是指在审计项目实施过程中,运用项目管理的理论知识、技能、工具和技巧,在处理与内部审计项目相关的相互冲突的诉求中,寻求最大化收益的计划、组织、协调以及控制的一种活动过程[①]。本章将从内部审计机构的设置、内部审计质量评价以及内部审计人员的管理来论述内部审计项目管理。

第一节 内部审计机构的设置

内部审计机构是内部审计工作的基础,科学、有效的内部审计机构,是内部审计发挥作用的关键。内部审计要实现其目标,必须借助内部审计机构来进行,没有内部审计机构就不能开展完整的内部审计活动。

一、设置内部审计机构应考虑的主要因素

由于企业规模、管理形式等的差别,我国并不是所有企业都设置了独立的内部审计机构。内部审计机构的设立也主要是出于企业自身的内在需要,否则内部审计机构很可能沦落为企业的一个闲置机构,内部审计的目标很难实现,内部审计的作用也很难得到发挥。因此,是否设置内部审计机构以及设置怎样的内部审计机构,应当考虑以下两点。

(一)法律法规的要求

2003 年《审计署关于内部审计工作的规定》的第三条指出国家机关、金融机构、企业事业组织、社会团体以及其他单位,应当按照国家有关规定建立健全内部审计制度。同时,就内部审计机构的设置分三种情况进行了具体规定:第一,凡法律、行政法规规定设立内部审计机构的单位,必须按照法律、行政法规的规定设立独立的内部审计机构;第二,法

---

① 陈新环. 企业内部审计项目管理规范操作[M]. 北京:中国时代经济出版社,2009.

律、行政法规没有明确规定设定内部审计机构的单位,可以根据需要设立内部审计机构,配备内部审计人员;第三,对于有内部审计工作需要,但不具有设立独立内部审计机构条件和人员编制的国家机关,可以授权本单位内设机构履行内部审计职责。设立内部审计机构的单位,可以根据需要设立审计委员会,配备总审计师。

(二)企业自身的内在需要

由于企业规模、业务性质的不同,许多企业即使设置内部审计机构,其机构形式也是千差万别。实践中,许多因素都会对内部审计机构的形式产生影响,比如,内部审计的范围与下属机构审计的任务;总机构内部审计部门的组织、规模、设立历史等;最高管理层的意向以及集中管理与分级管理的成本比较等。比如:对于特大型的企业或者下属单位众多的单位,宜采用分级管理的方式,即下属单位设置的审计机构在上级机构的统一指导下,独立进行审计;而一些规模不大的企业,要进行内部审计活动,则应当根据需要,设置内部审计机构,或者在不设置内部审计机构的情况下,配备专职内部审计人员,以使成本效益达到最优。

二、设置内部审计机构应遵循的原则

内部审计机构是企业开展内部审计活动的基础,有了科学、有效的内部审计机构才能保障内部审计作用的充分发挥。企业根据自身需要设立内部审计机构,还应遵循五大原则。

(一)独立性原则

独立性是指内部审计机构和人员在进行内部审计活动时,不存在影响内部审计客观性的利益冲突状态[①]。独立性原则是设立内部审计组织机构中最重要的原则,内部审计机构只有具备应有的独立性,才能做出公正的、不偏不倚的鉴定和评价。在独立性原则之下,内部审计机构在组织人员、工作、经费等方面应独立于被审计单位,独立行使审计职权,不受股东、总经理、其他职能部门和个人的干预,以体现审计的客观性、公正性和有效性。

为确保内部审计机构的独立性,《中国内部审计准则》(2014年版)规定:内部审计机构应隶属于被审计单位的董事会或者最高管理层,接受其直接指导和监督,并取得相应的支持;内部审计机构应通过内部审计章程的制定明确其职责和权限范围,并报经董事会或最高管理层批准,以确保内部审计活动的正常进行,不受企业内其他部门的干涉和限制;内部审计机构应向董事会或者最高管理层提交审计报告及工作报告,并在日常工作中与其保持有效沟通;内部审计机构负责人的任免应由组织董事会或最高管理层经过适当的程序确定,内部审计机构负责人应直接向董事会或者最高管理层负责;内部审计机构负责人有权出席或参加由董事会或最高管理层举行的与审计、财务报告、内部控制、治理程序等有关的会议,并积极发挥内部审计的作用。

(二)权威性原则

权威性是指具有使人信服的力量和威望的性状。内部审计的权威性主要体现在内部审计机构的组织地位和设置层次上,组织地位和设置层次越高,权威性越大,内部审计的作

---

① 王宝庆,张庆龙. 内部审计[M]. 大连:东北财经大学出版社,2013.

用也就更能得到发挥。通常情况下，内部审计机构隶属于被审计单位的董事会或者最高管理层，其组织地位和设置层次得到了保证，外部权威性得以树立。同时，要使内部审计的作用得到更大的发挥，权威性不仅应从组织地位和设置层次上体现，还应从内部审计工作质量中来树立。内部审计工作质量越高，效用发挥越好，其在公司职员心中的地位上升，对外在权威性的巩固作用不可忽视。总的来讲，内部审计权威性与作用的发挥是相辅相成的，内部审计的权威性越强，越有利于内部审计作用的发挥，同时，内部审计的作用越大，能使内部审计机构的权威性得到进一步巩固。

（三）客观性原则

客观性是指内部审计人员对有关事项的调查、判断和意见的表述，应当基于客观的立场，以客观事实为依据，实事求是，不掺杂个人的主观意愿，同时，也不为他人的意愿所左右。客观性原则要求审计人员一切从实际出发，注重调查，深入调查了解后才能得出审计结论，并且应当保证审计结论的得出有充分、适当的审计证据加以支持。

在实践中，坚持客观性原则要求内部审计人员不能参与任何的管理活动，即内部审计人员应当分清审计责任与管理责任，在履行审计责任的同时不能参与被审计单位的管理活动，保证内部审计人员的客观性和独立性。同时，在提交审计报告前，内部审计部门的负责人需对审计工作的程序、审计工作底稿以及审计报告结果进行检查，以获取充分的证据来说明审计工作符合客观性要求。

（四）公正性原则

公正性原则是指内部审计人员应具备正直、诚实的品质，公平正直、不偏不倚地对待有关利益各方，不以牺牲一方的利益而使另一方受益。为保证内部审计机构的公正性，针对同一类审计事项的内部审计机构人员实行定期轮换制度，避免内部审计人员与被审计单位建立较为亲密的关系，从而影响内部审计机构的客观公正。

（五）成本效益原则

前文提到，内部审计机构根据企业的自身需求予以设置，内部审计机构的形式在不同的企业中也千差万别。在内部审计机构的设置过程中，企业应当充分了解自身需求，根据需求来设置适合自身的内部审计机构，既节省成本，又能充分发挥内部审计的作用。不管企业设置何种类型的内部审计机构，都应使内部审计机构形成自上而下的有机整体，明确各自分工，充分发挥整体运作效能。

三、内部审计机构设置的主要形式

随着经济全球化和信息技术的应用和发展，企业面临的竞争压力越来越大，同时，企业的规模、机构设置也越来越庞大，人们对内部审计的期望和要求也在发生改变。内部审计作为现代企业制度的重要组成部分，是一种改善组织经营而设计的独立、客观的确认和咨询活动，已成为企业经营管理的重要手段。实践中，内部审计机构设置有两大类：外包和内置。

（一）内部审计外包

内部审计外包指聘请会计师事务所或其他专业人员来执行内部审计工作，将内部审计的职能部分或全部通过契约委托给组织外部的机构来执行。根据企业的自身情况，内部审计外包又分为内部审计整体业务外包和内部审计部分业务外包。内部审计整体业务外包是指企业不单独设置内部审计机构，而是将内部审计的全部职能外包给中介机构来完成。内部审计部分业务外包指企业内部审计部门及人员与外部审计部门及人员相互配合、相互协调，共同完成企业的内部审计工作。在这种模式下，企业有内部审计机构以及少数的内部审计人员，对于一些经常性、不太重要的内部审计工作，由内部审计人员进行；而对于一些重要的、涉及面较广、需要较高的职业判断技能和合理知识结构的内部审计工作则由中介组织予以完成。

内部审计外包是社会经济发展以及专业化分工的结果。这种模式的优点在于：第一，能充分保证内部审计机构的独立性。相对于受雇于企业的内部审计人员，注册会计师等外部审计人员是根据与企业签订的契约开展内部审计工作，与企业的其他职能部门不存在内在的利益冲突和联系，能提供更加独立、客观的评价结果。第二，外包有助于企业获得高质量的内部审计服务。作为内部审计的外包机构，会计师事务所拥有大量在管理咨询、资产评估、税务服务等领域的专业人才，其服务领域遍布各行各业，其执业人员注册会计师熟悉不同的经营理念和管理方式，能根据自身经验及被审计单位的经营过程、风险控制和管理活动进行客观评价并提出切合实际的建议。第三，便于企业的成本控制。内部审计外包在通常情况下，其成本不会发生较大的变动，便于企业确认成本以进行成本的预算和控制。如果内部审计机构内置，其发生的成本是一个过程，并且随情况的变动而变动，其成本的预测难度较大。

虽然内部审计外包有以上的优点，但是内部审计外包也会给企业带来相应的风险，表现为：第一，内部审计外包会降低公司治理的效果。内部审计在公司治理中扮演着独特的内部监督与信息传递的角色，如果将内部审计外包，尤其是将内部审计整体外包，企业管理层和董事会将丧失一个重要的信息反馈来源，这样势必影响公司治理的有效性。第二，内部审计外包放弃了内部审计自身的资源优势。相对于聘请的中介机构，隶属于内部审计机构的内部审计人员更了解企业的组织文化、业务过程和风险控制方面的特点，而外部咨询机构则只能凭借一些公开的资料，通过询问和观察来了解服务对象，确定审计重点。第三，内部审计外包不利于企业将来建立健全内部审计机构。短期来看，企业将内部审计外包会得到较大的收益，但随着企业规模的扩大，企业将内部审计机构内置是不可避免的趋势。如果企业将内部审计外包，则在企业需要建立内部审计机构时会遇到较大的困难，不利于企业的长期发展。第四，内部审计外包可能加大企业对会计师事务所的依赖。内部审计外包，减轻了企业内审人员的负担，但是不利于内审人员提高自身的专业素养，培养应有的职业判断，随着时间的推移，内部审计外包会加大企业对会计师事务所的依赖性，从而增加外包成本。

（二）内部审计机构内置

内部审计机构内置，指依据《审计署关于内部审计工作的规定》、《中国内部审计准则》

等相关法规,在企业内部设置专职的内部审计机构,执行内部审计职责。自 20 世纪 80 年代,我国恢复审计工作以来,内部审计机构内置的模式主要有以下几种。

1. 隶属于财务部门负责人

内部审计机构设置在财务部门中,内部审计机构的负责人向财务部门负责人报告工作。20 世纪 80 年代初,在内部审计的起步阶段,我国大多数机构选择了这种方式来设置内部审计机构,因为该模式符合内部审计初级阶段财务收支审计的目标。但是随着内部审计的发展,这种模式逐渐被其他模式所取代,原因在于,在这种模式之下,内部审计机构的独立性得不到保证,内部审计机构设置的层次、地位等都相对较差,因此,权威性、客观性都有所欠缺。财务部负责人同时管理财务工作和审计工作,即使业务协调上有所便利,但实际上形成了自己监督自己、自己审计自己的局面。而内部审计机构及其人员在制订审计计划、实施审计程序,以及提出审计建议和意见时易受干扰,难以保持应有的独立性、客观性以及权威性。

现代企业管理中,要求企业的内部审计为企业提供整体经营的建议,解决的问题涉及企业经营的各个环节,如果内部审计机构设置在财务部门之下,则内部审计自身的独立性、客观性等要求不能满足现代企业管理的要求。现代内部审计的职能已逐步拓展为监督、评价、控制与咨询服务,审计的重点也逐步转向以绩效评价为主的管理审计,因此这种模式在当前的内部审计环境下已不大适用。但如果满足下面两个条件,那么这种组织模式在当前环境下还是有一定的竞争优势。

条件 1:企业是集团公司,下设若干个分公司。

条件 2:总公司的财务审计由外部事务所完成,分公司的财务审计以"上审下"的方式由总公司审计完成。

满足上面两个条件,内部审计机构设置在财务部门之下有一定优势的原因在于上面两大条件限制了企业的组织模式,由于组织模式无法改变,因此,企业应该通过内部审计制度规定实行"上审下"制度。

隶属于财务部门负责人的模式见图 3-1。

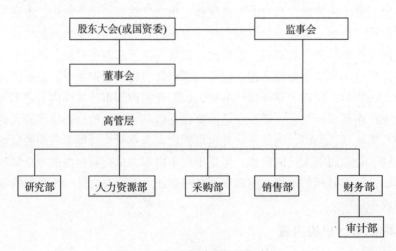

图 3-1 隶属于财务部门负责人

2. 隶属于总经理等高级管理层

该种模式之下，其独立性、客观性以及权威性相较于隶属于财务部负责人的组织模式来说都有所提升。总经理等高级管理层，拥有丰富的管理知识和经验，熟悉企业的日常经营事务，依照公司章程和董事会的授权行使职权，对董事会负责。内部审计机构隶属于总经理等高级管理层，根据总经理等高级管理层的要求开展工作，并直接向其报告，有利于内部审计机构对企业的日常经营活动进行审计，为经营决策、提高经营管理水平和经济利益服务。但是，在这种组织模式之下，内部审计机构的审计范围过于狭窄。原因在于，内部审计机构隶属于总经理等高级管理层，不利于内部审计机构对董事会成员的决策和其经济行为进行监督，其设置的层次和地位还不能满足内部审计机构行使这一职权。同时，隶属于总经理等高级管理层的内部审计机构对于总经理的经济责任也不能很好地进行客观公正的评价，在审计这一方面的信息时，独立性存在严重阻碍。隶属于总经理等高级管理层的模式见图3-2。

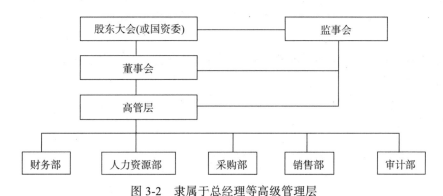

图3-2 隶属于总经理等高级管理层

3. 隶属于监事会

监事会是公司的监督机构，通常由股东代表和职工代表组成，有权审核公司的财务状况，保障公司利益和公司业务活动的合法性，依法和依照公司章程对董事会和经理行使职权的活动进行监督。在这种模式之下，内部审计机构的独立性和设置层次都很高，客观性、权威性也都得到满足，便于内部审计机构人员较好地行使职权。但是在这种模式之下，由于监事会本身的局限性，内部审计机构在行使职权时通常会遇到障碍。监事会是公司的监督机构，但是监事会的权责对一个公司来讲并不十分明确，而目前来说，监事会在我国多数公司中形同虚设，对董事会决策层人员和总经理等高级管理层的监督检查缺乏，并无直接的管理权，而内部审计机构主要职责是从企业经营管理活动的实际需要出发，提出改善企业经营管理活动方面的建议。内部审计机构设置在监事会之下，与总经理之间并无直接联系，对企业的经营管理活动的了解过程更加烦琐，给内部审计人员的工作造成不便。隶属于监事会的模式见图3-3。

4. 隶属于董事会

在这种组织模式之下，内部审计机构的设置层次和地位较高，独立性也能得到较好的保证。通常情况下，内部审计机构若隶属于董事会，都是由审计委员会进行管理。审计委员会主要由独立董事组成，内部审计机构由审计委员会领导，有较强的独立性，便于内部

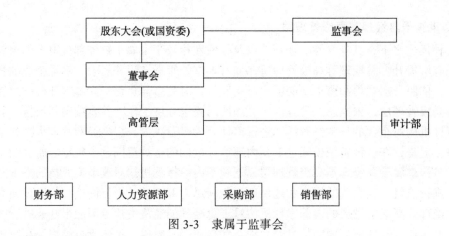

图 3-3　隶属于监事会

审计人员开展审计工作。内部审计机构对董事会直接负责，与总经理没有直接联系，对企业的经营活动不如内部审计机构设置在总经理之下的组织模式清楚明了，但是由于内部审计机构设置层次和地位较高，这一缺陷可以弥补。不过，内部审计机构隶属于董事会，由于董事会的决策基本属于集体讨论制，做出决策的时间过长，不便于正常审计工作的开展。隶属于董事会的模式见图 3-4。

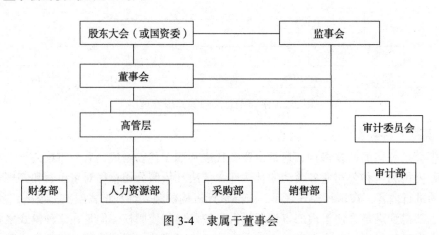

图 3-4　隶属于董事会

5. 董事会与高管层的双重领导

内部审计机构由董事会和高管层双重领导，既向董事会报告工作又向高管层汇报工作，这一组织模式既有隶属于董事会模式的优点，同时也克服了内部审计机构不能与总经理等高级管理层直接沟通汇报的缺陷。这是双向负责、双轨报告、保持双重关系的组织形式，与国际内部审计师协会的《内部审计实务准则》的要求相一致，其明确指出：内部审计机构是"根据高级管理层和董事会所规定的政策来执行职能"的，其宗旨、权利和责任的说明是"由高级管理层批准并得到董事会认可的"。这一模式下，内部审计机构的独立性强，客观性和权威性也得到保障，便于内部审计人员开展审计工作。不过双重领导、双向负责、双轨报告的模式，在实际工作中容易出现管理混乱、权责不明的问题，管理人员在实务中应当注意。董事会与高管层的双重领导的模式见图 3-5。

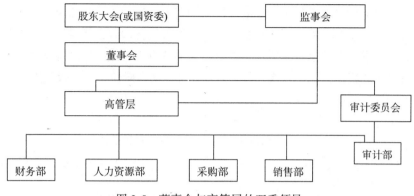

图 3-5 董事会与高管层的双重领导

四、内部审计机构的职责

职责是指为了在某个关键成果领域取得成果而完成的系列任务的集合,常常用任职者的行动与行动的目标来表述。

《审计署关于内部审计工作的规定》明确了内部审计机构的职责,内部审计机构按照本单位主要负责人或者权力机构的要求,履行以下职责。

(1)对本单位及所属单位(含占控股地位或者主导地位的单位,下同)的财政收支、财务收支及其有关的经济活动进行审计。

(2)对本单位及所属单位预算内、预算外资金的管理和使用情况进行审计。

(3)对本单位内设机构及所属单位领导人员的任期经济责任进行审计。

(4)对本单位及所属单位固定资产投资项目进行审计。

(5)对本单位及所属单位内部控制制度的健全性和有效性以及风险管理进行评审。

(6)对本单位及所属单位经济管理和效益情况进行审计。

(7)法律、法规规定和本单位主要负责人或者权力机构要求办理的其他审计事项。

内部审计机构每年应当向本单位主要负责人或者权力机构提出内部审计工作报告。

五、内部审计机构的权限

权限是指为了保证职责的有效履行,任职者必须具备的对某事项进行决策的权力范围和程度。

《审计署关于内部审计工作的规定》明确了内部审计机构的权限:单位主要负责人或者权力机构应当制定相关规定,确保内部审计机构具有履行职责所必需的权限,主要包括以下几项。

(1)要求被审计单位按时报送生产、经营、财务收支计划、预算执行情况、决算、会计报表和其他有关文件、资料。

(2)参加本单位有关会议,召开与审计事项有关的会议。

(3)参与研究制定有关的规章制度,提出内部审计规章制度,由单位审定公布后施行。

(4)检查有关生产、经营和财务活动的资料、文件和现场勘察实物。

第三章 内部审计项目管理

（5）检查有关的计算机系统及其电子数据和资料。

（6）对与审计事项有关的问题向有关单位和个人进行调查，并取得证明材料。

（7）对正在进行的严重违法违规、严重损失浪费行为，做出临时制止决定。

（8）对可能转移、隐匿、篡改、毁弃会计凭证、会计账簿、会计报表以及与经济活动有关的资料，经本单位主要负责人或者权力机构批准，有权予以暂时封存。

（9）提出纠正、处理违法违规行为的意见以及改进经济管理、提高经济效益的建议。

（10）对违法违规和造成损失浪费的单位和人员，给予通报批评或者提出追究责任的建议。

单位主要负责人或者权力机构在管理权限范围内，授予内部审计机构必要的处理处罚权。

第二节 内部审计质量评价

审计质量对内部审计工作有着重要意义，关系到内部审计机构在组织中的地位和发展。内部审计相对于外部审计来说，审计程序和工作流程相对多变，而审计时间也没有严格的限制。虽然内部审计的灵活性为审计人员提供了便利，但是其审计工作的随意性，也使内部审计工作的质量得不到较好的保证。为使内部审计得到更好的发展，我们需要对内部审计工作进行质量评价。

一、内部审计质量评价的原则

要对内部审计工作进行较好的质量评价，我们首先应遵循一定的原则。原则的确立对我们评价内部审计质量的目标、方法、程序制定等有相当的指导意义，有了评价的原则，才能明确评价的目标，有了质量评价的目标，我们才能运用更为贴切合适的方法来达到我们的目标，有了方法，为制定质量评价的程序也提供了指引。因此，进行内部审计质量评价，首先应该明确内部审计质量评价的五大原则。

（一）全面性原则

全面性是指内部审计质量评价的范围应当覆盖内部审计工作的方方面面。在质量评价过程中，我们要从内部审计证据的收集、内部审计程序的执行以及内部审计结果的报告等方面进行评价，不能仅就内部审计结果，即内部审计报告进行质量评价，还应从内部审计工作的源头和过程中获得全面的信息，与实际相结合，最终才能得出评价结论。

（二）连续性原则

连续性是指对内部审计质量的评价应当是连续不断的，而不是一次性的。也就是说，评价内部审计质量应当具有周期性，定期进行内部审计质量评价。通常来讲，企业的内部审计对于企业的审计也是周期性的，中审、年审等属于比较重要的事项，对内部审计质量的评价也应跟随内部审计工作的开展而进行，定期评价内部审计的质量。

（三）可衡量性原则

该原则要求对内部审计质量评价的标准应当是一套定量的质量体系，而不是定性的评价。即要求评价标准应当是事先设定的、确切的、反映当前内部审计实际情况的以及可以规责的。只有定量的评价标准才能准确评价内部审计的质量，如果评价标准模棱两可，会导致评价人员工作开展困难、评价质量不符实际等问题。

（四）增值性原则

该原则要求内部审计质量评价本身能够为股东创造价值，即该活动是增值的。如果内部审计质量评价成本过高，而评价之后为公司带来的效益低下，可能企业没有动力，也没有必要开展内部审计质量评价活动。而内部审计质量评价的增值性主要体现在两个方面：第一，内部审计质量评价过程中，提出的反馈、建议、意见，作用于内部审计，使内部审计的质量得到提升；第二，由于内部审计质量的提升，因此内部审计对企业的效用更大，使整个组织的运营水平提高，为企业创造价值。

（五）可沟通性原则

该原则要求内部审计质量评价信息能够准确、及时、有效地传递。内部审计质量评价人员对评价过程中发现的问题、提出的建议以及评价结果应当及时与相关负责人沟通，以获取准确的信息，为内部审计质量评价结果的准确性提供保障。

二、内部审计质量评价的目标和方法

（一）内部审计质量评价的目标

对内部审计进行质量评价，除了评价原则外，我们还应确定内部审计质量评价的目标。内部审计是指遵循非常严苛的职业道德准则，运用一系列的方法来评估并提升组织的风险管理水平、内部控制质量、公司治理结构的有效性。因此，内部审计质量评价应设定两大类标准。

首先，我们应当评价内部审计活动是否符合国家相关法律法规，是否符合各利益相关方的要求和期望，是否符合组织既定的规章制度，是否符合组织所在具体行业或所在地内部审计协会的职业规范和道德准则。这是内部审计质量评价最基本的目标，实际工作中，这也是内部审计质量评价必须要达到的要求。

其次，通过内部审计质量评价，还应加强内部审计活动的可信度。现代企业中，内部审计机构的设置层次、地位都相对较高，独立性也较强，但是企业中其他职能部门可能对内部审计的认识不足，认为内部审计部门没有实际的权力，对企业的审计也不如外部审计专业。因此，被审计单位部门可能对内部审计活动并不是很配合，也不认为内部审计活动能够为企业创造价值。通过内部审计质量评价，可以找出内部审计活动中的不足之处，增进内部审计部门的业务能力和整体素质，提高内部审计质量，提升内部审计在组织中的形象。

（二）内部审计质量评价的方法

我国内部审计起步较晚，设置的初衷也仅是为了满足行政需求，因此，内部审计虽然经过了20多年的发展，但是国内普遍对内部审计质量的认识不足，对内部审计质量的研究也大多停留在理论阶段。就目前来讲，内部审计质量评价的方法主要采用的是对标法，即：基于评价现状、建立对标体系、识别差距、提出缩小差距的建议这四个要素的一套科学的系统方法论。

首先，我们应当评价内部审计质量的现状，全方位分析内部审计质量的评价指标，准确把握当前内部审计质量的水平。只有正确认识了内部审计的现状，才能准确开展一系列的内部审计质量评价活动。由于各个公司组织框架不同，内部审计机构的构建也有差别，因此，针对不同的公司，对内部审计质量的评价方法和标准可能千差万别，只有准确认识了内部审计的现状，才能基于现状做出较好的判断与评价。

其次，我们应当建立评价内部审计质量的对标体系。在了解内部审计质量现状的基础上，主动了解各利益相关方对内部审计质量的要求与期望，并将这些期望与要求系统化为一套对标体系，用于内部审计质量评价。在整理对标体系时，可能遇到各利益相关方的期望与要求相矛盾的情况，那么在评价内部审计质量时，应当根据内部审计职业道德准则与内部审计规范进行评价，同时根据企业的营业宗旨和目标加以修正，才能真正做好内部审计质量评价。

再次，对比内部审计质量的现状和整理的对标体系，识别当前内部审计质量的不足之处，分类整理，分析不足原因，形成内部审计质量评价报告底稿。基于内部审计质量现状的认识以及对标体系的对比，针对机构设置、制度建设、审计执行等方面，逐一查找内部审计机构需要改进的地方，分类整理，提出问题。

最后，我们还应当针对发现的问题，分析原因，提出整改措施。内部审计机构的建设并非一朝一夕就能达到理想状态，在发现问题时，要及时纠正，而针对复杂的问题，我们则应当制订改进计划，分步实施，不断完善和改进内部审计机构，缩小现状与理想对标体系之间的差距，以不断满足各利益相关者的期望与要求。

三、内部审计质量评价的内容

内部审计质量评价包含内部审计工作的方方面面，只有从各方面全面评价内部审计工作才能不断完善和改进内部审计机构，才能达到内部审计质量评价的目的。从内部审计质量评价的内容看，主要包括五个方面的评价内容：目的与组织、资源和能力、沟通与报告、流程与程序、工具与技能。

（1）内部审计质量评价应当关注内部审计的目的与组织。针对这一点，评价人员主要关注内部审计机构的设置是否合理，层次、地位是否满足内部审计工作开展的要求，内部审计机构的独立性、客观性、权威性是否达到标准，是否还有改进空间。同时，还应关注内部审计机构的相关负责机制，其组织汇报关系属于双重领导还是对单一领导负责，是否具有可归责性，管理逻辑是否清晰。最后，还应关注内部审计机构的设置是否能达到内部审计的目的，组织机构是否最优，能够从哪些方面进行优化。

（2）内部审计质量评价应当关注内部审计机构的资源和能力。内部审计工作质量的提高很大程度上依赖于内部审计部门所掌握的资源。我国内部审计起步较晚，许多机构都不够完善，相关机制也不健全，因此，内部审计的发展通常处于滞后状态。在进行内部审计质量评价时，我们应当关注内部审计资源的数量和质量、内部审计资源的可获得性以及资源的配置问题，只有解决了内部审计机构的资源问题，才能从实质上提高内部审计质量，达到内部审计提升企业质量的目的。

（3）内部审计质量评价应当关注内部审计的沟通和报告。针对沟通方面，在进行内部审计质量评价时，应当关注内部审计人员之间、内部审计人员与被审计单位人员以及内部审计人员与高级管理层或者董事会之间的沟通是否及时、有效。内部审计人员之间的沟通可以帮助内部审计人员及时发现问题，分享获得的信息，提高审计效率；而内部审计人员与被审计单位人员之间的沟通则着重于获取审计证据以及与审计人员所关注问题的信息；内部审计人员与高级管理层或者董事会的沟通则有助于内部审计人员将获取的信息及时进行反馈。良好的沟通有利于提高审计效率，融洽审计人员之间的关系，创建良好的工作氛围。而报告则主要关注内部审计人员对发现的问题和提出的建议向董事会或者高级管理层报告的途径是否有效。内部审计人员对被审计单位进行审计后的结果和反馈只有及时向高级管理层或者董事会报告之后，才能发挥提升企业整体质量的作用，否则，内部审计机构纵然发现问题、提出建议，也不能发挥实质性的作用。

（4）内部审计质量评价应当关注内部审计的工作流程和实施程序。在进行内部审计质量评价时，工作人员应当关注内部审计的方法、内部控制的框架与风险评估、内部审计战略与年度计划、内部审计具体项目计划、内部审计项目管理、内部审计计划的执行策略、内部审计测试标准与实践、内部审计记录文档的标准、内部审计问题的追踪与跟进等方面，以评价这些工作流程和实施程序是否能够达到内部审计的目的。只有在对内部审计的工作流程和实施程序全面了解的基础上，才能针对内部审计工作流程和实施程序中的不足之处提出改进建议，提升内部审计质量。

（5）内部审计质量评价应当关注内部审计的工具与技能。这一点主要是针对内部审计机构的软硬件设施以及内部审计人员的从业能力。随着内部审计的发展，与内部审计相关的方法和软件也逐步兴起，在风险导向型审计的环境下，要想提高审计工作的效率，就要依赖于一些审计软件的使用，这样有助于我们减少审计工作的复杂程度，同时，也能提高审计工作的效率和质量。而内部审计质量评价还应关注内部审计人员的层次构成和职业发展前景。好的内部审计团队有助于企业内部审计的发展和内部审计质量的提高，内部审计人员的执业能力与工作经验也是内部审计质量评价中的重要一环。好的人才构架以及人才培养机制有助于企业内部审计的长远发展，是企业不可多得的资源。

第三节　内部审计人员管理

内部审计工作要能得到良好的开展，质量能够得到稳定提升，提高内部审计人员自身的素养是必不可少的条件。内部审计人员自身素养包括良好的知识结构以及有效的人际沟通能力等。这些基本素质都是内部审计人员在审计过程中，通过长期的实践经验累积形成的。

一、内部审计人员应具备的业务素质

内部审计核心能力是个人能力、团队能力以及综合能力的有机结合[1]。内部审计人员除

---

[1] 王宝庆. 内部审计管理[M]. 上海：立信会计出版社，2012.

爱岗敬业、公正无私、廉洁奉公之外，还应具备足够的专业知识，精通会计与审计，熟悉相关的法律法规才能更好地胜任内部审计工作。内部审计人员应当具备如下的业务素质。

（一）较强的职业敏感性

内部审计和外部审计一样，要求审计人员应当具备充分的职业敏感性。审计人员对听到、看到的任何常态或者非常态的事项应保持应有的怀疑态度，从实际出发，分析、解决问题。职业敏感性通常为审计人员的工作减轻了负担，目前的审计都是以风险导向为原则的，审计人员的职业敏感性使其更容易发现问题，使有限的审计资源得到充分的利用，事半功倍地解决问题。同时，较强的职业敏感性还要求审计人员要有充分的想象力。实践中，越来越多的企业采取各种手段和方法来应付审计，尤其是内部审计，各职能部门同属于一个单位，对彼此的了解相对较多，审计方法的不可预见性得不到保证，因此，审计人员在审计过程中应充分了解各种被应付的可能，逐个击破，才能使审计质量得到充分的保障。

（二）善于听取各方的意见

内部审计人员在开展审计工作时，通常会与被审计单位的人员进行沟通、访谈。这一审计程序不仅可以为审计人员提供相关信息，进行风险评估，确定审计范围，还能为出具内部审计报告提供审计证据。在与被审计单位人员沟通交流的过程中，应当创造一个平等的对话环境，让对方充分表达自己的意见，同时，还应当注意被访谈者的思路和看法，判断其是否对真实情况有所隐瞒。针对不善于表达的被访谈者，应当选择询问的方式和语气，充分尊重被询问者的态度。而对于反对审计调查的人员应当有充分的耐心和毅力，分析查找原因，尝试再沟通。

（三）集体团队的协作精神

内部审计工作并非一个人就可以完成的业务，而是通过团队协作、人人参与之后才能完成的工作。在内部审计工作开展过程中，内部审计人员之间应当互帮互助，充分沟通交流问题，取长补短，使整个团队达到最优工作状态。而与被审计单位人员之间，内部审计人员也应当注重与之的合作，使审计工作更有效率。比如：内部审计人员与被审计单位各部门各层级的人员保持良好的沟通协作关系，那么，审计所需资料的收集可能更为迅速，审计工作的开展也更为顺利。

二、内部审计人员的执业能力

（1）内部审计人员良好的执业能力要求内部审计人员具有专业胜任能力。专业胜任能力包括专业知识和业务能力。内部审计人员应当熟悉内部审计准则、财务会计准则和制度，同时，还应通晓税收、金融、经济法以及管理学方面的知识，这样才能对财务系统、管理系统和经营系统做出恰当的评价，才能针对某一特殊事项进行准确的判断。内部审计人员除了拥有过硬的专业知识外，还应具备较强的业务能力。审计人员的工作经验是胜任能力的重要体现，实践出真知，在实践中，方能体会理论的用处，否则，即便拥有过硬的专业知识，不能付诸实践，也不应认为其具备良好的执业能力。

（2）内部审计人员良好的执业能力要求审计人员具有一定的职业判断能力。职业判断能力需要感性总结与理性思考相结合，是审计人员从实践中总结出来的职业敏感性。要具备良好的职业判断能力，要求审计人员应当善于耐心听取被审计单位人员的意见，有自己的职业判断，并且具备良好的综合分析能力。内部审计工作既是一个取证的过程，也是一个判断的过程。审计判断贯穿于审计工作的全过程，选择审计对象时，需要审计判断；确定重要性水平时，需要职业判断；确定审计风险时，需要审计判断；在获取审计证据时，还需判断证据的真伪以及充分适当性。审计人员不断调查收集信息、分析信息，进行自己的职业判断，将审计资源分配到审计风险较高的事项，再收集信息，再进行职业判断，循环前进，直至得出审计结论，出具内部审计报告。

（3）内部审计人员良好的职业能力要求内部审计人员具备出色的语言表达能力。语言表达能力表现为口头表达能力和书面表达能力。在对被审计单位进行审计的过程中，内部审计人员之间以及内部审计人员与被审计单位人员之间的沟通必不可少，而询问也是一种重要的审计方法。在对被审计单位人员进行访谈时，如何获取更多的有用信息，要求内部审计人员具备良好的沟通能力。而良好的沟通在内部审计人员之间也十分重要，不同的内部审计人员获取的信息可能不同，良好的沟通能提高内部审计整个团体的工作效率和质量。而书面表达能力的重要性则体现在审计报告的出具上，审计报告的撰写需要有良好的组织语言的能力，精练、恰当的内部审计报告也是提升内部审计质量的必备要件。

（4）良好的执业能力还要求内部审计人员有较强的分析能力和人际交往能力。较强的分析能力可以帮助审计人员对获取的资料进行更为精确的处理，也使审计人员更容易发现审计风险较高的事项，提高审计效率。而良好的人际交往能力则体现在内部审计人员之间以及内部审计人员与被审计单位人员之间。内部审计人员之间有良好的人际关系，整个团队氛围融洽，有利于内部审计人员之间的团队协作，提高团队效率。而内部审计人员与被审计单位人员之间良好的人际关系则更有利于内部审计工作的开展，更易得到被审计单位人员的配合。但是审计人员不得与被审计单位人员建立密切关系，密切的关系将损害审计人员的独立性，使内部审计的公正、客观性受到质疑。

三、如何提高内部审计人员的整体素养

现代企业制度需要高素质的内部审计人员，而内部审计的不断发展也要求内部审计人员不断完善提高自己，以保持足够的职业胜任能力。企业应当从以下几个方面入手，提高内部审计人员的整体素质。

（一）加强内部审计人员的职业道德教育

职业道德是内部审计人员开展审计工作的根本，在良好的职业道德素质之下，才能提高内部审计工作的整体质量。内部审计人员的职业道德教育对整个企业至关重要，在审计过程中，内部审计人员应严格遵守职业道德规范，做到独立、客观、公正，保持应有的职业谨慎。许多案例表明，内部审计机构审计质量不高，或者审计人员责任心不强等都是缺乏职业道德的表现。加强职业道德教育，有利于内部审计人员养成良好的道德修养和工作习惯，从而提高内部审计质量。

（二）加强专业技能培训

审计是动手能力很强的工作，内部审计人员应当具备全方位的知识和技能，熟练掌握审计专业知识和技能，并进行大量的审计实践。只有这样，才能不断积累实践经验，培养自身的职业敏感性。而企业也可在单位内部进行不同岗位之间的轮岗，这样不仅可以让内部审计人员学习到更多方面的知识，熟悉单位各项业务及其操作流程，提高审计的实践能力，也可以防止舞弊事件的发生。同时，企业还可以对内部审计人员定期组织培训，丰富审计人员的专业知识，提高审计人员的专业技能。

（三）加强激励机制

不断完善企业的激励机制，使优秀的审计人员能保持工作的积极性，保持不断进步的工作状态，这对于提高内部审计人员的整体素养十分重要。企业缺乏激励机制，可能导致人才流失，也可能使企业本身不具有对优秀审计人员的吸引力，从而丧失引进优秀人才的机会。建立健全人才培训、培养和选拔机制，让审计人员充分发挥自己的能力，使企业成为优秀审计人员的摇篮，才是建设专业内部审计团队的长远之路。

（四）加强不同单位之间的经验交流

审计人员应当具备广泛的知识面，在有了一定内部审计工作实践之后，仅在单位内部可能不能满足内部审计人员的学习欲望。加强与其他单位的审计工作经验交流，有利于审计人员了解不同审计单位之间审计重点的差别，针对不同类型的企业可能采取的审计模式也不同。同时，在与不同单位进行经验交流时，也可分享审计实践中的工作经验，从而提高审计工作的效率。

S公司的内部审计机构为审计部，内部审计的机构设置为隶属于总经理等高级管理层。S公司的审计部是在20世纪80年代组建成立的，创立的初期曾隶属于公司办，后来经过公司的多次改革与调整，地位一步步提升，成为一个相对独立的部门。现在的审计部门主要职能包括财务审计、工程审计、合同审计。而在最近两年又新增加了风险管理与内部控制管理，即负责评估公司的风险，降低项目的风险，对公司内部控制的合理性与有效性进行评价与管理。

S公司的内部审计机构即内审部一直属于经营层主导型，但经过一系列调整后，从之前的隶属于厂办、公司办到现在的独立部门、直接对总经理负责，S公司审计部的地位越来越高，独立性与权威性也得到很大的提高。内部审计在企业中的业务面也在不断扩大，从刚开始的单一财务审计职能，后来发展为财务审计与工程审计并存，再后来不仅负责财务审计和工程审计，又增加了合同审计与供应链审计的内容，到近两年，又新增加了风险管理控制与内部控制管理，内审部人员的队伍也在不断壮大，审计成本也在增加，现如今已经是担负着S公司财务审计、工程审计、合同审计、供应链审计、风险管理与内控管理的一个成熟、独立、权威的审计部门。

要求：说明如何提高S公司内部审计机构的审计质量。

第四章 内部审计过程

本章学习目的

1. 了解内部审计计划的概念。
2. 了解内部审计计划涉及的内容。
3. 理解内部审计实施过程的主要活动。
4. 掌握内部审计报告的类型和要素。
5. 理解内部审计后续审计的作用和内容。
6. 掌握内部审计沟通的重要性。

审计程序（audit procedure）是指审计师在审计工作中可能采用的，用以获取充分、适当的审计证据以发表恰当的审计意见的程序。审计活动是一种有目的、有组织的活动，为了最大限度地实现既定的审计目标，保证审计工作的质量，降低审计风险，审计必须遵循一定的标准和规范，这种标准和规范就是审计程序。

企业的内部审计程序是企业内部审计人员开展内部审计工作所遵循的工作步骤。它是规范内部审计，提高审计工作质量和审计效率的有力保障。与外部审计不同，内部审计侧重于企业经营管理活动的检查和评价，目的在于完善企业的内部控制，提高经营活动的效率、效果和经济性。内部审计程序通常包括计划过程、实施过程和报告过程三个环节。

恰当设计和有效运用审计程序，不仅有利于审计人员有条不紊地开展审计工作，防止工作中的忙乱，避免审计工作偏离审计目的和进行不必要的审计手续，从而节约审计成本，提高审计效率。此外，还有利于审计人员规范地开展审计工作，防止重要审计步骤和手续的遗漏，从而保证审计质量。

我国内部审计协会 2014 年颁发的第 1101 号《内部审计基本准则》和内部审计具体准则第 2101 号至 2109 号分别从总体程序规定和具体程序环节要求方面规范了内部审计程序的基本做法。表 4-1 为本章的思维导图。

表 4-1　内部审计程序

内部审计程序	主要审计步骤
审计计划过程	初步了解被审计单位；编制年度审计计划；编制项目审计计划；编制审计方案，下达审计通知书
审计实施过程	进一步了解被审计单位情况，进行审计测试，取得和分析审计证据，得出审计结论或审计意见，编制审计工作底稿，编写并出具审计报告
审计报告过程	编制审计报告，整理审计资料，建立审计档案等
后续审计阶段	

第一节　内部审计计划过程

内部审计计划是内部审计机构和人员为完成审计业务，达到预期的审计目的，对一段时期的审计工作任务或具体审计项目做出的事先规划。内部审计计划过程是进行内部审计工作的前提，直接影响审计工作的效率和效果，在内部审计程序中占有重要地位。根据《内部审计具体准则第 2101 号——审计计划》的相关规定，内部审计计划一般包括年度审计计划和项目审计方案。年度审计计划是对年度预期要完成的审计任务所做的工作安排，是组织年度工作计划的重要组成部分。项目审计方案是对实施具体审计项目所需内容、审计程序、人员分工、审计时间等做出的安排。内部审计计划的工作包括初步了解被审计单位、编制年度审计计划、编制项目审计方案，下达审计通知书等。

审计计划不是一成不变的，也没用固定的格式，需根据实际需要进行编制。一般而言，审计计划的编制要符合以下要求。

（1）客观性。即符合客观实际，能够解决实际存在的问题。具体说就是要在了解被审计单位经营情况及所在行业的基本情况的前提下进行审计计划的编制。

（2）目的性。即在执行完计划后，达到审计的总目标。若审计计划完成之后，审计目标没有达成，则这样的计划没有意义。

（3）成本效益性。即正确处理审计成本、效率与审计质量的关系。在审计过程中，为保证审计质量，避免审计风险，通常要设置必要的审计程序，这将导致审计成本的增加。但是在这一过程中，需要考虑审计成本，过高的审计成本会阻碍审计工作的生存和发展。

（4）可操作性。审计计划是审计人员进行审计业务工作的行动指南，是审计方案的具体落实，计划的可操作性是其基本的要求。

审计计划过程并不是审计业务一个孤立的阶段，而是一个持续的、不断修正的过程，贯穿于整个审计业务的始终。由于未预期事项、条件的变化或在实施审计程序的过程中获取的审计证据等原因，在审计过程中，审计人员需对审计计划做出更正和修改。

一、初步了解被审计单位

初步了解被审计单位，审计人员主要通过查阅有关被审计单位的资料和进行实地的观察来进行。在审计计划阶段，主要是了解被审计单位的背景资料。背景资料通常包括被审计单位的章程、经营方针、程序说明、组织机构图及以前年度的审计工作底稿、审计报告等。通过查看被审计单位的背景资料，了解企业的组织设计和经营状况，有助于为后续审计工作的顺利展开奠定基础。进行实地观察主要是了解被审计单位的环境，收集和掌握为确定重点领域、编制系统的审计方案所必需的信息。

内部审计的范围可大可小，可简单可复杂。如我们既可以对企业的整个内部控制进行评价，也可以对内部控制的一个具体环节进行评价，不同的审计目标决定了不同的审计范围。此外，对待不同类型的审计，它们具体的审计目标和范围也不一样。因此，对被审计单位的初步了解，有利于我们确定审计目标和范围，从而进行后续的审计工作。

二、编制年度审计计划

年度审计计划是对年度的审计任务所做的事先规划,与财务预算、销售计划等内容一样,是组织年度工作计划的重要组成部分。年度审计计划由审计机构负责人制订,编制年度计划应当结合内部审计中长期规划,在对组织风险进行评估的基础上,根据组织的风险状况、管理需要和审计资源的配置情况,确定具体审计项目及时间安排。其主要内容包括以下几项。

(1)内部审计年度工作目标。内部审计年度工作目标要根据组织战略、组织年度目标并考虑内部审计工作的需要而确定,应该和本机构所制定的内部审计工作手册相关内容保持一致。

(2)需要执行的具体审计项目及其先后顺序。由于组织的经营活动和内部控制包括的内容非常广泛,通常内部审计工作无法在一年的时间内涵盖所有内容,因此内部审计存在一个选择被审计单位的过程。确定被审计单位并且安排其先后顺序是年度审计计划的重要内容。

(3)各审计项目所分配的审计资源。由于内部审计资源是有限的,必须对所选择的审计项目分配好各自所需要的审计资源,包括所需要的审计人员数量及预计耗费的审计工时。

(4)后续审计的必要安排。后续审计是内部审计机构为检查被审计单位对审计发现的问题所采取的纠正措施及其效果而实施的审计。后续审计是保证审计效果的一项必要工作,也是内部审计区别于注册会计师审计的特征之一。内部审计机构负责人必须考虑为后续审计预留必要的审计资源,并列入年度审计计划的内容。

审计项目负责人在编制年度计划前,应当重点调查了解下列情况,以评价具体审计项目的风险:①组织的战略目标、年度目标及业务活动重点;②对相关业务活动有重大影响的法律法规、政策、计划和合同;③相关内部控制的有效性和风险管理水平;④相关业务活动的繁杂性及其近期变化;⑤有关人员的能力及其岗位的近期变动;⑥其他与项目有关的重要情况。

三、编制审计项目实施方案,下达审计通知书

(一)审计项目方案

内部审计实施方案是内审人员为实现审计总目标,主要通过严谨的审计步骤来收集与审计目标相关的证据,在对被审计单位的基本情况有了初步了解和调查的基础上,对现场审计工作进行具体部署所形成的书面文件。

审计实施方案的作用:①是督促现场审计按指令进行,掌握工作进展情况的工具;②是科学调配审计资源、合理调整审计时间和考核审计工作质量的依据;③是降低内部审计风险的有效手段;④是提高审计工作效率和效果的必要措施。

审计项目负责人在编制审计方案时应注意:①做好事前调查;②突出重点;③做好内控制度的测试、评价;④确定重要性水平,做好风险评估;⑤科学合理地配备人力,发挥审计组每个人的特长与潜能。

编制审计方案应遵循的原则:①效果性原则,即审计目标具体化;②前瞻性原则,即根据经济发展的趋势和审计环境的变化来编制;③针对性原则,即审计方案是为完成该审计项目而编制的,是针对该项目的特点和被审计单位的具体情况而编制的,它所确定的审

计重点和所采用的审计方法均是根据审计目的和审前调查所获得的资料所决定；④科学性原则，即合理配置审计资源，提高审计监督效应，节约审计成本。

审计方案应包括的内容：①被审计单位，项目名称。②审计目标和审计范围，审计目标，即对审计范围内的每一部分拟订具体的审计目标；审计范围通常仅涉及完成该项审计任务相关的活动和重要方面，如对购货部门的审计，审计范围集中于购货的来源、视供货者的情况选择购货、使用购货订单购货三个方面。③审计内容和重点。④确定具体审计方法和程序。⑤审计组成员的组成及分工。⑥审计起止日期。⑦对专家和外部审计工作结果的作用。⑧其他有关内容。

审计项目负责人可根据被审计单位的经营规模、业务复杂程度及审计工作的复杂程度，确定项目审计计划和审计实施内容的繁简程度。

（二）审计通知书

审计通知书是指内部审计机构在实施审计前，通知被审计单位或个人接受审计的书面文件。在实施审计前，是指内部审计机构向被审计单位发出审计通知书，正式通知被审计单位，提供有关文件、会计凭证、账册和报表等资料，并为审计组提供必要的工作环境。

审计通知书的内容一般应包括以下内容：被审计单位及审计项目名称、审计目的及审计范围、审计时间、被审计单位应提供的资料和其他必要的协助、审计小组名单和内部审计机构及其负责人的签章和签发时间。

审计通知书的形式有纸质化和电子化，在很多制度不很完善，不注重管理的书面化和程序化的企业中，内部审计通知书仅由审计部门发一份电子邮件或打一个电话就算通知了，但这些操作是不恰当的，应以纸质通知书发放。其所发放的形式可以是信件送达，也可以是当面送达。送达时间没有严格规定，一般要求审计通知书提前三天送达被审单位(人员)。特殊审计业务，比如突击审计、违规违纪审计等审计中发现需要启动特殊审计程序的，可以在实施审计时同时送达。

（三）审计通知书范例

审计通知书

×审[× × × ×] × 号

  ××关于审计××（审计项目名称）的通知

  ×××（被审计单位）：

    根据我×年度审计计划安排，决定出派审计组，自××××年××月××日起，对你单位（××××时间段）（×××内容）（审计目的及范围）进行审计。接此通知后，请予以积极配合，并提供有关资料和必要的工作条件。

  审计组组长：

  审计组成员：

内部审计机构公章
审计机构负责人签字
签发日期：

  抄送：(必要时可抄送组织内部相关部门。涉及组织内个人责任的审计项目，应抄送被审计者本人)

第二节　内部审计实施过程

审计实施阶段是审计工作三个过程中最重要的过程，起承前启后的作用，是对审计计划过程所指定方案的全面执行。在这一过程主要是通过对审计项目进行实质性审查，进而取得审计证据，编制审计工作底稿和做出审计评价等方式来进行审计项目总体控制制度评价。

内部审计实施过程的主要工作包括：①进驻被审计单位，进行审计测试；②分析审计发现，做出结论或提出建议；③编制审计工作底稿；④与被审计单位讨论审计结果。

一、进驻被审计单位，进行审计测试

审计组在审计实施过程中，为全面深入地了解被审计单位业务活动的具体规定和内部控制制度的执行情况，需进驻被审计单位，更深入地了解被审计单位的情况。

审计测试包括控制测试和实质性测试。控制测试指测试控制运行的有效性，对被审计单位与生成会计信息有关的内部控制设计和执行的有效性进行了解，并对该内部控制是否得到一贯遵循加以审计的过程。实质性测试是指在控制测试的基础上，为取得直接证据而运用检查监盘、观察、查询及函证、计算、分析性复核等方法，对被审计单位会计报表的真实性和财务收支的合法性进行审查，以得出审计结论的过程。

（一）控制测试

了解被审计单位的内部控制。审计人员对被审计单位有关业务环节内部控制的控制程序、控制环境、会计系统等进行了解。

初步评价内部控制制度。一是确定业务环节中各点可能发生错误或舞弊事件的所在，即控制点；二是查明被查单位的内部控制程序是否设计适当，可否达到预防发生错误或舞弊的控制目标。

实施控制测试。控制测试采取的方法通常包括询问、观察、检查、穿行测试和重新执行。审计人员通过向被审计单位适当人员询问，获取与内部控制运行情况相关的信息；通过观察，看控制运行是否有效；通过检查相关纸质资料，当作判断内部控制运行情况的证据等。几种方法应当在控制测试中结合使用，以获取充分、适当的审计证据。

评价内部控制。控制测试完成后，审计人员需对被审计的内部控制重新评价，确定控制风险，以确定将要执行的实质性测试的性质、范围。

（二）实质性测试

实施完控制测试后，审计人员需对被审计单位的重点项目进一步实施实质性测试。实质性测试的类型分为两种，即分析性程序和细节测试。

实质性测试的主要工作包括：一是实物盘点，主要是针对有形资产账户记载的内容，如库存现金、有价证券、固定资产等；二是检查相关凭证，以确定账簿记录数据的真实性和经济业务的合理性、合法性；三是函证，函证是审计人员为印证被审计单位会计记录所载事项而向第三者发函询证，主要应用于应收账款、应付账款等结算类的业务；四是核实和核对相关记录。实质性测试采用的一般方法主要是检查、函证、重新计算。

二、分析审计证据，做出结论或提出建议

在对企业实施完控制测试和实质性测试后，审计人员需对所获取的审计资料进行分析和讨论，从而得出审计结论，进而提出审计意见。

在分析审计证据前，需对审计证据按照一定的方法进行分类整理，使之条理化、系统化，然后对各种审计证据进行合理的归纳，并在此基础上形成恰当的整体审计结论。在此过程中，审计人员需重点关注审计证据的充分性和适当性，充分性是指审计证据的数量能足以证明审计事项并形成审计结论，如果一个审计项目收集的审计证据数量不足以形成审计结论，应考虑补充收集新的审计证据或通过其他途径来代替。适当性是指审计证据的相关性和可靠性。审计人员只能利用与审计目标相关的审计证据来证明和否定被审计单位所认定的事项，例如存货监盘结果只能证明存货是否存在、是否有毁损及短缺，而不能证明存货的价值和所有权的情况。审计证据的可靠性受其来源、及时性和客观性的影响，审计人员需选取可靠性高的审计证据支持审计结论。

审计证据的整理、分析方法因审计目标和审计证据种类的不同而有所差异，通常情况下，审计证据的整理、分析方法有以下几种。

（1）分类和排序。对审计证据的分类可按其证明力的强弱、与审计目标关系的相关程度强弱等因素分门别类排序，也可以按照审计事项分类、审计证据与审计事项相关程度排序，从而使审计方案确定的审计事项脉络清楚、重点突出。

（2）比较。主要进行两方面的比较，一是将各种审计证据进行反复对比，从中分析出被审计单位财务状况或经营成果的变动趋势及特征；二是与审计目标进行对比，判断其是否符合要求、是否与审计目标相关。如不符合要求，则需补充收集新的与审计目标直接相关的审计证据。

（3）取舍。审计人员在整理审计证据时，对那些无关紧要的、与审计目标相关度低的次要审计证据应当舍弃，对那些具有代表性的、典型的审计证据在财务报告中适当反映。取舍的标准基本包括两个方面：一是金额大小，对于涉及的违规事项金额较大、足以对被审计单位的财务状况或者经营成果的反映产生重大影响的证据，应当作为重要的审计证据在审计报告中反映；二是问题性质的严重程度，有的审计证据本身所揭露问题的金额也许并不很大，但这类问题的性质较为严重，它可能导致其他重要问题的产生或与其他可能存在的重要问题有关，这类审计证据也应作为重要的证据在审计报告中反映。此外，对于同一审计事项有不同形式和来源的审计证据，应保留证明力较强的审计证据，如外部审计证据的证明力一般强于内部证据。

（4）汇总和分析。审计人员在对审计证据进行上述分类、比较和取舍的基础上，对其进行综合、汇总，将缺乏联系甚至相互矛盾的审计证据去粗取精、去伪存真、填平补缺、相互印证，得出具有说服力的各个审计事项的结论。

三、编制审计工作底稿

审计工作底稿是指审计人员在审计工作过程中形成的全部审计工作记录和获取的资

料。它是审计证据的载体，可作为审计过程和结果的书面证明，也是形成审计结论的依据。审计工作底稿的编制工作从确定审计项目开始，直到完成审计报告和后续审计，贯穿于整个审计过程。

审计工作底稿主要包括下列要素：①被审计单位的名称；②审计事项及其期间或者截止日期；③审计程序的执行过程及结果记录；④审计结论、意见及建议；⑤审计人员姓名和审计日期；⑥复核人员姓名、复核日期和复核意见；⑦索引号及页数；⑧审计标识与其他符号及说明等。

审计工作底稿范例

审计工作底稿

索引号：

被审计单位名称：			
审计事项			
会计期间或截止期间			
审计人员		编制日期	

审计过程记录：
审计结论或者审计查出问题摘要及其依据：
处理处罚建议及法律法规依据：
科目调整要求：
复核意见

复核人员		复核日期	

共 页 第 页附件（共 页）

审计工作底稿汇总表

第 页（共 页）

项目名称			
编制人		编制时间	
底稿反映的问题或者重要事项	底稿顺序号		审计结果类文书顺序号
	1		
	2		
	3		

审核意见：

审核人： 审核日期：

第2014号内部审计具体准则第四条规定，审计人员应当编制审计工作底稿，一是为了提供充分、适当的记录，作为审计报告的基础；二是提供证据，证明其按照内部审计准则的规定执行了审计工作。及时编制审计工作底稿有助于提高审计工作的质量，便于在出具审计报告之前，对取得的审计证据和得出的审计结论进行有效复核和评价。总的来说，审计工作底稿可以达到以下几个目的：①为编制审计报告提供依据；②证明审计目标的实现程度；③为检查和评价内部审计工作质量提供依据；④证明内部审计机构和内部审计人员遵循内部审计准则；⑤为以后审计工作提供参考。

审计工作底稿通常包括审计年度计划、审计项目方案、分析表、问题备忘录、重大事项概要、询证函回函、管理层声明书、核对表、有关重大事项的往来信件（包括电子邮件），以及对被审计单位文件记录的摘要或复印件等。

审计工作底稿的复核工作应当由比审计工作底稿编制人员职位更高或者经验更为丰富的人员承担。如果发现审计工作底稿存在问题，复核人员应当在复核意见中加以说明，并要求相关人员补充或者修改审计工作底稿。在审计业务执行过程中，审计项目负责人应当加强对审计工作底稿的现场复核。内部审计人员在审计项目完成后，应当及时对审计工作底稿进行分类整理，按照审计工作底稿相关规定进行归档、保管和使用。

四、与被审计单位讨论审计结果

在完成审计工作后，为了保证审计结果的客观、公正，审计法规规定审计机关在出具审计报告前应当征求被审计单位的意见，因而在审计实施阶段与被审计单位的沟通是法定程序。审计人员应就报告中的基本情况、审计发现的问题、审计结论、审计决定等征求被审计单位的意见，与被审计单位进行认真充分的沟通，要求被审计单位对审计结果提出口头或书面意见，并将该材料作为审计档案的重要部分予以保存，避免以后出现异议。与被审计单位进行结果沟通的目的是提高审计结果的客观性、公正性，并取得被审计单位、组织适当管理层的理解和认可。

审计人员需与被审计单位对审计结论有关事项进行沟通，沟通的主要事项包括以下几种。

（1）审计发现结论的分歧。主要指审计人员与被审计单位就被审计对象存在的不同意见。如：在某些交易和事项所采用的会计政策、财务报表披露的内容以及审计范围、审计报告的措辞等方面，双方可能发生分歧，需要沟通。

（2）重大审计调整事项。即对财务报表有重大影响的、审计人员认为需要调整的事项，需要沟通。

（3）审计意见的类型及审计报告的措辞。审计人员在编制审计报告时，应向被审计单位告知其所确定的审计意见类型及审计报告的措辞，并使其理解其含义。但需注意的是，审计人员在发表审计意见时，必须坚持独立、客观、公正的原则，这里的沟通仅仅是向被审计单位告知和解释，而不是对审计意见的类型及审计报告的措辞需要与项目执行单位商讨。

（4）审计人员拟提出的关于内部控制以及管理方面的建议。审计人员应就审计过程中注意到的、被审计单位在内部控制经营管理设计或运行方面存在的重大缺陷，向被审计单位提出口头或书面建议。

（5）审计概况以及审计依据。由于管理层对被审计对象不一定了解，因此需要对审计对象以及审计目的、方法等进行说明。

第三节　内部审计报告过程

审计报告过程是指审计实施过程结束后，审计人员根据审计工作底稿编制审计报告，并将有关文件整理归档的全过程。

审计报告过程的主要工作包括：①编制审计报告；②整理并归还审计资料；③撤离审计现场；④整理审计档案。这里主要对前两项进行说明。

一、编制审计报告

《内部审计具体准则第 2106 号——审计报告》规定："内部审计人员应在审计实施结束后，以经过核实的审计证据为依据，形成审计结论与建议，出具审计报告。"一份成功的审计报告必须能够准确地传递有关审计活动的可靠信息，表明内部审计完成了哪些工作，企业应该关心哪些问题。内部审计报告是指内部审计人员根据审计计划对被审计单位实施必要的审计程序后，就被审计事项作出审计结论，提出审计意见和审计建议的书面文件。它能够较客观公正地反映事实，并且使报告的阅读者接受并采纳审计意见和建议。

（一）内部审计报告的种类

内部审计报告可以根据不同的标准进行划分。依据被审计内容进行划分，可分为财务会计审计报告、经济效益审计报告、任期经济责任审计报告、基本建设审计报告等。根据报告的形式进行划分，可分为书面形式的审计报告和口头形式的审计报告，书面形式审计报告要求文字规范、格式统一、涵盖内容齐全(即包括审计目的、审计范围、审计结果、审计发现、审计结论和审计建议等内容)；口头形式的审计报告则要求内部审计人员及时报送审计信息，以便于高级管理者能够立即采取决策措施以预防风险的发生。按照报送期限进行划分，可分为期中报告和最终报告。期中审计报告的作用是在审计程序没有最终完成时，对较为重要的审计发现和审计建议可以中期进行反映和评价，报告形式可以是书面的，也可以是口头的，可以是正式报送方式，也可以是非正式报送方式。最终报告的特征是等待审计程序全部完成以后进行总结和归纳出的审计报告内容，其在合理性、基本格式、清晰、语气、风格等方面充分表现出审计师的执业水平。

（二）内部审计报告编制的基本原则

（1）客观性原则。内部审计报告的编制应当以经过核实的审计证据为依据，实事求是，不偏不倚地反映审计事项。

（2）完整性原则。内部审计报告应基本要素俱全，全面地反映被审计单位的经营活动和管理情况，不遗漏审计中发现的重大事项。

（3）及时性原则。如无特殊原因，审计报告应及时撰写和印发，提高审计信息的时效性，树立审计良好职业形象，以便于被审计单位及时整改。

（4）准确性原则。审计报告应条理清晰、简明扼要、观点清楚、易于理解，尽量避免不必要的专业术语，段落层次分明、具有逻辑性。

（5）建设性原则。通过对审计发现进行深入分析，审计建议操作性强，有针对性，符合被审计单位实际情况，便于被审计单位整改。

（6）重要性原则。审计报告应依据审计目标，明确审计重点事项，突出审计重点，反映审计重点问题。

（三）内部审计报告的基本内容

（1）审计报告封面。封面内容应包括报告的题目、被审计单位的名称和地址、审计日期或期限、审计小组或部门的名称等。

（2）审计概况。审计概况是对于审计报告的引导，开场白关系到报告内容的言简意赅和总结性内容，其内容往往起到简单传递报告信息的基本作用。包括审计背景的介绍、审计目标和审计范围、审计发现和审计证据、报告内容目录和索引信息，以及被审计单位的审计回复及反馈等。此外，还有审计报告日期及发送日期、参与审计的人员名单和签发人签字等。

（3）审计依据，即实施审计所依据的相关法律法规、内部审计准则等规定。

（4）审计发现的详细内容。对被审计单位的业务活动、内部控制和风险管理实施审计过程中所发现的主要问题进行说明。对于审计发现详细介绍，要组织好先后顺序，重点突出，避免报告篇幅过长、重复等现象的出现。

（5）审计意见和建议。审计意见是针对审计发现的主要问题提出的处理意见。审计建议是对审计发现的主要问题提出的改善业务活动、内部控制和风险管理的建议。

（6）报告中的图表及附录。审计证据中的图表方式是通过分析性测试总结出的成果，以帮助分析审计证据。如审计图表可以包括会计表格、财务分析中经济指标对比数据等。

（7）审计报告抄送人员和部门及报告总份数及存档要求。内部审计机构的审计报告，是要按公司规定发送很多既定的领导和部门的，在审计报告最后一页的页角，按规定写清楚抄送人员和部门及需存档案的份数及总发出份数。

审计报告书

审计报告

（ 年 月 日）审字第 号

关于　　　　单位　　　　情况的审计报告

—领导：

一、发现的主要问题

二、对违法法纪的处理意见

三、审计建议：

审计小组：

年 月 日

```
                审计决定书
                    审计决定
        ——：
           根据 字第 号审计通知书，对你单位进行审计。现将我审定后的审计报告
        发送给你们，并作出如下决定：


        以上请遵照执行，并将执行结果于   前报送我。
            附：
                                            年 月 日

        报送：
        抄送：
```

二、整理审计档案

审计档案是指审计人员按照规定归档保管的所有审计案卷的总和，它可为审计单位和有关部门考察、证明提供依据，也可为提高审计工作质量积累资料。如帮助审计人员系统地回顾审计实践中的经验教训，探索审计工作规律，为今后审计工作提供交流，为处理类似审计项目提供案例等。

审计档案的收集整理工作，关系到档案文件材料的完成和质量。审计人员在审计项目实施结束后，应及时收集审计档案材料，按照立卷原则和方法进行归类整理、编目装订组合成卷和定期归档。

审计档案材料主要包括以下几类：①立项材料：审计委托书、审计通知书、审前调查记录、项目审计方案等；②证明类材料：审计承诺书、审计工作底稿及相应的审计取证单、审计证据等；③结论类材料：审计项目回访单、被审计对象整改及反馈意见、与审计项目联系紧密且不属于前三类的其他材料等。

审计资料在归档时，首先要将按一定标准分类的审计资料排好顺序，统一编写页号，填写案卷封面和备考表。审计档案材料应当按下列四个单元排列：①结论类材料，按逆审计程序，结合其重要程度予以排列；②证明类材料，按与项目审计方案所列审计事项对应的顺序，结合其重要程度予以排列；③立项类材料，按形成的时间顺序，结合其重要程度予以排列；④备查类材料，按形成时间顺序，结合其重要程度予以排列。审计档案内每组材料之间的排列要求：正件在前，附件在后；定稿在前，修改稿在后；批复在前，请示在后；批示在前，报告在后；重要文件在前，次要文件在后；汇总性文件在前，原始性文件在后。在审计案卷备考表内应由立卷人签名章、注明日期，并应由审计项目负责人和档案保管人员签名盖章，填明检查日期以明确责任。

第四节 后 续 审 计

后续审计指内部审计机构为检查被审计单位对审计发现的问题所采取的纠正措施及其

效果而实施的审计。它既不同于后期审计,又不同于期后审计,是一种完成前期审计工作后继续进行的追踪审计。它是先前审计的再监督,对于审查被审计单位的纠正措施、审查内部控制系统的改善和进一步明确各种风险责任都是重要的一个环节。开展后续审计有利于促进被审计单位管理水平、风险防范能力的深层次提高,是整个项目审计的有机组成部分。

一、实施后续审计的必要性

(1)有利于提高审计工作的质量。后续审计主要是针对被审计单位查出的问题展开的,如问题是否及时得到纠正,检验审计报告的内容是否符合实际,提出的意见和建议是否切实可行,是对审计工作质量的一种有效的评价与检验,能促使内审人员在审计中深入问题实质,提出有针对性、合理有效的措施,从而提高审计工作质量。

(2)有利于防范和化解风险。内审人员对审计中发现的屡查屡犯的问题,分析根源,对被审计单位提出处理意见和建议,要求被审计单位纠正或改进不足之处。采用追踪检查的方式,督促被审计单位落实纠正措施,防范风险的反复出现。

(3)有利于发挥监督和服务的作用。后续审计集中体现了内审的监督和服务职能,一方面对审计发现问题跟踪落实,督促整改,确保监督实效;另一方面后续审计评价纠正措施的实施效果,并根据被审计单位的实际情况,提出切实可行的审计建议和措施,为被审计单位发展服务。

(4)有利于组织内部的责任划分。在内部审计报告中已经包括了审计人员的审计工作和被审计单位对审计工作的反馈,只有经过后续审计才能真正验证哪一方更具合理性,进而真正解决被审计单位存在的问题。

二、后续审计的步骤

(1)详细阅读被审计单位的审计回复。被审计单位的审计回复是被审计单位对审计报告中的结论、意见或建议的回复。审计人员通过分析审计回复,可了解到哪些审计建议被审计单位接受并已采取切实的措施和纠正行为;哪些被审计单位有不同意见,需要继续沟通;哪些被审计单位行动不明确,需要进一步落实;哪些已被审计单位拒绝,以澄清事实或选定今后工作的方向。

(2)对回复不充分或不回复的部分与被审计单位探讨。内审人员可通过面谈或电话的方式,将被审计单位审计回复不充分或不回复的原因以及被审计单位的进一步打算研究清楚。

(3)对重大审计发现实施现场跟踪审计。内审人员可通过面谈、直接观察、测试及检查纠正措施的记录文件对后续审计中被审计单位存在的重大审计发现、采取的措施及纠正行为进行现场审计。

(4)评价被审计单位已经实施的措施及纠正行为的有效性。内审人员需对被审计单位已经实施或准备实施的措施及采取纠正行为后的控制环境的各种风险进行重新评估,以评价其有效性。

(5)提出后续审计报告。内审人员要根据后续审计的结果,提出后续审计报告。后续审计报告要说明后续审计的目的、将审计报告的审计发现和审计建议进行列示,概括被审计单位所采取的纠正措施及其有效性的评价结果，阐明后续审计的审查结论。

三、后续审计的注意事项

（1）应提高思想认识。思想上的重视是做好后续审计的重要保证，后续审计是审计工作的必经阶段，是审计工作的程序之一，每个审计项目都有进行后续审计的必要性。因此，内审人员、被审计单位、管理层都必须要重视后续审计工作。

（2）确定后续审计的重点。对内部控制的充分性和有效性应更多地关注关键环节、重点部位。突出对未整改问题的审计力度，恰当分析未整改的原因及评估整改的效果和未整改的风险程度。避免面面俱到似的全面审计，浪费人力物力。

（3）应合理确定后续审计的时间。后续审计是针对被审计单位落实审计建议的整改情况开展的。审计时间过早，审计建议还没有发挥出应有的作用；审计时间过晚，则不能起到及时督促被审计单位执行审计决定的作用。因此，合理安排审计时间是保证后续审计质量的关键，审计人员应根据审计结论、审计建议的具体情况，确定实施后续审计的时间。

（4）应完善后续审计方法。审计方法的正确与否，决定了工作的质量与效率，要恰当地运用审计技巧和技术。审计人员在进行后续审计时要制定一套完善、行之有效的工作方法，以使所取得的审计证据具有说服力。

（5）应做好后续审计评价。后续审计主要是针对整改情况进行的确认性审计，能够有效地反映当前业务及内部管理的现状。应根据问题性质，客观做出评价。

案例 某公司内部审计报告

2015年度，内部审计部在审计委员会及总经理部的指导和大力帮助以及各相关部门的配合下圆满完成了2015年度的工作计划，具体如下。

一、年度内控管理工作概要

（一）公司层面的内部控制情况

2015年度，公司持续加强内部控制管理工作。

为促进公司内控管理工作的有序开展，于2015年3月18日，公司制定了《内控管理工作实施方案》，方案中再次明确了公司内控工作组织架构及各层级在内控工作中的职责，为公司内控管理工作的实施提供了制度基础。

于2015年3月31日经公司董事会审批，制定并公布了公司《内部控制缺陷认定标准》。公司董事会根据《企业内部控制基本规范》、《企业内部控制评价指引》对重大缺陷、重要缺陷和一般缺陷的认定要求，结合公司规模、行业特征、风险偏好和风险承受度等因素，区分财务报告内部控制和非财务报告内部控制，研究确定了适用本公司的内部控制缺陷具体认定标准。为今后公司内部控制评价工作建立了评价标准。

（二）关联交易的内部控制情况

公司根据公司的《关联交易制度》（2014年修订），按照有关法律、法规、部门规章以及《上市规则》等有关规定，明确划分了公司股东大会、董事会对关联交易事项的审批权限，对公司关联交易的决策程序、信息披露原则等做了明确规定。报告期内，公司无须经董事会审批的超额关联交易事项发生。

（三）对外担保的内部控制情况

公司严格执行《对外担保管理制度》。报告期内，公司已发生的担保事项未有违反《上市公司规范运作指引》及《对外担保管理制度》的情形发生。

（四）重大投资的内部控制情况

公司在《公司章程》中规定了重大投资的基本原则、审批权限、决策程序。报告期内公司严格按照《公司章程》的有关规定，履行对重大投资的审批。

（五）信息披露内部控制情况

公司制定了《信息披露管理制度》，对公司公开信息披露和投资者信息沟通进行有效控制。公司《信息披露管理办法》对信息披露的原则、职责、定期报告、临时报告、程序、敏感信息排查机制、文件管理、保密措施、监督管理与责任追究等做了明确规定，公司在审慎的原则下接受调研，并开展与投资者的沟通，增加公司信息披露透明度及公平性，促进公司与投资者之间关系的良性互动。

（六）对控股子公司的控制情况

公司通过任命和委派管理人员对控股子公司实行控制管理，从而将财务、重大投资、人事及信息披露等方面工作纳入统一的管理体系并制定统一的管理制度。公司定期取得控股子公司的季度、半年度及年度财务报告。

（七）内部控制的检查情况

2015年度，内部审计部对全体子分公司内控工作小组持续开展公司内部控制自我评价工作培训，并对下属子公司及分支机构等15家公司的内控自我评价工作进行了现场检查，超额完成了审计计划。

2015年度，内部审计部对公司的内部控制的自我评价工作已顺利完成，未发现公司内部控制存在重大缺陷或重要缺陷。

二、年度内部审计工作概要

（一）定期报告的审计情况

2015年度，内部审计部持续坚持以财务报表审计为主线，以实现公司的报告目标，即财务报告的真实性和完整性。截至目前，内部审计部已经完成对公司业绩快报、季报、半年报的内部审计，未发现公司财务报告的对外信息披露存在重大错报或漏报。

（二）重点事项的审计情况

2015年度，内部审计部在每季季末的次月进行重点审计事项包括：①公司募集资金使用、对外担保、关联交易、证券投资、风险投资、对外提供财务资助、购买或出售资产、对外投资等重大事项的实施情况；②公司大额资金往来以及与董事、监事、高级管理人员、控股股东、实际控制人及其关联人资金往来情况。内部审计部对上述重点事项每季度均进行了检查，检查结果均向审计委员会进行了报告。

（三）对子分公司的审计情况

2015年度，内部审计部完成了对湖南科伦、岳阳分公司、简阳分公司、广安分公司的现场审计工作，并出具了审计报告，未发现上述公司的财务信息存在重大错报。

三、进一步加强关联交易内控工作

公司2014年度已对关联交易的内控缺陷整改完毕。2015年度，为进一步加强公司关联方识别的工作，切实保证公司关联交易制度的落地实施，确保公司关联交易信息及时完整地披露，公司持续加强对于关联交易的内部控制工作。

（1）严格按照证券法规就未依法履行关联交易审议程序的事项进行审议确认，并予以披露。

（2）就公司的关联方和关联交易进行全面核查。

公司对关联方和关联交易展开了全面自查，包括采取但不限于要求公司实际控制人、董事、监事、高级管理人员及其他关键管理人员提供关联方及其关联交易清单，组织人员查询2015年度交易金额及余额在300万元以上销售客户、原料及设备供应商、工程施工方、研发单位和其他往来单位的工商信息等措施，以发现是否存在未识别的关联方及关联交易。

（3）加强公司董事、监事和高级管理人员有关关联方和关联交易的培训。

2015年1月，内部审计部会同内控管理部、董事会办公室完善了公司2014年4月颁布的《关联方交易制度》的实施细则，增加了OA流程，设计了《大额客商背景调查表》；并对全集团进行了如何填写《大额客商背景调查表》的培训。

2015年2月，公司组织了董事、监事和高级管理人员以及业务部门负责人就关联方、关联交易的相关规定进行了专题学习，并进行了相应培训。

对于上述内控完善措施，内部审计部全程监督，并检查了上述措施的落实情况。

四、年度反舞弊工作概要

为加强公司反舞弊工作管理，保护公司、股东和广大员工的利益，公司制定了《反舞弊制度》，制度对舞弊的定义、反舞弊工作的职责归属、举报渠道、责任追究及处罚等问题进行了明确规定，为今后反舞弊工作的开展提供了思路和方向。

为了将公司廉洁自律的企业文化精神传递给合作方，努力营造健康的经营环境，公司制定了《阳光协议》，协议对业务往来过程中的腐败行为进行了定义，对违约行为的责任追究进行了约定，要求业务人员在与上下游客户签订经济合同时同时签订《阳光协议》。

同时，2015年10月，公司加入了中国企业反舞弊联盟，在反舞弊联盟中我们将吸取各大公司的反舞弊经验，进一步加强本集团的反舞弊工作。

五、总述

2015年度，我们在董事会审计委员会的指导下圆满并超额完成了2015年度的工作计划。2016年度，我们将继续在董事会审计委员会的领导下，严格按照2016年度的审计计划开展工作。

要求：指出该内部审计报告存在的不足和改进措施。

第五章 内部审计后续审计

本章学习目的

1. 明确内部审计后续审计的含义和要素。
2. 了解内部审计后续审计的特点和作用。
3. 理解内部审计后续审计的目标与内容。
4. 了解内部审计后续审计的步骤。

内部审计师在出具审计报告后,还要对报告中所涉及的审计结果和审计建议进行跟踪,这就是后续审计。即内部审计人员在出具内部审计报告之后,经过一段合理的时间,对被审计单位进行复查,以确认被审计单位是否根据审计结果和建议采取了适当的纠正措施并取得良好的效果。

《内部审计具体准则第 2107 号——后续审计》指出后续审计是内部审计机构为跟踪检查被审计单位针对审计发现的问题所采取的纠正措施及其改进效果,而进行的审查和评价活动。因此,在后续审计中,审计人员应当重点关注审计中发现的问题是否得到解决以及对组织的影响,而被审计单位针对审计中发现的问题所采取的措施及效果是后续审计的主要内容。

第一节 内部审计后续审计中的两个要素

《内部审计具体准则第 2107 号——后续审计》的第四条规定,对审计中发现的问题采取纠正措施,是被审计单位管理层的责任,评价被审计单位管理层所采取的纠正措施是否及时、合理、有效,是内部审计人员的责任。该规定明确指出了后续审计中不可或缺的两个要素,即:被审计单位管理层以及内部审计人员。内部审计人员经授权后对被审计单位进行审计,根据收集的信息和发现的问题,提出审计建议,出具内部审计报告,但内部审计人员的责任并没有由于内部审计报告的出具而结束。后续审计要求审计人员应在审计报告提交后的规定或约定期限内,对被审计单位针对审计发现的问题所采取的措施是否及时、合理、有效进行后续追踪,确保审计发现的问题已经得到解决。内部审计人员在合理的时间对被审计单位进行后续审计,评估被审计单位管理层采取措施的效果,查看被审计单位管理层采取的这些行动是否切实有效地降低了控制风险并出具后续审计报告。被审计单位管理层应结合企业实际情况,根据内部审计报告和内部审计人员提出的建议采取相应的措施,从而有效解决存在的问题。内部审计人员可能会在审计报告中对纠正措施提出建议,被审计单位管理层应认真考虑这些建议并积极采纳。出于对问题的现实考虑，被审计单位管理层也可能采取不同于审计建议的纠正措施，不论是否采纳审计建议，被审计单位管理层都应当积极采取纠正措施解决问题，同时，在内部审计人员进行后续审计的时候，被审计单位应予以配合及协助。

【案例 5-1】Algieba Corp，一个坐落在美国中部的制造业公司，在最近几年为了对公司整合而进行了大规模的扩张。在一次内部审计中，内部审计人员提出要整合公司不同信息系统的建议，原因在于多种信息系统在一起运行是极其没有效率的。在实际工作中，一名工作人员常常要跨越几个系统来寻找相同的数据。审计人员建议对公司重要的资产项目实行系统整合计划，并要求在很短的时间内使整个公司使用 SAP 系统，并向 CIO（首席信息官）、审计委员会发送报告。而审计委员会则负责向董事会报告有关的审计发现和建议。审计建议提出后很快得到公司高层的重视。

但被审计单位认为，该系统必须与原来的旧系统相协调，否则，将进一步阻碍原系统的实施，不能根本解决问题，并将其意见写成报告，发送给一些审计报告的接收者。

但是在与被审计单位负责人接触后，CIO 得出的结论是，使用 SAP 系统的确有助于消除无效率的情况。他强调，由于 SAP 系统已经在别的公司实施了，因此，应用这个系统将比较容易。为了减少对其他系统的影响，他建议首先可以独立地建立起该系统，一旦出现冲突，再决定是否采用。并且，向董事会、内部审计部门发送了一份备忘录，简要说明了使用这一系统的决定。

六个月后，内部审计人员在后续审计中，首先肯定了对审计建议纠正措施的落实情况，因为 SAP 系统确实提高了整个公司的工作效率，但同时也发现了一些问题，主要集中在没有相应权限的员工可以接触一些较为敏感的交易。内部审计人员与 CIO 进行了充分的交流，并制定了一些相应的办法来解决：第一，确认哪些员工有这种不恰当的权限，是谁授权给他们；第二，如何确定什么是敏感的交易，例如，是交易额超过了 100 万元或 200 万元；第三，企业信息系统自实施以来是否有人对它们进行过修改，进一步确定是谁进行的修改并查明修改的原因。内部审计人员在对此项纠正措施的后续审计中发现 CIO 对纠正措施完善得非常彻底，圆满地解决了授权不当的行为。

在上述案例中，内部审计人员先对被审计单位实施内部审计，提出了要整合公司不同信息系统的建议。之后，CIO 和被审计单位的相关负责人制订了实施计划，应用 SAP 系统，一段时间之后，内部审计人员对这些措施实施了后续审计，肯定了相关措施的同时，也发现了一些问题，出具后续审计报告，提出相关建议，有利于被审计单位的进一步整改。而从案例来看，后续审计使被审计单位的问题解决得更为彻底，相关措施的效果也得到提升，是内部审计不可或缺的一部分。通过上述案例，我们也可以更为清晰地了解后续审计中的两大要素：被审计单位管理层和内部审计人员的职责。

一、内部审计人员：做好本职工作——考虑权限问题

内部审计是企业管理机构的一部分，通常情况下，内部审计机构隶属于审计委员会，而审计委员会直接向董事会负责。因此，内部审计在对被审计单位进行审计时，首先应取得相应的权限，即董事会的认可和批准。在取得相应权限之后，对被审计单位进行审计，

出具内部审计报告。就案例 5-1 来讲，内部审计在审计过程中，发现多种信息系统在一起运行是极其没有效率的，而提出了要整合信息系统的建议。这是内部审计的应有职责，同时，在被审计单位采取相关措施（运用 SAP 系统）之后一段时间，进行后续审计、出具后续审计报告，也是内部审计的本职工作的一部分。

对此，应该明确，在取得相关权限后，对被审计单位进行审计、得出审计结论是内部审计的职责，但是不能将内部审计过程中发现的问题和建议强加于被审计单位。也就是说，在经过内部审计后，发现了问题以及内部审计人员提出了相应建议后，是否针对这些建议和问题采取措施或者采取什么样的措施则不应由内部审计人员决定。内部审计人员提出审计建议后，应由被审计单位进行反馈，对于有异议的审计建议，内部审计人员应与被审计单位沟通，以达成一致意见。比如，案例 5-1 中，内部审计人员提出了应当整合信息系统的建议，如果 Algieba Corp 的管理层认为这种风险整体可控，而整改成本过高，最终选择了接受风险而不采取措施的决定，则内部审计人员没有进一步的责任。在这种情况下，还是应当进行后续审计。虽然被审计单位对内部审计发现的问题没有采取措施加以应对，但是内部审计人员在一段合理时间之后，还应当进行后续审计，以确定被审计单位管理层做出的不采取行动的决定是否合理，相关风险在不采取措施的情况下是否整体可控等。同样地，如果内部审计人员在内部审计中发现了某一问题，同时在内部审计报告中也提出了相应的整改建议，但是在管理层做出决定时，虽然采取了措施，但是并没有采取内部审计报告中内部审计人员提出的相关建议，后续审计也应当进行，并且评价相关措施是否真实有效地将风险控制在可接受范围之内。总之，对被审计单位进行内部审计，出具内部审计报告，并在合理时间内进行后续审计，出具后续审计报告，是内部审计人员的责任和义务，不因管理层决议而改变。

二、被审计单位管理层：及时回复，沟通结果，对采取措施的实施情况监控、评价

首先，被审计单位的职责应当是配合内部审计人员的工作。在内部审计人员进行内部审计时，提供相应的资料和信息是被审计单位义不容辞的责任。其次，被审计单位应当对内部审计中发现的问题和建议及时回复，表明自身愿承担的风险以及根据内审发现的问题提出自己的意见。被审计单位并非是一个内部审计结论让其做什么就做什么的角色，而是应当根据自身情况，针对内审发现的问题，与审计人员讨论建议的合理性和可行性，自主做出决定。比如，在案例 5-1 中，对 Algieba Corp 公司，内部审计人员提出了整合信息系统的建议，被审计单位结合自身情况，可以决定不采取措施来应对。但是在回复内部审计意见时，被审计单位应当说明理由以及声明自身愿意承受由此带来的风险。同时，被审计单位还可提出一些在审计过程中内部审计人员未发现的但被审计单位认为有必要提出的问题，征求整改意见，将企业整体风险控制在可接受范围之内。通常情况下，被审计单位应当及时回复，在一些与内部审计人员意见不一致的地方，应当及时沟通，最终形成一致意见。实践中，被审计单位往往不顾内部审计提出的纠正意见，只采取被审计单位认为合理的措施，而又不与内部审计人员进行沟通。在这种情况下，如果被审计单位采取的行动失败，或者未达到预期效果，可能导致审计人员挑剔被审计单位行动中的不当之处而延误挽

救时机，给被审计单位带来更大的损失。因此，被审计单位对审计意见的及时回复与沟通是十分必要的。

被审计单位管理层除了对内部审计人员提出的审计建议及时回复、积极沟通之外，治理层还应对被审计单位采取的措施实施情况进行自我监督评价。针对被审计单位，治理层应通过内部审计机构进行后续审计，来对被审计单位采取措施的落实情况进行监督和评价，检查并鼓励被审计单位对审计报告做出恰当的回复，评价纠正行动的充分性和成本效益性，在必要的时候，还应采取相应的措施来纠正已经发现的不充分的行动。对于内部审计人员，治理层应确保审计人员的独立性和客观性得到充分保证。

第二节 内部审计后续审计的特点和作用

一、内部审计后续审计的特点

后续审计作为内部审计的一部分，是内部审计不可或缺的灵魂，但是仅就后续审计来讲，也有其鲜明的特点。

（一）后续审计时间的特殊性

后续审计所涉及的时间是从审计结论和决定通知被审计单位执行起至后续审计开始止，这一段时间之内，被审计单位应执行审计结论和决定。因此，后续审计不同于后期审计以及期后审计，而是对原审计项目的继续审计，是审计人员用以确认被审计单位管理人员针对审计报告而采取的行动是否及时和有效的一个工作过程。

（二）后续审计范围的特殊性

后续审计不同于初次审计，其审计的重点在于审计结论和决定所涉及的范围。后续审计面临的不是一个新的审计项目，其审计范围一般限于上次审计报告中所提出的问题所涉及的经济活动和会计资料，是对先前审计的再监督。

（三）后续审计方法的特殊性

后续审计方法也区别于一般审计，虽然后续审计的程序和方法与一般的审计程序和方法相同，但是其针对性更强。后续审计是按照审计回访制度，主要采取对照核算法，对未执行审计建议或者执行未到位的，要查清原因，继续落实或调整决定，最后写出后续审计报告，在报告中评价审计建议的执行情况并根据不同情况提出不同的处理意见。

【案例5-2】2011年11月，××市供电公司的内部审计在对2011年财务收支审计中，查出该单位下属××供电所截留电量1456万千瓦时，并将收回电费资金117万元直接冲减了某破产企业的呆死欠费等一系列违纪行为，提出了建立相应的内部控制管理制度的建议。

2012年7月，针对2011年××市供电公司内部审计所反映出来的问题，该公司审计部决定开展"内部审计项目成果执行及运用情况"的后续审计。

后续审计人员首先查看原审计意见执行情况，发现该供电所已补计相应电量、电费收入，同时将原已冲减的欠费企业重新挂账。但是，该所却没有按原审计意见，建立相应的内部控制管理制度，以防范类似事件的再次发生，也没有对原有责任人进行相应的处罚。

针对其管理上暴露出来的问题，在后续审计调查阶段，审计人员对该所2012年的电量、电费进行趋势对比，制订风险分析计划，最终确定该所为下一步后续审计现场实施阶段的重点对象，结果再次发现其2012年5月对××市××厂截留电量198.8万千瓦时，电费94.49万元的违纪事实。

后续审计人员立即向公司管理层汇报，同时与主管部门及时沟通，随后，该所进行了整改，追补少计的电量、电费，对相关负责人进行了批评教育，××市供电公司也开始着手建立相关的内部控制制度。

从上述案例中，内部审计时间是2011年11月，而后续审计时间则是在2012年7月，充分体现了后续审计在时间上的鲜明特点。内部审计出完审计报告之后，应有一段合理时间给予被审计单位，以整改内部审计中发现的问题及相关建议。因此，案例中选择了2012年7月进行后续审计，相距出具审计报告半年时间。其次，上述案例中，后续审计的范围主要集中在内部审计中发现的问题是否得到解决，即：内部审计发现的该单位下属××供电所截留电量1456万千瓦时，并将收回电费资金117万元直接冲减了某破产企业的呆死欠费等一系列违纪行为是否得到纠正。同时，还审查了这种现象在之后的会计期间是否出现以及相应的内部控制制度是否建立等问题。最后，在方法上，本案例中后续审计主要是针对以后期间是否有截留电量这一现象，因此运用了分析对比的方法进行审计，较之于内部审计的审计方法，后续审计方法更以实际情况出发，目标确定，针对性强。

二、内部审计后续审计的作用

后续审计是内部审计体系的有机组成部分，只有实施后续审计才能真正地保证内部审计总体目标的实现。适时开展后续审计，对于提高内部审计的权威性和有效性有着十分积极的意义。由于内部审计人员常年和企业内部各个部门打交道（尤其是财务部门），因而其他部门或多或少都了解了一点内部审计的程序和方法，因此，内部审计程序和方法的不可预见性不能得到充分保证。而其他部门自觉或不自觉地就产生了一些应对内部审计的方法，内部审计在审计过程中可能难以发现问题或者发现的问题难以被有效解决。进行后续审计体现了一种创新的方法、实施的理念，在不断复核之下，可能会发现内部审计在审计时未发现的问题并且使内部审计过程中发现的问题得到更为切实有效的解决。后续审计的作用体现在以下几方面。

（一）后续审计能够提高内部审计的权威性

后续审计能使被审计单位有更大的压力和动力去对审计中所发现的问题进行整改。在审计实践中，有的单位对内部审计提出的问题采取一种能拖就拖的态度，认为内部审计提出的问题和建议只是一种形式化的东西，并非一定要采取实质上的行动。其次，内部审计提出的审计建议缺乏相应的监督执行体系，也是被审计单位滋生上述观点的原因。实施后续审计强化了审计建议的监督执行体系，也使被审计单位意识到内部审计发现的问题和建议需认真对待，并非形式化的无约束力的公文。通过后续审计，内部审计真正得到了被审计单位的高度重视，使审计建议得到落实，真正使被审计单位加强了内部控制、提高了管理水平，从而使内部审计价值得以实现，极大地提高了内部审计的权威。案例5-2中，如果不实行后续审计,那么被审计单位××市供电公司也许就只是将内部审计中发现的问题加以表面上的修改,而不会着手建立相关的内部控制制度。从后续审计情况来看,如果不进行后续审计,那么被审计单位还会出现类似情况,即:2004 年 5 月对××市××厂截留电量 198.8 万千瓦时,电费 94.49 万元。这就说明,如果不制定相关的内部控制制度,表面上的更改对于被审计单位是毫无意义的,发现一处整改一处,而没有相关的措施来杜绝此类现象,对于被审计单位整体的质量并没有提升。通过后续审计,被审计单位开始着手建立相关的内部控制制度,认真对待内部审计所发现的问题和提出的建议,这对被审计单位来说是一个进步,对于内部审计的权威性也是一个很大的提升。

(二) 后续审计能够检验内部审计工作的质量

审计部门实施后续审计时,是对审计建议的执行情况和落实结果进行检查,实际上也是对审计工作质量和建议是否合理的检验,有利于评价审计工作的效果。案例 5-2 中,后续审计对××供电所截留电量 1456 万千瓦时,并将收回电费资金 117 万元直接冲减了某破产企业的呆死欠费等一系列违纪行为是否整改进行了检查,同时检查了被审计单位是否建立了相应的内部控制措施。在案例中,后续审计时,被审计单位还没有建立相应的内部控制措施,导致了 2012 年 5 月又出现了 2011 年发现的类似违纪行为。这一情况说明内部审计提出的建立相关的内部控制措施的建议是合理的。

最后,后续审计还能提高内部审计业务水平。开展后续审计,通过对审计建议的合理性和执行情况进行回访,可以促使内部审计人员以后再下达审计建议时将理论与实际情况相结合,不能纸上谈兵,提出的审计建议或决定要有较强的可操作性,使审计建议及决定能落到实处,从而提高审计业务水平。同时,在后续审计工作中,还可能发现之前内部审计在审计时未发现的情况和问题,能够促进改善内部审计工作的质量和效率。

第三节　内部审计后续审计的目标与内容

一、内部审计后续审计的目标

内部审计的主要目的是评价组织控制以确保揭露潜在的风险及有效果、有效率和经济地达到组织的目标和目的。内部审计的基本目的是被审计单位的内部控制制度从设计的健全性和遵守的有效性两个方面进行评价,而后续审计的目的是确保对内部审计报告中提出的审计结果采取合适的行动;或者确认高级管理层或董事会已经承担了对报告中的审计结果不采取纠正行动而产生的风险。后续审计的目的服从于内部审计的根本目的。后续审计的总目标是实现组织内部既定控制目标和确保控制风险在可接受的范围内[①]。结合内部审计后续审计的实际情况,可将后续审计的具体目标分为以下三个方面:第一,充分性。在进行后续审计时,应当关注管理层是否根据审计发现和审计建议采取了行动,并判断这些行动是否能在各个方面降低控制风险及实现控制目标。第二,有效性。在进行后续审计时,应当关注管理层针对审计发现和审计建议采取的行动能否从实质上降低审计风险并实现审

---

① 文光伟,荆新,王进. 后续审计的理论与应用[J]. 审计研究,2004(1): 40-43.

计目标,也就是说,应当关注管理层针对审计发现和建议采取的行动能否解决审计发现的问题,提升企业质量。第三,及时性。在进行后续审计时,应当关注管理层针对审计发现和建议采取的行动是否及时、能否及时堵塞漏洞并改善控制[1]。

二、内部审计后续审计的内容

IIA《国际内部审计专业实务标准》指出,审计工作应当包含制订审计计划、检查和评价信息、传递审计结果以及后续跟踪四个主要方面的工作。从上述标准可以看出,后续审计是内部审计的重要组成部分,其实施的效果与内部审计质量息息相关。内部审计主要是对经营活动及内部控制的适当性、合法性和有效性进行审查和评价[2]。而作为审计实施最后阶段的后续审计则是根据内部审计的结果,对内部审计过程中发现的内部控制薄弱环节以及相应的一些审计建议来进行的审计。后续审计的内容应涉及两个方面:第一,被审计单位根据审计结果和建议采取措施的实施情况。第二,与被审计单位根据审计结果和建议采取措施相关的文档资料。只有将这两方面结合在一起,才能获取与后续审计相关的充分适当的审计证据,支撑后续审计报告。因此,后续审计应该包括以下内容。

(一)内部审计结论

内部审计结论,即内部审计发现的问题及建议,是后续审计的重要内容。案例5-2中,后续审计的首要任务就是检查内部审计过程中发现的下属单位截留电量1456万千瓦时,并将收回电费资金117万元直接冲减了某破产企业的呆死欠费问题是否得到整改。被审计单位对内部审计中发现的问题和建议的落实情况是后续审计的重要内容。在后续审计过程中,审计人员应当检查被审计单位是否采取措施改正或处理有关人和事。对于被审计单位尚未采纳或未采取措施改善的问题,应当认真分析,查明原因;而对于一些因被审计单位故意拖延而导致的整改不力,应当督促被审计单位尽快执行或者责令其限期改正。

(二)内部审计中发现的问题是否有重犯现象

案例5-2中,审计发现的问题是下属单位截留电量并将收回电费资金直接冲减了某破产企业的呆死欠费,而在后续审计中,虽然审计发现的这一问题得到了整改,但是在后续审计过程中又发现了类似问题。针对这种情况,应当查明原因,提出审计建议,查处相关责任人。

(三)是否有新的问题存在

由于后续审计是在内部审计出具审计报告之后一段合理时间内开展的,随着时间的流逝,被审计单位可能产生一些开展内部审计时尚未产生的问题;或者由于内部审计本身的局限性,有的单位可能避开已审计过的问题,在别的方面开展一些违规操作而内部审计时没有发现。比如,违反财经纪律的新方式、新计划外工程、损失浪费等都有可能以别的形式重复发生。

---

[1] 郑萍. 关于内部审计的后续审计[J]. 广东技术师范学院学报,2005.
[2] 中国内部审计协会. 中国内部审计规范[M]. 北京:中国时代经济出版社,2005.

(四)核实上一次审计的质量和审计报告的质量

上文提到,后续审计的一大作用就是提高内部审计业务水平。后续审计通过对审计报告和审计中发现的问题和建议进行复核,根据被审计单位的实际情况审核这些建议的合理性,检查审计决定是否有不够客观、不够准确的地方。通过自我复审,有利于内部审计人员自身的提高,改善内部审计工作,提高审计质量。

第四节 内部审计后续审计的步骤

后续审计工作是保证被审计单位后续落实审计建议和实施纠错防弊职能的重要步骤,审计师只有认真履行后续审计步骤才能进一步保障后续审计质量,并真正树立审计师的职业威望和声誉。后续审计的步骤大致如图5-1所示。

图5-1 后续审计的步骤

一、认真分析被审计单位的反馈

被审计单位的反馈是指被审计单位对审计报告中的结论、意见或建议的回应①。大致来讲,被审计单位的反馈可分为四种类型:一是不反馈,二是反馈不充分,三是被审计单位存在分歧意见,四是被审计单位提交了不采取纠正措施的详细说明。对于被审计单位的反馈,内部审计人员应当有效区分,通过反馈认识和选定后续审计的工作和方向。被审计单位的书面回复十分重要,它保证了被审计单位已对审计人员在审计报告中提出的问题做出了同等仔细和周全的考虑。但是,书面回复通常过于概括,措辞有时甚至是维护自身利益的。审计人员为了解被审计单位的态度,应当以审计报告为依据,充分阅读被审计单位的回复,以确定哪些事项还需与被审计单位沟通或澄清,哪些事项需要现场审查。应当特别注意,内部审计人员不能将自己的意见强加给被审计单位,应当充分尊重被审计单位的意见和决定。

---

① 张红英. 内部审计[M]. 杭州:浙江人民出版社,2008.

二、与被审计单位进行探讨

探讨过程中,审计人员要采取客观和公正的态度,运用有效的沟通方式,与被审计单位进行交流。对于不反馈的情况,要与被审计单位进一步沟通,查明被审计单位不回复的原因。如果被审计单位无故不回复,在后续审计过程中,则应将这一情况作为重点审核对象。对于反馈不充分的,应当与被审计单位进一步探讨,以便获取进一步信息分析审计建议的合理性和可行性,了解反馈不充分的理由。对于反馈有异议的,审计人员应当确定被审计单位有异议的缘由,与被审计单位充分沟通,结合被审计单位的实际情况,以确定是否应当修改审计意见或者提出进一步的解决办法。对于明确表示不采纳的反馈,审计人员在了解情况之后应通过适当的手段向更高层次的管理层反映。

在案例 5-1 中,内部审计人员提出要"整合公司不同信息系统的建议",随后,被审计单位进行了反馈,提到"该系统必须与原来的旧系统相协调,否则,将进一步阻碍原系统的实施,不能根本解决问题"。这一反馈属于四种类型中的第三种,被审计单位存在分歧意见。针对这一问题,审计人员与被审计单位负责人进行了进一步的接触,针对被审计单位提出的异议进行了探讨。经过实际分析,被审计单位的 CIO 确定了使用 SAP 系统,但是为了解决被审计单位之前提出的与旧系统相协调的问题,决定"首先可以独立地建立起该系统,一旦出现冲突,再决定是否采用"。

三、对重大的审计结果进行现场追踪审计和测试

具体来说,现场追踪审计的方法接近于内部审计前期审计工作的开展,具体方法可采用访问、面谈、测试以及检查纠正措施的记录资料等。但是后续审计中,由于目标的确定,审计方法的选择更加具有目的性。比如案例 5-2 中提到,为了分析之后是否有截留电量现象的存在,审计人员采用了对比分析的方法。同样,与正常审计工作一样,后续审计在这一阶段的关键在于取得现场追踪数据和实地考察资料并记录于审计工作底稿,形成文件,为以后的审计工作提供参考。

四、针对已采取的各项措施进行评估,对控制风险进行重新评估

后续审计同内部审计的前期工作一样,也是建立在以风险导向为原则的基础之上,后续审计的重点就是风险较大的审计事项。坚持风险导向原则,有助于审计人员抓住重点,合理分配审计资源。由于后续审计所涉及的问题通常是一些不容易解决的问题,时常会牵扯几个部门,而部门之间的关系也是错综复杂的,因此,以风险导向为原则,便于后续审计人员抓住审计重点,把注意力集中在那些风险较大的事项上,避免经过很长一段时间之后才发现工作没有达到预期效果。

审计人员要对后续审计风险进行较为准确的分析,就需要做好前期审计工作。在进行前期审计时,应同时想到后续审计的需求,并在以后的工作中,注意被审计单位环境的改变对审计事项的影响。同时,要想确定后续审计重点,还应时常与上级管理部门、其他相关部门联系,取得相关信息。后续审计工作的效率依靠于各部门回复的及时与可靠,审计人员在进行后续审计时,应尽可能地收集信息,分析信息,去粗取精,得到准确相关的结论。

在进行后续审计的过程中，内部审计人员还应注意企业环境的变化。审计是一个过程，并非时间点，在这一过程中，企业的生产经营环境可能发生变化，从而导致一些事先判断为风险大的事项转变为次要的、风险较小的事项，而一些事先认为无关紧要的事项可能转变为风险大的事项。同正常审计项目一样，后续审计的风险评估是一个贯穿于整个后续审计过程的事项，而非仅仅是前期事项。审计人员在后续审计过程中，不断了解企业的实际情况，不断地进行风险评估，绝不能忽视潜在的危机和经营风险。

五、出具后续审计报告

出具后续审计报告的目的是使管理层充分了解后续审计中澄清的事实以及重新评估的风险程序。内部审计人员编写后续审计报告来说明审计目的、以前报告的审计发现和审计建议、纠正措施、审查结果、对纠正措施的审计评价等重要内容。后续审计报告与前期审计报告相比，更有实质性进展，且涵盖了实施纠错防弊的本质内容。

后续审计报告的编写工作与前期审计报告的基本特征相似，它关系到内部审计师的职业判断能力、有效沟通能力、文字修辞技巧和谨慎的态度。内部审计师可以针对每一个不同的被审计事项编制长短不一的后续审计报告。

后续审计报告示例

后续审计报告

日期：2012 年 10 月 15 日

审计主题：某信息系统专项审计

抄送：略

2012 年 10 月，我们对公司所属各个分公司及相关部门的信息系统做了专项审计。对于上次审计中发现的问题及审计报告中提出的建议方案归纳如下：企业规模的不断扩张，致使公司内使用多种信息系统，造成各系统之间的协作成为一大难题。一名工作人员常常要跨越几个系统来寻找相同的数据，造成资源的极大浪费。

信息部的审计回复：

信息部接受报告中提出的建议，希望能与内部审计充分合作，研究出可行的方案解决此问题，并建议公司总经理介入参与整个计划的实施。

后续审计发现：

在后续审计中发现多个信息系统并存的问题得到缓解，信息部在总经理的授权下，将财务系统整合为统一的 SAP 系统。各财务部门反映在使用统一的 SAP 系统后工作效率大为提高，但在新系统的使用中有授权不当的现象发生。

后续审计评价：

信息部根据审计建议迅速做出反应，解决方案得当。可是新系统的使用也有一些新问题出现，希望信息部门尽快解决。

第五节　完善内部审计后续审计的措施

内部审计作为一个职业并不太久，因此仅作为内部审计一部分的后续审计在很多方面还不够完善。后续审计中往往会发现企业经营中的一些其他问题，绝不是简简单单看管理当局是否将纠正措施落实到位。不断地发现问题、解决问题，这就构成了后续审计。因此，审计人员必须具备一定的分析能力，才能将后续审计的作用有效地发挥出来。

【案例 5-3】在内部审计部门例行的一次财务检查过程中，内部审计人员发现在购货与付款环节中出现了严重的内部控制失效的问题。作为应付账款部门的经理，有权在系统中创建供应商并有权签署支付给供应商的支票——这是极容易产生舞弊的内部控制失效。作为部门经理，极容易利用此漏洞虚构供应商，套取公司现金。内部审计人员将此项建议提交给公司管理当局，目的是为了帮助管理当局堵住内部控制的漏洞。内部审计人员必须进行相应的分析，对于这种应付账款方面的舞弊，应将其分为以下几种风险类型。

第一，虚假的购货与付款。对于此种情况，可以通过对供应商的地址簿与雇员的地址簿进行比较来发现问题，通过对供应商的电话簿与雇员的电话簿进行比较来发现问题，通过对供应商的纳税识别号与雇员的社会安全号进行对比来发现问题。

第二，有供应商虚构交易成交量的金额。为了查明这方面的舞弊，必须通过以下手段来审查：识别不同应付账款的收款人姓名、地址或邮政信箱；查找供应商是否有真实的地址；定期按字母顺序复核供应商名单来发现是否有虚构或套用合法供应商的姓名等类似情况。

第三，不符合逻辑或非常规交易。查找付款地点、付款单位是否是供应商平时使用的付款地点、付款单位，查找供应商是不是使用连续的发票编号，查找发票日期是否有在周末或假期标志的情况。

案例 5-3 中，内部审计人员对应付账款方面的舞弊进行了深入分析，提出了三种可能情况。实务中，情况可能比以上三种更为复杂，因此，内部审计人员在处理问题时一定要结合企业的实际情况，发散思维，深入分析，才能提高审计建议的可行性，使内部审计人员提出的审计建议被采纳的可能性增大，也可以使被审计单位进一步明确被审计单位的风险。

笔者认为可以从以下几个方面入手，完善后续审计方法，提升内部审计质量。

一、正确认识后续审计在内部审计工作中的重要性

著名足球教练福格森曾说："现代足球讲究多层次化：第一轮进攻往往收效不大，但第二轮进攻却往往是致命的。"福格森的这段话虽然没有讲到内部审计，但却阐明了在内部审计中后续审计的重要性。后续审计常常能发现在第一轮内部审计时审计人员忽视的或者尚未发生的问题，这对提高审计质量十分重要。实务中，后续审计工作并没有得到应有的重视，很多公司内部审计制度不够完善，且许多内审人员对后续审计的认识不够，认为出具了内部审计报告之后就结束了内部审计工作，并没有开展后续审计。事实上，只有实行后续审计并出具后续审计报告之后才算结束了内部审计工作，才能真正保证内部审计总体目标的实现，改善内部控制薄弱环节，确保将风险控制在可接受的水平。

二、选择合适的时间开展后续审计

作为内部审计收尾阶段的后续审计，其审计时间的选择尤为重要。后续审计是对被审计单位针对内部审计发现的问题以及审计建议所采取措施的实施情况进行的审计。在现实情况中，一些问题是作为一种现象存在的，被审计单位采取的整改措施可能需要一段时间

的审计验证才能评价这些措施的整改效果。因此,在审计时间的选择上,后续审计并没有一个准确的审计时间,后续审计人员应当根据内部审计结论来确定后续审计的时间。通常情况下,后续审计的审计时间为出具内部审计报告之后半年到一年之内。而内部审计人员如何选择开展后续审计的时间,主要从三个方面考虑。

(一) 考虑后续审计实施的范围

上文提到,内部审计人员出具审计报告,提出审计建议,被审计单位需要针对这些意见和建议进行反馈。反馈结果包含:被审计单位采取审计意见,或者提出异议,或者选择承担风险。如果被审计单位针对审计人员提出的问题采取了措施,那么后续审计的范围则主要针对这些措施是否切实有效,能够实质解决被审计单位的问题。如果被审计单位选择了承受风险,对审计人员提出的问题表示不打算采取措施予以改进,那么后续审计的范围主要是被审计单位不采取措施降低风险,那么这些风险对于被审计单位来说,是否属于可控范围之内。不同的审计范围,对应的时间不同,审计人员应当结合实际情况加以考虑。

(二) 考虑被审计单位采取的纠正措施的难度

如果被审计单位根据审计人员的意见和建议采取了相应的改进措施,后续审计必须要考虑被审计单位采取的措施的难度。如果难度很大,那么被审计单位肯定需要一定的时间去筹划实施,相应地,后续审计时间与前期内部审计的时间间隔较长。如果被审计单位采取的措施容易实施,且效果显著,那么相应地,后续审计时间可以相对靠前。

(三) 考虑纠正措施所需的时间

针对不同的问题,被审计单位可能采取不同的纠正措施。倘若纠正措施的层次较高,需要由上到下或者由下到上一层一层地开展,分别贯彻落实的话,可能需要的时间较长,后续审计的开展时间应当相对靠后。比如案例 5-2 中提到的,供电局截留电量问题,仅对账面数进行改正的话,这一纠正措施可能只需要几分钟时间,但是要建立相应的防范下属单位截留电量的内部控制制度,可能需要管理层花费较长时间,开展后续审计的时间就应该相对靠后一些,使管理层有时间制定相应措施,并对相关的内部控制制度实施改进。

三、突出审计重点,注重成本效益原则

在确定后续审计范围时,审计人员应当根据成本效益原则,突出审计重点,以达到提升审计质量的目的。实务中,并不是要求所有经过内部审计的项目都要进行后续审计,而是根据审计结果及建议来确定审计范围和内容。针对一般的审计事项,后续审计人员可以仅限于询问或简短的讨论,只审查与纠正措施有关的文件记录。而针对重点的后续审计事项,审计人员则需要通过详细的调查分析,现场测试等步骤来降低审计风险。在进行后续审计时,审计人员应特别加强对未整改问题的审计力度,分析未整改原因,结合实际情况出具后续审计报告。

四、重新审核审计结论,查找有无错审、漏审情况

审计人员在进行后续审计时,可能会发现一些之前在进行内部审计时没有发现或者尚

未存在的新情况。后续审计人员根据得到的信息，应重新审核内部审计结论是否恰当，被审计单位是否存在隐瞒行为以及是否存在漏审、错审的情况。由于审计工作本身只是提供一种合理保证，因此在工作中，不可避免地存在一些影响审计质量、增加审计风险的情况。如果后续审计人员在审计过程中发现了这一情况，应当本着实事求是的态度对待和解决问题。针对被审计单位隐瞒相关事实而造成的审计人员审计结论的不合理，应当及时纠正并追究被审计单位相关责任人的责任。而针对由于审计人员自身不足而导致的错审、漏审情况，应当总结经验，查找原因，重新核实，必要情况下更改审计结论。

中国人寿保险公司审计案例

一、有关问题描述

2002年5月至9月，财政部对中国人寿保险公司吉林、山西、陕西、江西、厦门等分公司2001年会计信息质量情况进行了专项检查。2003年年初，财政部发出了检查情况和整改要求的通报，特别指出中国人寿保险公司有些分支机构为完成上级下达的指标而虚增收入、虚列支出，情况非常突出，目的、性质严重，不仅导致会计信息失真，还将提高偿付风险，要求中国人寿保险公司认真研究分析检查中发现的普遍性问题，在全系统范围内进行自查自纠。

二、存在问题的分析

1. 虚构保费收入。虚构保费收入不但要纳税，由此带来的再保险也是很大的一块成本，对保险公司偿付能力的损害是非常大的。保险公司业内普遍把保费收入与最终获得的工资、费用分摊相挂钩，各公司通过对收入的虚增，拿到了比多纳税和分保险更多的工资和分摊费用，有了更好看的利润，也就有了现实的动力。

2. 虚减费用。为使年报反映的营业费用金额不超过上级公司下发的费用考核指标，在没有任何调账依据的情况下，随意用红字冲减费用，或不对出租的房产计提折旧。

3. 以租代购，形成账外资产。按财务要求，车辆购置应列入固定资产，但总公司对资本性支出一般控制很严，于是以租赁车辆名义，进行分期付款购车。

4. 在建工程的处理。总公司与省公司、省公司与市公司等上下级的博弈，还体现在在建工程上。一个地方公司想要建楼，一般须向总公司申请规模、标准，不过总公司控制较严，所以取得建楼指标就成了潜在资源。就是没有什么建设计划，一些地方也在多申请指标。

5. 骗保。全国保险业并没有像银行业那样有个联网，各个保险公司各自为战，不正当竞争盛行，给骗保带来可乘之机。

要求：说明如果审计人员要针对以上发现的问题进行后续审计，应该注意什么问题。

第六章 内部控制审计

本章学习目的

1. 掌握内部控制的概念和要素。
2. 理解内部控制审计的总体目标和主要内容。
3. 了解财务管理的内部控制审计要点。
4. 了解公司治理运行审计的特点和要点。
5. 了解固定资产管理内部控制审计。
6. 了解采购内部控制审计。

第一节 内部控制审计概述

一、内部控制的概念、原则和构成要素

（一）内部控制的概念

内部控制是指由企业董事会、监事会、经理层和全体员工实施的、旨在实现控制目标的过程，其具体目标是合理保证企业经营管理合法合规、资产安全、财务报告及相关信息真实完整，提高经营效率和效果，促进企业实现发展战略。

内部控制是对组织目标实现的相对保证。由于人为错误、串通舞弊、超越制度、环境变化及成本效益原则等因素的影响，内部控制可能无法发挥其应有作用。因此，在评价内部控制健全性和有效性时，应当考虑内部控制的固有限制。一是内部控制的设置和运行受制于成本效益原则；二是内部控制一般仅针对常规业务活动而设置；三是即使设置完善的内部控制，也可能因有关人员的疏忽、误解和判断错误、相互勾结、内外串通而失效；四是内部控制可能因执行人员滥用职权或屈从于外部压力而失效；五是内部控制可能因服务环境、业务性质的改变而削弱或失效。

（二）内部控制的原则

企业建立与实施内部控制，应当遵循全面性、重要性、制衡性、适应性和成本效益原则。

（1）全面性原则。内部控制应当贯穿决策、执行和监督全过程，覆盖企业及其所属单位的各种业务和事项。具体来说，内部控制在层次上应当涵盖企业董事会、管理层和全体员工，在对象上应当覆盖企业各项业务和管理活动，在流程上应当渗透到决策、执行、监督、反馈等各个环节，避免内部控制出现空白和漏洞。

（2）重要性原则。内部控制应当在全面控制的基础上，关注重要业务事项和高风险领域。在兼顾全面的基础上突出重点，针对重要业务与事项、高风险领域与环节采取更为严格的控制措施，确保不存在重大缺陷。

（3）制衡性原则。内部控制应当在治理结构、机构设置及权责分配、业务流程等方面，形成相互制约、相互监督，同时兼顾运营效率。企业的机构、岗位设置和权责分配应当科学合理并符合内部控制的基本要求，确保不同部门、岗位之间权责分明和有利于相互制约、相互监督。履行内部控制监督检查职责的部门应当具有良好的独立性。任何人不得拥有凌驾于内部控制之上的特殊权力。

（4）适应性原则。内部控制应当与企业经营规模、业务范围、竞争状况和风险水平等相适应，并随着情况的变化及时加以调整。适应性原则要求企业建立与实施内部控制应当具有前瞻性，适时地对内部控制系统进行评估，发现可能存在的问题，并及时采取措施予以补救。

（5）成本效益原则。内部控制应当权衡实施成本与预期效益，以适当的成本实现有效控制。内部控制对防范企业活动的错弊和风险只能起到合理的保证作用，应当权衡实施成本与预期收益，所有设置控制点应达到控制收益大于控制成本；当有些业务可以不断增加控制点来达到较高的控制程序，就应考虑采用多少控制点能使控制收益减去控制成本的值最大化；当控制收益难以确定时，应考虑在满足既定控制的前提下，使控制成本最小化。企业建立的内部控制制度越严密，内部控制能力越强，为此所要付出的运行和维护等成本就越大，企业的效益就越会受到影响。同时，控制过于严密对企业的效率也会产生影响，也将减少企业的效益。

（三）内部控制的构成要素

企业建立与实施有效的内部控制，应当包括下列要素。

（1）内部环境。内部环境是企业实施内部控制的基础，一般包括治理结构、机构设置及权责分配、内部审计、人力资源政策、企业文化等。企业应当根据国家有关法律法规和企业章程，建立规范的公司治理结构和议事规则，明确决策、执行、监督等方面的职责权限，形成科学有效的职责分工和制衡机制。具体包括以下八个方面：一是董事会。董事会是企业内部控制系统的核心，是约束经营者行为的有效机制。现代企业法人治理结构的一个显著特点就是经营权与所有权分离。从理论上讲，对经营者的控制机制可分为两大类，一种是以资本市场、产品市场以及法律规章制度为主体的外部控制机制；另一种是以董事会为主体的内部控制机制。加强董事会建设是实现对经营者控制的最有效的方法。二是监事会。在我国，监事会是内部环境的一个必然要素。监事会对股东（大）会负责，通过监督企业董事、经理和其他高级管理人员依法履行职责来实现对公司的经营控制。三是组织结构。组织结构是企业为了便于管理，实现组织的目标而分成的若干个管理机构和管理层次，它表明了企业内部各部分的排列顺序、联系方式以及各要素之间的相互关系。显而易见，组织结构设置是否合理、各部门主管对职责的理解程度、部门主管的知识和经验，直接影响控制环境的建立。四是授权和分配责任的方法。在企业管理过程中，权力和责任相互依存，因此授权和划分责任必然联系在一起。企业管理当局应当以书面的形式明确并公开授权和划分责任的具体办法，从而增强组织整体的控制意识。如果企业管理当局明确地建立了授权和分配责任的方法体系，就能在很大程度上增强企业的控制意识。五是审计委员会及内部审计。内部审计是为企业营造守法、公平、公正的内部环境的重要保证，是监督内部控制执行和评价内部控制效果、促进内部控制完善的一种机制。审计委员会除负责审查企业内部控制、监督内部控制的有效实施和内部控制自我评价情况外，还有助于保证董事会与企业外部及内部审计人员之间的直接沟通。六是人力资源政策和实务。人力资源政策是影响内部环境的关键因素。在现代企业中，一个企业的人力资源政策直接影响企业中每个人的表现和业绩。一个好的人力资源政策和实务，应该能保证执行企业政策和程序的人员具有胜任能力和正直品性。人力资源政策涉及人力资源的流动、蓄积、配置、考核等具体环节，进而关系到内部控制的实现效果和效率。七是员工。在企业内部控制体系中，员工既是控制的主体又是控制的对象。员工的素质与能力直接决定了特定控制的实施及其效果，员工的责任感与诚实性则是能否实现经营目标、将内部控制融入日常管理活动的重要推动因素。八是企业文化。企业文化是内部环境的集中体现。企业文化是企业在长期的生产经营过程中形成的，区别于其他组织体现本企业特有的价值观念和精神风貌。它是企业的基本信念、价值观念、生活方式、人文环境及与此相适应的思维方式和行为方式的总和。企业文化不但直接影响内部控制的建立，还直接决定内部控制实施的效果和内部控制目标的实现。

（2）风险评估。风险评估是企业及时识别、系统分析经营活动中与实现内部控制目标相关的风险，合理确定风险应对策略。企业应当根据设定的控制目标，全面系统持续地收集相关信息，结合实际情况，及时进行风险评估，准确识别与实现控制目标相关的内部风险和外部风险，确定相应的风险承受度。根据风险分析的结果，结合风险承受度，权衡风险与收益，确定风险应对策略。比如，从组织架构看，企业应建立健全风险管理组织体系，主要包括规范的公司法人治理结构、风险管理职能部门、内部审计部门和法律事务部门以及其他有关职能部门、业务单位的组织领导机构及其职责。风险评估组织之间职能关系可以概括为：风险管理委员会在董事会领导下，审议并提交风险管理各项方案、报告；总经理主持全面风险管理日常工作；风险管理专职部门提出风险管理工作报告、提出风险管理策略、研究提出跨部门重大风险评估报告、研究提出跨部门重大风险管理方案、负责有效性评估提出改进方案、组织协调日常工作；董事会审议工作报告、确定风险管理总体目标和策略、批准重大风险评估报告、做出重大风险控制决策、批准监督评价报告；其他职能部门执行风险管理基本流程和制度规范，负责本部门工作，监督部门开展监督、评价，出具评价报告。又如，从管理流程看，应当通过风险识别、风险评估及风险应对三个主要环节，对识别出来的重大风险及其相应的控制措施进行评价，从而在关键领域制订切实可行的应对方案。在风险识别环节，企业风险一般可分为战略风险、财务风险、市场风险、运营风险、法律风险等；也可以能否为企业带来盈利等机会为标志，将风险分为纯粹风险（只有带来损失一种可能性）和机会风险（带来损失和盈利的可能性并存）。在风险评估环节，风险评估包括风险辨识、风险分析和风险评价三个步骤。企业应当采用定性与定量相结合的方法，按照风险发生的可能性及其影响程度等，对识别的风险进行分析和排序，确定关注重点和优先控制的风险。一是先对识别出来的风险发生的可能性及影响程度进行评估；二是采用绘制风险坐标图的方法对多项风险进行直观的比较，从而确定各风险管理的优先顺序和策略。在风险应对环节，一是对风险管理策略分类，企业根据自身条件和外部环境，围绕企业发展战略，确定风险偏好、风险承受度、风险管理有效性标准，选择风险承担、风险规避、风险转移、风险转换、风险对冲、风险补偿、风险控制等适合的风险管理工具的总体策略,并确定风险管理所需人力和财力资源的配置原则;二是选择风险管理策略,综合运用风险规避、风险降低、风险分散和风险承受等的一种或几种组合风险应对策略,实现对风险的有效控制;三是制订风险管理解决方案,根据风险管理策略,针对各类风险或每一项重大风险制定风险管理解决方案。方案应包括风险解决的具体目标,所需的组织领导,所涉及的管理及业务流程,所需的条件、手段等资源,风险事件发生前、中、后所采取的具体应对措施以及风险管理工具。

(3)控制活动。控制活动是企业根据风险评估结果,采用相应的控制措施,将风险控制在可承受度之内。企业应当结合风险评估结果,通过手工控制与自动控制、预防性控制与发现性控制相结合的方法,运用相应的控制措施,将风险控制在可承受度之内。控制措施一般包括:不相容职务分离控制、授权审批控制、会计系统控制、财产保护控制、预算控制、运营分析控制和绩效考评控制等,其中,授权审批控制是指企业根据常规授权和特别授权的规定,明确各岗位办理业务和事项的权限范围、审批程序和相应责任;财产保护控制是指保护实物资产不被偷盗或未经许可而获得或被使用的措施和程序,包括建立财产日常管理制度和定期清查制度;预算控制的目的是明确各责任单位在预算管理中的职责权限,规范预算的编制、审定、下达和执行程序,强化预算约束。

(4)信息与沟通。信息与沟通是企业及时、准确地收集、传递与内部控制相关的信息,确保信息在企业内部、企业与外部之间进行有效沟通。信息与沟通的要件主要包括:信息质量、沟通制度、信息系统、反舞弊机制。从信息质量看,信息是企业各类业务事项属性的标识,是确保企业经营管理活动顺利开展的基础。企业日常生产经营需要收集各种内部信息和外部信息,并对这些信息进行合理筛选、核对、整合,提高信息的有用性。企业可以通过财务会计资料、经营管理资料、调查报告、专项信息、内部刊物、办公网络等渠道,获取内部信息;还可以通过行业协会组织、社会中介机构、业务往来企业、市场调查、来信来访、网络媒体以及有关监管部门等渠道,获取外部信息。从沟通制度看,信息的价值只有通过有效传递和使用才能体现。企业应当建立信息沟通制度,将内部控制的相关信息在企业内部各管理层级、责任企业、业务环节之间,以及企业与外部投资者、债权人、客户、供应商、中介机构和监管部门等有关方面之间进行沟通和反馈。信息沟通过程中发现的问题,应当及时报告并加以解决。重要信息要及时传递给董事会、监事会和经理层。从信息系统看,企业应当利用信息技术促进信息的集成和共享,充分发挥信息技术在信息与沟通中的作用。企业应当加强对信息系统的开发和维护、访问与变更、数据输入与输出、文件存储与保管、网络安全等方面的控制,保证信息系统安全稳定运行。从反舞弊机制看,企业应当建立反舞弊机制,坚持惩防必举、重在预防的原则,明确反舞弊工作的重点领域、关键环节和有关机构在反舞弊工作中的职责权限,规范舞弊案件的举报、调查、处理、报告和补救程序。企业至少应当将下列情形作为反舞弊工作的重点:未经授权或者采取其他不法方式侵占、挪用企业资产,牟取不当利益;在财务会计报告和信息披露等方面存在的虚假记载、误导性陈述或重大遗漏等;董事、监事、经理和其他高级管理人员滥用职权。

(5)内部监督。内部监督分为日常监督和专项监督,是企业对内部控制建立与实施情况进行监督检查,评价内部控制的有效性。发现内部控制缺陷时,应当及时加以改进。企业应当根据有关规定,结合企业实际,制定内部控制监督制度,明确内部审计机构(或经授权的其他监督机构）和其他内部机构在内部监督中的职责权限，规范内部监督的程序、方法和要求。结合内部监督情况，定期对内部控制的有效性进行自我评价，并及时加以改进。

（四）测试和评价内部控制的方式和步骤

内部控制测试是指审计人员在对项目单位了解的基础上，对项目单位业务活动的运行和内部控制的实际执行情况所实施的审计程序。测试内部控制，应注意从高级管理层开始。一般情况下，测试内部控制和评价控制风险，不需要详细测试内部控制的所有方面，也没有必要评价项目内部控制的所有环节，审计人员主要关注关键控制环节和高层次的控制环节，从高级管理层开始实施内部控制的测试和评价。测试和评价内部控制的方式有两种：一是按照项目业务循环来综合测试和评价内部控制，二是按照会计科目分别实施测试和评价内部控制。

按照项目业务循环来综合测试和评价内部控制后，将分别确定相关账户的控制风险或控制保证程度。一个账户可能同时受多个经济业务循环的影响，对一个会计账户的风险评估，应综合考虑相关业务循环对该账户的影响。

二、内部控制审计的总体目标和主要内容

（一）内部控制审计的总体目标

根据《第 2201 号内部审计具体准则——内部控制审计》，内部控制审计是指内部审计机构对组织内部控制设计和运行的有效性进行的审查和评价活动。也就是说，内部控制审计是内部审计机构为了促进完善内部控制，保证其有效执行而对本单位内部控制体系的健全性、合理性、有效性所进行的了解、测试和评价活动。

企业审计内部控制测评总体目标是：评价内部控制的建立是否科学规范，执行是否有效，是否能够合理保证控制目标的实现，提高经营效率和效果，促进企业实现发展战略。通过内部控制测评，了解其制度建立及执行情况，判断存在的缺陷和薄弱环节，进一步确定下一步审计重点。

（二）内部控制审计的主要内容

内部控制审计按其范围划分为全面内部控制审计和专项内部控制审计。全面内部控制审计，是针对组织所有业务活动的内部控制进行全面审计，即对内部控制环境、风险评估、控制活动、信息与沟通、内部监督五要素进行审计。专项内部控制审计是针对组织内部控制的某个要素、某项业务活动或业务活动某些环节的内部控制进行审计。下面具体谈谈针对五要素的审计：① 内部控制环境。内部审计人员应当评价包括公司治理结构、机构设置和权责分配、内部审计、人力资源政策、企业文化在内的内部控制环境对企业经营管理活动的影响。② 风险评估。内部审计人员应当分析企业风险控制目的设置的合理性，评价开展风险评估范畴的全面性、风险评估结果的有效性和风险应对策略的科学性。③ 控制活动。内部审计人员应评价企业根据风险评估结果设置的内部控制措施的科学性和控制效果的有效性。④ 内部控制信息和沟通。内部审计人员应评价企业内部控制相关信息在收集、处理和传递程序的科学性，分析信息技术在内部控制信息和沟通中所发挥作用的情况，判断企业在反舞弊工作重点领域相关工作机制的有效性。⑤ 内部监督制度。内部审计人员应分析企业内部审计机构和其他内部机构在内部监督中的职责权限情况，判断企业实施内部监督

的程序、方法和目的要求的科学性，评价内部控制监督制度的有效性。

内部控制审计涵盖公司治理、会计与财务控制、业务管理控制、内部监督等方面。在实际操作过程中，应结合企业的层级、业务特点和内外部环境等因素，确定审计的主要内容。

（1）单位是否按照国家有关规定建立了内部管理制度，是否督促工作人员认真执行内部管理制度。

（2）单位是否建立健全岗位责任制和议事决策机制，经济活动的决策、执行、监督是否实现有效分离。

（3）内部控制有效实施情况是否纳入单位内部相关部门及其分管领导的考评体系。

（4）内部控制关键岗位的设置、人员配置等是否符合国家有关规定和内部控制要求。

（5）内部控制关键岗位人员轮岗、部门互审等制度是否得到有效实施。

（6）内部控制关键岗位人员离岗或工作交接是否存在责任不清和相关资料丢失等情况。

（7）内部控制关键岗位人员是否定期接受培训，及时全面掌握国家有关预算、收支、政府采购、资产和债务管理、基本建设、经济合同管理、会计核算等各项规定，以及单位相关的内部管理制度。

（8）单位是否建立预算编制部门与预算执行部门、资产管理部门之间的沟通协调机制，单位的预算编制是否合规合理，预算执行中是否存在无预算、超预算支出及预算执行进度明显滞后或超前的情况，决算编报是否及时准确。

（9）单位是否明确收支流程和审核、审批权限，是否建立印章和票据管理制度，是否存在使用虚假发票套取资金的情况。

（10）单位的政府采购业务是否合规，资产管理的各项机制是否建立健全，是否存在侵占、挪用、不当处置资产等情况。

（11）单位建设项目的立项、概预算编制和招标是否合规，记录是否全面，竣工决算是否及时，是否存在利用招标、建设物资采购私设"小金库"及收受商业贿赂的情况。

（12）单位大额债务的举借和偿还是否经过充分论证，并由单位领导班子集体决策，债务管理流程是否明晰、职责是否明确，单位是否存在无力偿还债务的情况。

（13）单位是否存在未经授权对外订立合同的情况，是否违反相关规定签订对外担保、投资和借贷等合同，是否存在利用虚假合同套取资金的情况，是否存在已发生经济收入但不订立合同或不交存合同而私设"小金库"的情况。

（14）单位是否建立内部监督机制，对经济活动的重要环节开展定期和不定期检查，是否对内部控制设计和运行的有效性进行评价，单位对外部和内部监督检查，以及经济活动风险评估中所发现的本单位存在的问题，是否及时按要求进行整改。

第二节　财务管理内部控制审计

一、财务管理内部控制审计的目标

财务管理内部控制审计的总体目标包括相关业务活动处理流程的有效性、会计记录和报告的真实可靠性及对相关法律法规的遵循性，构筑财务报告生成环节避免出错的框架，防范不当编制对财务报告产生的重大影响。具体地说，其目标包括：一是保证财务管理的相关业务活动符合相关规范制度的要求,二是保证各会计科目余额的真实性及完整性,三是保证财务管理各环节处理流程及披露的合理性。

二、审计所需资料

审计过程中,需要获取以下资料:财务管理内部控制制度;财务管理关联组织配置与人员构成表及权限与职责;预算编制的有关材料;审计期间的财务报表;审计期间的各会计科目余额;货币资金涉及的凭证、会计记录(包括现金盘点表、银行对账单、银行存款余额调节表、记账凭证、会计账簿);应收票据明细表;应付票据到期明细表;减值准备计提申请表及其附注资料;固定资产减损处理报告及其附注资料;各科目明细账;各类原始凭证;财务会计报表生成环节的审批记录;财务管理关联到的其他资料。

三、财务管理的总体风险及组织配置

(一)财务管理的总体风险

一是编制财务报告违反国家会计法律法规和会计准则,由此引起的法律责任与相关损失。二是财务报表舞弊,提供虚假财务数据和信息,误导财务报告使用者,对内造成决策失误,对外则造成投资者损失。

(二)财务管理的组织配置

财务管理的各个岗位,包括出纳、总账会计、应付应收会计、报表会计、监督审核人员等,应符合不相容职责分离的岗位设置,根据企业的特点、规模,这些会计岗位可能一人多岗或一岗多人,但须相互职责分离的岗位有以下几种。

(1)出纳不得兼任应付应收会计、现金银行会计、总账会计等。

(2)负责调整银行存款账的岗位(总账会计)应与负责银行存款账、现金支出账、现金收入账、应收账款账、应付账款账的岗位分离。

(3)负责应收账款账的会计不得兼任现金收入账,负责应付账款账的会计不得兼任现金支出账。

(4)会计凭证、各类账簿、会计报表的编制岗位与审核岗位相互分离。

财务管理各岗位职责配置表见表6-1。

表6-1 财务管理各岗位职责配置表

职能部署 业务环节	出纳	总账会计	应付应收会计	报表会计	监督审核人员
货币资金支付	■				
现金盘点	■				
现金监盘					■
货币资金记账		■			
应付应收记账			■		
财务报表编制				■	
财务报表审核					■

四、财务管理的内部控制审计要点

（一）财务管理组织与流程制度管理的审计要点

具体包括以下四个方面。

（1）是否有财务管理各会计岗位的组织配置，并明确其工作权限与职责，形成书面文件。各会计岗位是否具有不相容职责分离，形成相互监督制约的组织体制。

（2）是否形成按照国家会计准则要求，同时符合实际状况的财务管理制度，并定期更新。

（3）是否建立会计凭证、文档的使用、管理流程，形成规范、完整的档案管理制度。

（4）会计人员离职、调岗时，是否有完备的交接制度进行对应，以确保业务的连续性、稳定性。

（二）预算控制的审计要点

具体包括以下八个方面。

（1）是否根据国家有关规定和单位实际情况，建立健全预算编制、执行、分析、调整、决算编报、绩效评价等内部预算管理工作机制。

（2）单位的预算编制是否做到程序恰当、方法科学、编制及时、数据准确。

（3）单位是否指定专人负责收集、整理、归档并及时更新与预算编制有关的各类文件，定期开展培训，确保预算编制人员及时全面掌握相关规定。

（4）单位是否建立内部预算编制部门与预算执行部门、资产管理部门的沟通协调机制，确保预算编制部门及时取得和有效运用财务信息和其他相关资料，实现对资产的合理配置。

（5）单位是否根据批复的预算安排各项收支，确保预算严格有效执行。单位是否建立预算执行的适时分析机制。财会部门是否定期核对单位内部各部门的预算执行报告和已掌握的动态监控信息，确认各部门的预算执行完成情况。单位是否根据财会部门核实的情况定期予以通报并召开预算执行分析会议，研究、解决预算执行中存在的问题，提出改进措施。

（6）单位是否根据行业和单位特点，建立突发事件应急预案资金保障机制，明确资金报批和使用程序。因突发事件等不可预见因素确需调整预算的，是否按照国家有关规定和单位的应急预案办理。

（7）单位是否加强决算管理，确保决算真实、完整、准确，建立健全单位预算预决算相互协调、相互促进的机制。

（8）单位是否建立健全预算支出绩效评价机制，是否按照国家有关规定和本单位具体情况建立绩效评价指标，明确评价项目和评价方法，加强业务或项目成本核算；是否通过开展支出绩效评价考核，控制成本费用支出，降低单位运行成本，提高资金使用效率。

（三）收支控制的审计要点

具体包括以下八个方面。

（1）单位是否建立健全收入管理制度和岗位责任制。是否根据收入来源和管理方式，合理设置岗位，明确相关岗位的职责权限，确保收款、开票与会计核算等不相容岗位相互分离。

（2）各项收入是否由单位财会部门统一收取并进行会计核算，其他部门和个人未经批准不得办理收款业务，严禁设立账外账和"小金库"。业务部门是否应当在涉及收入的合同协议签订后及时将合同副本交存财会部门备案，确保各项收入应收尽收，及时入账。财会部门是否定期检查收入金额是否与合同约定相符；对应收未收项目是否查明情况，明确责任主体，落实追缴责任。

（3）有政府非税收入征缴职能的单位，是否严格执行"收支两条线"管理规定，按照法定项目和标准征收政府非税收入，并及时、足额上缴国库，不得以任何形式截留、挪用、私分或者变相私分。单位是否指定专人负责收集、整理、归档并及时更新与政府非税收入有关的文件，定期开展培训，确保主管领导和业务人员及时全面掌握相关规定。

（4）单位是否建立健全票据管理程序和责任制度。财政票据等各类票据的申领、启用、核销、销毁是否履行规定手续。单位是否按照规定设置票据专管员，建立票据台账，做好票据的保管和序时登记工作。票据是否按照顺序号使用，不得拆本使用。每位负责保管票据的人员是否配置单独的保险柜等保管设备，并做到人走柜锁。单位是否违反规定转让、出借、代开、买卖财政票据，是否擅自扩大财政票据的适用范围。

（5）单位内部是否定期和不定期检查、评价收入管理的薄弱环节，如发现问题，应当及时整改。重点关注：长期挂账的往来款项和冲减支出的交易或事项是否真实；挂账多年的应收款项是否及时进行追缴，确实无法追缴的，是否按照规定程序报批后处理；已核销的应收款项是否按照"账销、案存、权在"的要求，保留继续追缴权利，明确责任人追缴义务；与收入相关的其他情形。

（6）单位是否建立健全支出管理制度和岗位责任制。合理设置岗位，明确相关岗位的职责权限，确保支出申请和内部审批、付款审批和付款执行、业务经办和会计核算等不相容岗位相互分离。

（7）单位是否按照支付业务的类型，完善支出管理流程，明确内部审批、审核、支付、核算和归档等支出各关键岗位的职责权限。实行国库集中支付的，是否严格按照财政国库管理制度有关规定执行，并做到以下几点：一是加强支出审批控制。明确支出的内部审批权限、程序、责任和相关控制措施。审批人应当在授权范围内审批，不得超越权限审批。重大支出应当由单位领导班子集体决策，重大支出标准根据本单位实际情况确定，不得随意变更。二是加强支出审核控制。全面审核各类付款凭证及其附件的所有要素。重点审核单据凭证是否真实、合规、完整，审批手续是否齐全，以及是否符合国库集中支付和政府采购等有关规定。会议费、差旅费、培训费等支出报销凭证应附明细清单，并由经办人员签字或盖章。超出规定标准的支出事项应由经办人员说明原因并附审批依据，确保单据凭证与真实的经济业务事项相符。三是加强支付控制。明确报销业务流程，按照规定办理资金支付手续。签发的支票应当进行备查登记。使用公务卡结算的，应当按照公务卡管理有关规定办理业务。四是加强支出的核算和归档控制。由财会部门根据业务的实质内容及时登记账簿；与支出业务相关的经济合同和专项报告应当按照有关规定交存财会部门备案。

（8）单位内部是否定期和不定期检查、评价支出管理的薄弱环节，如发现问题，应当及时整改。重点关注：是否存在挪用预算资金向无预算项目支付资金或用于对外投资的情形；是否存在采用虚假或不实事项套取预算资金的情形；是否存在违规向所属预算单位划转资金的情形；是否存在将财政预算资金借贷给其他单位的情形；预付款项的转回或冲销是否合理、合规，是否存在协同第三方套取预算资金的情形；与支出相关的其他情形。

第三节　公司治理运行审计

对公司治理运行的审计主要涵盖组织架构、发展战略两个领域。

一、对组织架构的审计

组织架构，是指企业按照国家有关法律法规、股东（大）会决议和企业章程，结合本企业实际，明确股东（大）会、董事会、监事会、经理层和企业内部各层级机构设置、职责权限、人员编制、工作程序和相关要求的制度安排。目前，国有企业按是否设立董事会分为实行董事会负责制和总经理负责制两类。

（一）组织架构测评的目标

组织架构审计的目标，是评价组织架构设计是否科学、运行是否有效，包括：治理结构是否形同虚设，是否缺乏科学决策、良性运行机制和执行力，可能导致企业经营失败，难以实现发展战略；内部机构设计是否不科学，权责分配是否不合理，可能导致机构重叠、职能交叉或缺失、推诿扯皮，运行效率低下。通过组织架构审计，了解其设计及运行情况，针对存在的问题或隐患，进一步确定下一步审计重点。

（二）组织架构审计的内容与方法

（1）组织架构的设计是否科学合理。企业是否根据国家有关法律法规的规定，明确董事会、监事会和经理层的职责权限、任职条件、议事规则和工作程序，确保决策、执行和监督相互分离，形成制衡。重点关注：一是董事会、监事会和经理层的产生程序是否合法合规，其人员构成、知识结构、工作履历、能力素质等是否满足履行职责的要求；经理和其他高级管理人员的职责分工是否明确。二是企业是否制定了董事会、党委（党组）会、总经理办公会及有关专门委员会等重要会议的议事规则和工作程序，相关议事规则是否坚持集体决策，是否分工明确，是否存在超越法律法规或股东（大）会的有关决议赋予个别人员特别权限，是否存在超越集体决策的"特事特办"的例外程序。三是企业是否按照规定的权限和程序制定对重大决策、重大事项、重要人事任免及大额资金支付业务等实行集体决策审批或者联签制度，相关制度的具体标准是否符合企业实际情况，制度是否赋予个别人员拥有改变集体决策意见、超越集体决策的"特事特办"的权力。四是企业是否按照科学、精简、高效、透明、制衡的原则，综合考虑企业性质、发展战略、文化理念和管理要求等因素，合理设置内部职能机构，明确各机构的职责权限、具体岗位的职责要求。取得企业制定的业务流程图、岗（职）位说明书、权限指引和问责等内部管理制度或相关文件，检查企业内部职能机构设置和职责权限情况，分析是否存在职能交叉、缺失或权责过于集中的情况，可行性研究与决策审批、决策审批与执行、执行与监督检查等不相容职务是否相互分离，职能相互制衡的部门是否由不同企业领导分管。

（2）组织架构的运行是否有效。企业是否根据组织架构的设计规范，对现有治理结构和内部机构设置进行全面梳理，确保本企业治理结构、内部机构设置和运行机制等符合现代企业制度要求。重点关注：一是重要会议的议事规则和工作程序是否得到有效运行。通过检查党委（党组）会、董事会、总经理办公会、有关专门委员会，以及重要会议的会议记录、纪要，重点关注会议的参会人员、讨论及表决情况，是否符合相关议事规则和工作程序有关参会人数、赞成比例等要求；是否存在会议纪要与会议记录不相符，会议记录不详细、不完整的情况；是否存在外部董事、职工董事、职工代表等非实权参会人员及部分实权参会人员经常缺席会议、不发表实质性意见、不履行职权的情况；是否存在会议议题、决策及经理层具体执行事项受相关政府部门或他人干预的情况，决策层干预经理层执行、经理层超越决策层决策的情况；"三重一大"事项是否未经必要的研究论证程序、未充分吸收各方面意见，是否存在会议议题会前准备不充分、临时动议，个别领导提前定调、讨论不充分的情况。二是企业内设职能机构是否有效运行。通过检查、询问企业内设职能机构的实际运行情况，重点关注是否按照企业规定的职责权限、业务流程进行运行；是否存在职能交叉、多头管理；是否存在管控不力、职能缺失或运行效率低下；运行过程中是否受到企业领导或他人干预，救济和问责制度是否得到执行。三是对下属企业管控是否有效。通过查阅企业对下属企业的权利制约等管控制度、领导班子的任免或委派情况，以及企业内部审计报告、审计发现的主要问题等资料，重点关注企业总部印发的内部控制制度、内部审计机构审计的纵向范围是否包括各级下属企业；是否存在个别下属上市公司、重大板块公司、新并购企业"各自为政"、摆脱企业总部的监管，以及个别级次较低、边远地区、新设企业、重大工程筹建项目部等单位游离在企业总部或上级企业监管之外；企业内部审计发现的问题是否存在"屡查屡犯"、不听从上级企业管控的现象。

二、对发展战略的审计

发展战略，是指企业在对现实状况和未来趋势进行综合分析和科学预测的基础上，制定并实施的长远发展目标与战略规划。

（一）发展战略审计的目标

发展战略审计的目标是评价企业发展战略是否明确、持续，是否偏离主业、脱离企业实际能力或过于激进，而增加经营风险、影响企业可持续发展，以及是否得到有效实施。通过发展战略审计，了解其制定及实施情况，针对存在的问题或隐患，进一步确定下一步审计重点。

（二）发展战略审计的内容与方法

（1）发展战略的制定是否经充分论证和民主决策。根据企业的主业范围，结合当前国家宏观经济政策和企业财务、技术状况，查阅企业发展战略及其制定过程，重点关注企业国内外市场需求变化、技术发展趋势、行业及竞争对手状况、可利用资源水平和自身优势与劣势等影响因素，在充分调查研究、科学分析预测和广泛征求意见的基础上制定发展目标；战略规划是否明确发展的阶段性和发展程度，确定每个发展阶段的具体目标、工作任务和实施路径；发展目标和战略规划的确定是否符合企业的决策制度和议事规则要求，是否做到规范透明、决策程序科学民主。

（2）发展战略的实施是否有效。通过查阅企业年度工作计划、预算及年度工作报告、财务报告，重点关注企业战略规划是否分解到年度工作计划予以落实，企业年度投资计划和实际投资情况是否符合战略规划要求；是否存在偏离主业和发展战略的重大固定资产投资、产权收购、长期股权投资项目；是否制定完善的发展战略管理制度，对发展战略实施情况进行监控、分析和调整。

第四节　采购内部控制审计

一、采购及采购内部控制审计的概念

采购是指购买物资（或接受劳务）及支付款项等相关活动。采购内部控制审计是指，企业内部审计人员依据有关的法律、法规、政策及相关标准，以所在单位采购环节内部控制制度为对象，按照一定的程序和方法，对采购各部门和环节的内部控制进行测试，根据测试结果对采购环节内部控制制度的健全性、合理性、有效性做出评价的一种内部审计业务类型。采购内部控制审计的目的是改善物资采购质量，降低采购费用，维护组织的合法权益，促进组织价值的增加及目标的实现。

二、审计所需资料

审计过程中，需要获取以下资料：

（1）采购管理内部控制制度（包括预算、计划、供应商选择、采购、验收、付款等业务环节）；

（2）采购管理关联组织配置与人员构成表及权限与职责；采购预算、采购项目档案、资料；

（3）采购计划（年度计划、月度计划、是否按议事规则报批的相关资料）；

（4）授权供应商名单；

（5）供应商评价表（包括交货期、品质履历等项目）；

（6）采购公示包括采购前公示、采购结果公示；

（7）采购的相关凭证，包括求购单、报价单、采购订单或采购合同、验收单等；

（8）退货相关凭证，包括不良品检查结果、退货单等；

（9）应付账款明细账及账龄表、对账单、发票、相关凭证、转账、付款等。

三、采购的组织配置及总体风险与应对

（一）采购的组织配置及其岗位人员要求

为规避采购业务中的风险，对其实施有效的控制，首先要求各单位应建立健全采购业务组织架构，同时还要设置与之相匹配的授权审批程序，授权的业务对象与金额要与其自身的权限职责保持一致。

采购与付款业务的全过程不得由同一部门或个人办理,应当将采购付款过程中的申请、批准、执行、审核、记录等不相容职务相分离,明确相关部门和岗位的职责权限。须相互分离的职务主要包括(不限于):采购预算的编制与审批;采购预算的审批与执行;请购与审批;询价与确定供应商;付款审批、付款执行与会计记录。

采购业务中各部门岗位职责见表6-2。

表6-2 采购业务中各部门岗位职责

职能部署＼业务环节	申请部门	供应商选择部门	采购部门	品质检查部门	仓库管理部门	数据接收部门	财务部门
预算	■		■				
请购	■						
询价		■					
供应商选择		■					
采购			■				
验收				■	■	■	
付款申请			■				
付款							■

内部控制需要人来操作,内部控制在防范个人舞弊方面比较有效,但设计再完善的内部控制制度也难以防止串通舞弊或管理人员舞弊。因此,实施采购人员定期轮换制度,可防止采购人员长期处于一个岗位而滋生舞弊的风险。

(二)采购业务的总体风险和控制措施

(1)采购行为违反国家法律法规或单位规章制度的规定,可能遭受外部处罚、经济损失和信誉损失。其控制措施是:遵守国家法律法规,与供应商建立购销合同并遵照实施。

(2)参与采购业务的各部门或各岗位的权责不明确,不相容职务或岗位未严格分离。其控制措施是:进行职责分工或建立授权批准/制度体系。

(3)采购与付款业务管理制度、流程体系不健全,采用未经适当审批或超越授权审批,可能因重大差错、舞弊、欺诈而导致损失。其控制措施是:建立健全采购内部控制流程及授权审批基准。

(4)没有对采购实行预算控制,未对采购预算的执行情况进行定期分析,不能及时发现问题、反映问题,不能对预算执行差异及时修正。其控制措施是:建立采购预算管理控制,请购时进行预算控制,对预算差异实施对比分析制度。

(5)采购申请的提出、授权审批和执行等不相容职能未严格分离。采购依据不充分、不合理,相关审批程序不规范、不正确,可能导致资产损失、资源浪费或发生舞弊。其控制措施是:请购与审批的职责或岗位不相容,建立与遵守授权审批程序、请购审批制度。

(6)验收程序不规范,可能造成账实不符或资产损失。其控制措施是:建立采购物资的验收制度,包括实物验收、品质验收及入账的验收基准。

(7)付款方式不恰当、执行有偏差,可能导致资金损失或信用受损。其控制措施是:建立应付账款制度及授权审批程序,并遵照实施。

（8）未能按照公平、公正和竞争的原则选择供应商，由此给单位带来成本、品质方面的不利影响的风险。其控制措施是：建立采购招标、比价议价制度并遵照实施。

四、采购业务的内部控制审计要点

（1）单位是否按照《中华人民共和国政府采购法》以及相关法律法规的规定加强对采购业务的控制，是否建立健全包括采购预算与计划管理、采购活动管理、验收与合同管理、质疑投诉答复管理和内部监督检查等方面的内部管理制度。对未纳入《中华人民共和国政府采购法》适用范围的采购业务，单位是否参照政府采购业务制定相应的内部管理制度。

（2）单位是否指定专人负责收集、整理、归档并及时更新与政府采购业务有关的政策制度文件，定期开展培训，确保办理政府采购业务的人员及时全面掌握相关规定。

（3）单位是否建立采购业务管理岗位责任制，明确相关部门和岗位的职责权限，确保采购需求制定与内部审批、询价与确定供应商、招标文件准备与复核、合同签订与验收、采购验收与会计记录、付款审批与付款执行等不相容岗位相互分离。

（4）单位是否结合本规范的要求和实际情况，对采购业务的关键环节制定有针对性的以下内部控制措施。

① 加强采购业务的预算和计划管理。建立预算管理部门、采购管理部门和资产管理部门之间的沟通机制。采购管理部门根据本单位货物、服务和工程实际需求及经费预算标准和设备配置标准细化部门预算，列明采购项目或货物品目，并根据采购预算及实际采购需求安排编报月度采购计划。

② 加强审批审核事项管理。审批审核事项包括采购组织形式变更、采购方式变更、采购进口产品和落实政府采购扶持节能、环保产品政策的审核等。单位要建立采购进口产品或变更采购方式的专家论证制度及严格的内部审核制度以及向上级主管部门报批报备及公告登记管理制度。

③ 加强对采购活动的控制。通过竞争方式择优选择政府采购业务代理机构。在制定采购文件、签订合同及组织重大采购项目的验收过程中应当聘请技术、法律、财务等方面的专家共同参与，确保需求明确、翔实，采购文件和合同条款完备、合法。单位在采购活动中要严格执行对评审专家登记、评审过程记录、专家评价管理规定。与供应商有利害关系的人员应执行回避制度。此外，对代理机构直接或代为收取的投标保证金和履约保证金进行严格管理，确保保证金按法律制度规定及时返还供应商或上缴国库。

④ 加强采购项目的验收管理。根据规定的验收制度和采购文件，由独立的验收部门或指定专人对所购物品的品种、规格、数量、质量和其他相关内容进行验收，出具验收证明。对重大采购项目要成立验收小组。对验收过程中发现的异常情况，负责验收的部门或人员应当立即向有关部门报告；有关部门应查明原因，及时处理。所有库存物资必须经过验收入库才能领用；不经验收入库，一律不准办理资金结算。

⑤ 建立采购业务质疑投诉管理制度。采购活动组织部门要与采购需求制定部门建立协调机制，共同负责答复供应商质疑。答复质疑应当采用书面形式，答复及时，内容真实、客观、清晰。

⑥ 加强采购业务的记录控制。妥善保管采购业务的相关文件，包括：采购预算与计划、

各类批复文件、招标文件、投标文件、评标文件、合同文本、验收证明、质疑答复文件、投诉处理决定、公示记录等，完善记录和反映采购业务的全过程。财务部门要根据审核无误的验收入库手续、批准的计划、合同协议、发票等相关证明及时记账；每月与归口管理部门核对账目，保证账账、账实相符。单位应当定期对采购业务的信息进行分类统计，并在单位内部进行通报。

⑦ 库存物资的储存与保管要实行限制接触控制。指定专人负责领用，制定领用限额或定额；建立高值耗材的领、用、存辅助账。

⑧ 对于大宗设备、物资或重大服务采购业务需求，应当由单位领导班子集体研究决定，并成立由单位内部专业委员会、资产、财会、审计、纪检监察等部门人员组成的采购工作小组，形成各部门相互协调、相互制约的机制，加强对采购业务各个环节的控制。

（5）单位内部是否定期和不定期检查、评价采购过程中的薄弱环节，如发现问题，应当及时整改。重点关注：是否按照预算和计划组织采购业务；对于纳入政府集中采购目录的项目，是否按照规定委托集中采购机构实行集中采购；是否存在拆分政府采购项目逃避公开招标的情形；采购进口品或变更采购方式的项目是否履行了审批手续；是否按时发布了采购信息；是否按照采购周期重新招投标；对采购限额标准以上公开招标数据标准以下的政府采购项目，是否按照法定要求选择采购方式；是否按照规定履行验收程序；耗材技术档案文件是否备案；与采购业务相关的其他情形。

第五节　固定资产管理内部控制审计

一、固定资产内部控制审计的概念

固定资产内部控制审计，是指内部审计部门对单位的固定资产实物和增减变动的内部控制情况的健全性、合理性、有效性进行的审计监督。

二、审计所需资料

主要包括以下方面：

（1）固定资产管理内部控制制度（预算、求购、采购、验收、付款、折旧、盘点等业务环节）；

（2）固定资产管理关联组织配置与人员构成表及权限与职责；

（3）固定资产采购的预算资料；

（4）招标文件、评标报告、中标通知书；

（5）项目建议书/项目方案/项目申请表及批复；

（6）可行性研究报告、可行性研究报告评审纪要、可行性研究报告批复；

（7）固定资产采购的相关凭证（包括求购单、报价单、采购订单、送货单、合同、报关单、发票、固定资产验收报告等）；

（8）合格供应商供方台账及其登记资料；

（9）备案合同登记表；付款申请相关凭证；固定资产台账；

（10）固定资产投保合同或保单；

（11）设备保养记录/设备维修记录；

（12）固定资产废弃预算表；

（13）固定资产废弃申请书及其审批记录；

（14）固定资产盘点计划；

（15）固定资产盘点清单；

（16）固定资产盘点报告；

（17）固定资产管理关联到的其他资料。

三、资产管理的组织配置及总体风险与应对

（一）资产管理的组织配置

单位应当建立固定资产的岗位责任制，明确相关部门和岗位的职责、权限，确保办理固定资产业务的不相容岗位相互分离、制约和监督。不得由同一部门或个人办理固定资产的全过程业务。固定资产业务的不相容岗位至少包括：固定资产投资预算与审批；固定资产的采购、验收与应付款项支付；固定资产投保的申请与审批；固定资产的保管与监盘；固定资产处置的申请与审批、执行；固定资产业务的审批、执行与相关会计记录。

资产管理各部门岗位职责见表6-3。

表6-3 资产管理各部门岗位职责

职能部署＼业务环节	申请部门	采购部门	固定资产管理部门	实物管理部门	废弃处理部门	财务部门
预算	■					
请购	■					
采购		■				
验收	■	■				
入账						■
付款						■
保管				■		
盘点监盘			■			
处置申请	■					
处置执行					■	
审批			■			

（二）固定资产的基本风险

固定资产的基本风险主要把控以下方面。

（1）固定资产业务因违规操作，由此带来的可能的外部处罚和内部资产损失的两方面的风险；

（2）固定资产业务未经适当审批或违反授权审批体系，可能因重大差错、舞弊、欺诈而导致资产损失；

（3）固定资产购买或建造不适当，可能造成资产损失或资源浪费；

（4）固定资产使用、维护不当和管理不善，可能造成单位资产使用效率低下或资产损失；

（5）固定资产处置不当，可能造成资产损失；

（6）固定资产会计处理和相关信息违反合法、真实、完整、正确的原则，可能导致资产账实不符或资产损失。

四、固定资产管理的内部控制的审计要点

（一）固定资产取得的内部控制审计要点

（1）固定资产的购买申请是否履行授权审批，申请购买的固定资产是否在预算范围之内，无预算的购买申请是否有特别对应程序。抽查已实施的相关购买申请的相关凭证，检查实际作业是否符合规定的控制活动。

（2）固定资产的购买实施，是否履行询价、议价程序，符合招标要求的对象是否按要求进行招标采购，货比三家，选取适当的供应商和合理的价格，并检查已实施购买的相关记录。

（3）固定资产的采购是否与供应商签订采购合同或协议，明确相关责权利，所签订合同是否得到授权、是否有效。

（4）固定资产的验收是否有使用部门、相关主管部门等参与验收，验收程序是否符合规定，以及是否有有效的固定资产验收报告。

（5）检查固定资产取得，其成本计算是否正确。

（6）固定资产资本化处理后是否依财务会计制度及时计提折旧。

（二）固定资产账实管理的审计要点

（1）是否建立固定资产台账，固定资产台账是否得到及时维护。

（2）检查固定资产的账、卡、物三者是否一致。

（3）是否每个固定资产都有固定资产编号，都是在管理状态之内。

（4）固定资产在内部转移使用时，是否有规定程序明确实施方式，以及实际业务中是否遵守该规定进行操作。

（5）是否定期实施固定资产盘点，包括年度盘点与循环盘点，盘点前，是否做成盘点计划，明确盘点对象。

（6）固定资产的盘点是否由其他部门对固定资产所属部门的固定资产进行抽查确认，是否明确盘点有效的标准，以及实际是否遵照执行。

（7）固定资产盘点完成后，是否做成固定资产盘点报告，对盘点结果状况做出总结。

（8）对固定资产盘点发现的差异是否及时、正确地进行处理。

（三）设备保养维修作业的内部控制审计要点

（1）检查是否建立设备维修保养的制度、业务流程与实施标准，是否根据设备的特点设置相应的维修保养级别，如区分每日点检与定期点检的设备，以符合设备的维修需要。

（2）检查是否有设备维修保养台账，以及是否完整记录设备维修保养的实施状况。

（3）根据设备维修保养台账，抽查维修保养处理过程的相关记录、票据，是否遵照制度标准实施，维修的申请、审批过程是否符合授权审批流程，大件维修是否在预算管理的

控制之内。

（4）检查送外维修的资产，是否有登记其状态，修理完成对象是否返回所属单位。

（四）固定资产处置的内部控制审计要点

（1）固定资产的废弃是否履行授权审批程序，是否有固定资产废弃管理流程明确审批程序各部门、各阶段的职责职能，以及是否保全相关确认与处理记录。

（2）检查是否所有的固定资产的实物废弃都经过规定的固定资产废弃审批流程，确认是否有擅自私自废弃的违规现象。

（3）还未到原定使用年限而申请废弃的固定资产，是否经过技术性判定部门的审核，以及提供相关证明资料。

（4）固定资产废弃审批流程完成后，是否及时、正确地进行固定资产的数据废弃处理。

（5）固定资产的出售是否经过审批核准，价格是否合理。

（6）对于因盗窃等灾害造成的损失，是否有防治措施，以及是否追责。

（7）是否制定固定资产减值（及折旧）的会计政策。

（8）是否定期检查固定资产的使用寿命及减值状况。

（9）计提或者不计提固定资产减损的理由是否充分。

（10）固定资产减损是否计提，是否经过有权限有资格人员的判定。

（11）关联的会计科目的明细余额是否与总账的数据一致。

第六节　内部监督审计

内部监督是企业对内部控制建立与实施情况进行监督检查，分为日常监督和专项监督。日常监督是指企业对建立与实施内部控制的情况进行常规、持续的监督检查；专项监督是指在企业发展战略、组织结构、经营活动、业务流程、关键岗位员工等发生较大调整或变化的情况下，对内部控制的某一或者某些方面进行有针对性的监督检查。

一、内部监督测评的目标

内部监督测评的目标是评价企业内部控制监督制度是否完善，执行是否有效。通过内部监督测评，了解其制度制定及执行情况，结合审计已开展的内部控制测评结果，相互验证，判断存在的问题、隐患或漏洞，进一步确定下一步审计重点。

二、内部监督测评的内容

（一）企业内部控制监督制度的建立情况

检查企业是否根据《企业内部控制基本规范》及其配套办法，制定内部控制监督制度，确定内部控制缺陷认定标准，明确审计与风险管理委员会或内部审计机构（或经授权的其他监督机构，以下统称内部审计机构）和其他内部机构在内部监督中的职责权限，规范内部监督的程序、方法和要求。

（二）企业内部控制监督制度的执行情况

取得企业内部控制自我评价报告、内部控制缺陷信息数据库和内部审计数据，查阅企业历年发现的内部控制缺陷、内部审计报告所指出的问题及其整改情况，检查企业是否根据其内部控制监督制度要求，依据内部控制缺陷认定标准，实施内部监督，对监督过程中发现的内部控制缺陷，是否分析缺陷的性质和产生的原因，提出整改方案，采取适当的形式及时向董事会、监事会或者经理层报告。重点关注：企业内部监督是否覆盖并监控企业日常业务活动，是否定期对内部控制的有效性进行自我评价，出具内部控制自我评价报告；内部审计机构设置、人员配备和工作的独立性是否得到保证；内部审计机构是否充分地履行监督职责，审计监督与内部控制沟通是否顺畅，是否按照计划和程序开展各项审计工作，审计发现的问题是否按规定及时整改；企业是否定期开展效能监察及其他专项监督工作；对发现的内部控制重大缺陷，是否追究相关责任单位和责任人的责任。

华夏仲熙企业集团购销业务控制审计

一、基本情况

华夏仲熙企业集团为生产型企业集团，产品较为单一，受金融危机影响，全行业产品价格持续下跌且市场需求不足。审计人员对华夏仲熙企业集团近五年来的销售情况进行了统计分析，发现总体销售额仍然保持稳定且稍有增长，但利润却由盈转亏，个别子企业贸易类销售收入剧增。审计人员将购销业务内部控制作为重点进行测评，确定审计重点，发现两家贸易型企业在集团领导授意下，组织10家二级生产型子企业购销业务突破集团内部控制规定，通过贸易方式联手提升销售额。

二、审计过程及思路分析

（一）通过总体分析，确定内部控制测试重点

审计人员根据华夏仲熙企业集团的业务特点发现华夏仲熙企业集团总体销售额仍然保持稳定且稍有增长，但利润却由盈转亏，同时发现华夏仲熙企业集团公司下属领导班子为一套人马的贸易类企业B、C公司20××年度的销售收入较上年度分别增长了13倍和1.5倍，且当年11月至12月的销售收入突然增加，分别占当年度销售收入的56%和25%，收入构成主要是M产品的销售。基于以上信息，审计人员决定将购销业务内部控制作为测评的重点。

（二）了解华夏仲熙企业集团购销业务内部控制制度

华夏仲熙企业集团购销业务内部控制制度规定了产成品的销售与收款、原辅材料的采购与付款有关的计划、合同、资金、票据、收货、发货等常规内部控制外，还规定下属各M产品生产子企业的主要原材料由集团成立的专门贸易公司D公司进行集中采购与调度；

M产品的销售均由D公司统购统销；M产品生产子企业无相关采购和销售的自主权，也不允许从事M产品的纯贸易业务。

除生产型子企业外，华夏仲熙企业集团根据M产品市场价格波动频繁的特点，还新成立了B、C两家纯贸易型企业，主要从事M、N等产品的纯贸易业务，以熟悉市场、了解价格波动规律，尝试做大做强贸易业务，推动企业的长远发展。

（三）以抽查方式，对内部控制制度的执行情况进行实质性测试

抽查A_1、A_2两家M产品生产子企业五年来的主要原材料采购、生产，各类产品销售明细数据，发现前四年采购与销售业务符合集团公司的购销制度；最后一年的11月和12月，除销售自产M产品外，还有部分M产品和N产品的纯贸易业务，不符合集团公司的购销制度。

抽查B贸易型企业购销业务，获取成立以来的采购与销售明细数据，检查是否从事与D贸易公司相同业务，而非纯贸易业务。检查结果未发现异常购销业务，但B公司20××年度的销售收入较上年度增长了13倍，且当年11月至12月的销售收入占当年度销售收入的56%，应当引起重视。

（四）由点到面，扩大可疑事项的实质性测试范围，确定测评结果

针对抽查发现的两家M产品生产子企业在20××年11月和12月突破集团公司的购销制度的情况，审计人员扩大了抽查范围，将其他18家二级生产型子企业的购销数据纳入实质性测试范围，发现有A_3等八家生产型子企业执行集团公司购销制度与A_1、A_2公司一致，均是20××年11月和12月，除销售自产产品外，还有部分M产品和N产品的纯贸易业务。由此确定华夏仲熙企业集团公司10家二级生产型子企业未严格执行集团公司的购销内控制度。

（五）利用测评结果，通过数据关联分析和延伸调查，发现问题

根据上述测评结果，发现10家二级生产型子企业有个共同特点，即20××年11月和12月突然开展纯贸易业务，且恰好与B、C公司销售额巨额增长同步。审计人员将此现象列为重大可疑事项，确定为审计重点，开展对B、C公司及10家二级生产型子企业20××年11月和12月的购销数据进行关联分析，通过票据和资金的开具、结算时间，以及12家单位的客户、供应商数据进行同期、同名关联匹配，发现同一天或相连日期存在B、C公司与A_1等10家二级子公司之间存在共同客户（供应商）W_1、W_2等外部单位，共同的交易产品M、N。后经延伸调查W_1、W_2等外部单位，发现W_1等外部单位销往华夏仲熙企业集团公司下属A_1等公司的M、N产品均采购自B公司等华夏仲熙企业集团公司其他下属公司。

要求：请说明内部控制审计与其他类型审计有什么不同。

第七章 经济责任审计

本章学习目的

1. 理解经济责任审计的含义和特点。
2. 掌握经济责任审计的内容。
3. 了解经济责任审计结果运用。

第一节 经济责任审计概述

一、经济责任审计的含义及其对象

本书所称经济责任审计是指，对企业领导人员任职期间因其所任职务，依法对其所在单位资产负债、财务收支以及有关经济活动应当履行的职责、义务所进行的监督、鉴证和评价行为。领导人员经济责任审计的对象，包括企业的法定代表人；实际履行经济责任的其他正职领导人员或者主持工作一年以上的实际履行经济责任的副职领导人员；上级单位领导人员兼任下属企业的正职领导人员，且不实际履行经济责任时，实际负责本单位常务工作的副职领导人员。

二、经济责任审计依据

经济责任审计应遵照《内部审计实务指南第 5 号——企业内部经济责任审计指南》《第 2205 号内部审计具体准则——经济责任审计》、《中共中央办公厅、国务院办公厅关于印发〈党政主要领导干部和国有企业领导人员经济责任审计规定〉的通知》（中办发〔2010〕32 号）以及 2014 年 7 月颁布的《党政主要领导干部和国有企业领导人员经济责任审计规定实施细则》等关于领导人员经济责任审计的规定要求开展。根据《第 2205 号内部审计具体准则——经济责任审计》，经济责任是指领导干部任职期间因其所任职务，依法对所在部门、单位、团体或企业（含金融机构）的财政、财政收支以及有关经济活动应当履行的职责、义务。经济责任审计，是指审计机关依法依规对党政主要领导干部和国有企业领导人员经济责任履行情况进行监督、评价和鉴证的行为。企业领导人员的经济责任审计依照干部管理权限确定，由企业人事部门提出书面委托，内部审计部门依据委托内容进行审计。经济责任审计应当以促进领导干部推动本地区、本部门（系统）、本单位科学发展为目标，以领导干部任职期间本地区、本部门（系统）、本单位财政收支、财务收支以及有关经济活动的真实、合法和效益为基础，重点检查领导干部守法、守纪、守规、尽责情况，加强对领导干部行使权力的制约和监督，推进党风廉政建设和反腐败工作，推进国家治理体系和治理能力现代化。

根据干部管理监督的需要，可以在领导人员任职期间进行任中经济责任审计，也可以在领导人员不再担任所任职务时进行离任经济责任审计。因此，经济责任审计应当坚持任中审计与离任审计相结合，对重点地区（部门、单位）、关键岗位的领导干部任期内至少审计一次。

三、被审单位需要提供的资料

经济责任审计的主要内容一般包括：①贯彻执行党和国家有关经济方针政策和决策部署，推动组织可持续发展情况；②组织治理结构的健全和运转情况；③组织发展战略的制定和执行情况及其效果；④遵守有关法律法规和财经纪律情况；⑤各项管理制度的健全和完善，特别是内部控制制度的制定和执行情况，以及对下属单位的监管情况；⑥财政、财务收支的真实、合法和效益情况；⑦有关目标责任制完成情况；⑧重大经济事项决策程序的执行情况及其效果；⑨重要项目的投资、建设、管理及效益情况；资产的管理及保值增值情况；本人遵守廉洁从业规定情况；对以往审计中发现问题的整改情况。因此，需要被审计单位提供以下资料：

（1）任期内企业营业执照、企业基本情况、法人代码证书、开户许可证、企业在银行和非银行金融机构设立的全部账户。

（2）任期内企业内部管理制度和内部机构设置、职责分工资料，任期服务目标、服务计划及重大经济事项决策会议记录，任期内上级部门历年下达的国有资产保值增值等考核指标。

（3）任期内历年资产经营计划、经济指标完成情况、重大投资项目及其实施结果、经济合同、对外投资明细表、任期前后有关经济遗留问题（含重大诉讼等）的专门材料。

（4）任期内历年财务报表、账簿、凭证等会计资料，财产物资盘点表、债权、债务明细及账龄分析表。

（5）任期内企业上级内部审计部门的审计报告、委托社会审计组织出具的审计报告、验资报告、资产评估报告以及办理合并、分立等事宜出具的有关报告。

（6）任期内有关经济管理监督部门及检察机构出具的重大检查事项结果、处理意见及纠正情况的资料。

（7）任期内企业年度工作总结。

（8）被审计企业领导人员基本情况、任期期限、述职报告及年度个人总结等。上述材料需要求被审计企业及时提供，如不能完整地提供，须要求被审计企业说明原因，提供的资料要分门别类，编号单独保存。

四、经济责任审计的主要任务

经济责任审计的任务是：为企业人事管理部门正确考察、使用和管理干部提供真实可靠的依据；强化领导干部和法定代表人的经济责任意识，保护其合法权益；加强对领导干部和法定代表人的监督与管理，促进廉政建设；维护财经法纪，规范经济行为，促进企业健康发展。具体包括以下两方面。

（1）实施现场审计。在对企业风险与内部控制进行了解测试的基础上，对企业资产、负债和管理成果的真实性、财务收支的合规性，重大经济决策等情况进行审计。

（2）经济责任评价。根据现场审计的情况，对企业领导人员任职期间的主要业绩和应承担的经济责任进行评价，并得出较为全面、客观和公正的结论。

五、经济责任审计方式

经济责任审计采用任中和离任审计结合的方式，逐步建立健全重点部门、重点单位和关键岗位领导干部任期内轮审制度，确保对重点领导干部任期内经济责任履行情况至少审计一次。

（1）离任经济责任审计。根据企业领导人员管理的需要，领导人员不再担任所任职务时，应当接受离任经济责任审计。在进行离任经济责任审计评价时，要注意分清离任者与前任的经济责任。

（2）任中经济责任审计。指在领导人员任期内，对其履行经济责任情况进行的审计。领导人员任职满一定年限的，可以有计划地安排任中经济责任审计。

（3）同步审计。根据干部管理监督的需要，企业法定代表人和不担任法定代表人但行使相应职权的董事长（总经理）等主要领导干部进行同步经济责任审计。

（4）经济责任审计与其他审计相结合。经济责任审计与投资项目审计等相结合，实现不同审计项目之间的资源共享。

六、聘请社会中介机构实施经济责任审计应注意的事项

（1）企业内部审计部门如聘请社会机构，应按照"公开、公平、公正"的原则，采取招标等合理方式确定，原则上承担经济责任审计的社会中介机构，应当具备以下条件：一是资质条件应与企业规模相适应；二是具备较完善的审计执业质量控制制度；三是拥有经济责任审计工作经验的专业人员；四是与企业或该单位领导人员不存在利害关系；五是近三年没有违法违规不良记录；六是能够适时调配较强的专业人员承担经济责任审计任务。

（2）内部审计部门在对其审计质量控制中应做好以下几方面的控制。一是被聘请的社会中介机构承诺的履行情况。被聘请的社会中介机构是否按照承诺派出符合相应资质和经验要求的人员实施审计，审计人员的调整应先征得内部审计委托方的同意；是否按照审计业务约定书规定的时限，完成审计工作并提交审计报告；是否严格履行保密义务，不对外泄露委托方和被审计单位资料与信息。二是审计项目质量控制。是否按照内部审计部门委托方要求实施审计，取得充分的审计证据；审计测试记录和工作底稿的编制和复核，是否符合委托方的要求；是否对被审计单位的反馈意见进行了核实；报送委托方的审计工作文档是否完整、规范。三是审计工作效果。经济责任审计报告、对被审计领导人员的经济责任评价及管理建议要客观、公正、准确、清楚。对被审计单位的管理工作提出的审计建议要具有建设性和可操作性。四是执业素质和职业道德。被聘请的社会中介机构是否具有审

计胜任能力；是否熟悉委托方业务；审计人员是否能够很好地遵守审计职业道德规范，并向委托审计的内部审计部门如实报告所有重要审计事项。

第二节　经济责任审计实施的内容

由于受审计时间的局限，内部审计人员在进行现场审计实施时，应通过风险评估和内控制度的控制测试，对关键问题、重大问题、重大风险、薄弱环节进行重点审计。在实施经济责任审计中，要特别关注以前预算执行和决算审计、财政财务收支审计、建设工程项目审计、经济合同审计、内部控制审计等查出问题的整改情况。

一、现场审计实施阶段

经济责任审计主要包括被审计企业领导人员任职期间单位财务收支的真实性、合法性和效益性、重大管理活动和经济决策、内部控制制度建设与执行、合法合规性等内容的审计。

（一）企业财务收支的真实性、合法性和效益性

企业财务收支的真实性、合法性和效益性的审计，可以用于检查企业经营发展情况、财务收支情况、履行国有资产出资人经济管理和监督职责情况。该部分是经济责任审计非常重要的一部分。

（1）财务收支的真实性审计。重点审查企业内管干部任职期间企业的财务状况和经营成果是否真实、完整，账实是否相符，会计核算是否准确，合并财务报表范围是否完整等。主要内容包括：企业财务会计核算是否准确、真实，是否存在财务状况和经营成果不实的问题；企业财务报表的合并范围、方法、内容和编报是否符合规定，是否存在故意编造虚假财务报表等问题；企业会计账簿记录与实物、款项和有关资料是否相符；企业采用的会计确认标准或计量方法是否正确，有无随意变更或者滥用会计估计和会计政策，故意编造虚假利润等问题。下面从资产负债、净资产情况和收入支出两个方面重点说明：

① 资产负债、净资产情况。在账表、账账核对的基础上，编制领导人员任期内各年度资产负债净资产对比表，分析资产、负债、净资产结构及增减变动情况，国有资产是否保值增值等。重点关注以下内容：

一是货币资金。抽盘现金；查看银行账户审批或年检情况；查看银行存款未达账调节表并抽查未达账项的真实性；支票购买领用核销登记管理情况，支票和印鉴的保管情况，注意不相容职务分离。

二是固定资产及物资管理。了解固定资产及物资（物资是指低值易耗品、其他材料等）管理情况。是否建立了相关管理制度；是否建立了固定资产"三账一卡"制度，即财务部门负责总账和一级明细分类账，固定资产管理部门负责二级明细分类账，使用部门有无卡片管理；核对固定资产及物资管理部门账目和财务账是否一致；固定资产折旧是否规范；查看单位是否建立了定期盘点制度，抽盘固定资产及物资；购入和处置是否及时记账，报废审批手续是否完善，处置收入是否入账。

三是往来款项。查看财务部门提供的应收、应付、预收、预付账款账龄分析表，对三

年以上或金额较大的往来款进行重点核对，查阅原始入账凭证，理清挂账原因；审查有无利用往来科目核算收入、支出的情况；审查有无利用往来科目核算应税收入情况；坏账核销手续是否健全、合规，是否执行账销案存制度，即核销事项是否在备查簿体现。必要时可对相关挂账款项进行函证。

四是专用基金。查看专用基金的计提和使用是否规范。

五是其他。

② 收入支出。在账表、账账核对的基础上，编制领导人员任期内各年度收入统计表，编制任期内总体收入、支出、收支结余情况统计表；分析收入及支出主要构成比例；分析收入、支出增减趋势。重点关注以下内容：

一是各项收入是否全部纳入符合规定的单位账簿统一核算，有无隐瞒收入、将收入在下属单位核算、有无坐支收入等问题。

二是抽查各项支出是否合法合规，是否符合国家规定的开支范围和开支标准；抽查财政专项是否专款专用；查阅企业支出审批权限规定，抽查支出手续是否完善，重大支出是否集体决策讨论。

三是抽查预算执行情况，是否按照批复的预算内容支出，是否按照要求完成预算项目。

四是其他。

（2）财务收支的合法性审计。重点审查企业内管干部任职期间，企业的财务收支管理和核算是否符合国家有关规定。主要内容包括：企业收入、成本费用的确认和核算是否符合有关规定，有无虚列、多列、不列或者少列收入及成本费用等问题；企业资产、负债、所有者权益的确认和核算是否符合有关规定，有无随意改变确认标准或计量方法，以及虚列、多列、不列或者少列资产、负债、所有者权益等问题。

（3）财务收支的效益性审计。重点审查企业的盈利能力状况、资产质量状况、债务风险状况、经营增长状况等方面经济指标完成情况。

① 盈利能力状况审计。主要通过资本及资产报酬水平、成本费用控制水平和经营现金流量状况等反映企业盈利能力的财务指标，审查企业内管干部在任职期间企业的投入产出水平和盈利能力。可参考指标包括：净资产收益率、总资产报酬率、销售（营业）利润率、成本费用利润率等。

② 资产质量状况审计。主要通过资产周转速度、资产运行状态、资产结构以及资产有效性等方面的财务指标，审查企业内管干部任职期间企业占用经济资源的利用效率、资产管理水平与资产的安全性。可参考指标包括：总资产周转率、应收账款周转率、不良资产比率、资产现金回收率等。

在资产质量状况审计中重点审计企业领导人员任职期间资产质量变动情况，应当按照企业内管干部任期职责、任期时间及不良资产产生原因等情况，分清企业不良资产产生的责任。应注意核实企业内管干部任期以前存在的不良资产、任期内消化的任期以前的不良资产、任期内新增不良资产以及任期内因客观因素新增的不良资产。其中，客观因素主要指国际环境、国家政策、自然灾害等，主观因素主要指决策失误、经营不善等。

本书所称不良资产是指无使用价值的财产、三年以上应收款、长期无回报的对外投资、闲置资产和单位尚未处理的资产净损失和潜亏（资金）挂账，以及按财务会计制度规定各类有问题资产预计损失金额。

在进行不良资产审计时，应当重点关注以下内容：待处理资产净损失，重点审查任期末待处理的流动资产和固定资产净损失，以及固定资产毁损、报废的真实性、合规性；长期积压物资，重点审查任期末积压一年或一个服务周期以上但尚未丧失使用价值的物资；不良投资，重点审查由于被投资单位（或项目）濒临破产、倒闭、发生长期亏损（一般指连续三年以上）等原因造成难以收回的投资等，包括未确认的投资损失；三年以上应收款项可能导致的潜在损失；处于对外经济担保、未决诉讼、应收票据贴现等状态下的资产可能导致的潜在损失；潜亏，重点审查企业未足额计提或者摊销的成本费用；挂账，重点审查企业由于管理或者政策性等因素形成的，并经财务认定和记录，但又未纳入企业当年损益核算或者进行相应财务处理的损失、费用等；其他因素引起的资产损失。

在对不良资产审计中，还应当关注以下情况：一是审查企业清产核资结果是否如实披露。对于企业在清产核资中未披露的损失（除政策性原因允许单位暂不处理的损失外），一般视同为清产核资后企业领导人员任期的不良资产损失。二是审查企业任期内资产质量变动的原因。分析产生不良资产的主、客观原因，客观原因主要指国际环境、国家政策、自然灾害等；主观因素主要指决策失误、管理不善等。三是审查企业任期内不良资产责任划分。按照被审计企业领导人员任期职责、任期时间及不良资产产生原因等情况，分清企业不良资产的责任，分析企业领导人员任职期间不良资产情形。

① 债务风险状况审计。主要通过债务负担水平、资产负债结构、或有负债情况、现金偿债能力等方面的财务指标，审查企业内管干部任职期间企业的债务水平、偿债能力及其面临的债务风险。可参考指标包括：资产负债率、速动比率、现金流动负债比率、带息负债比率、或有负债比率等。

② 经营增长状况审计。主要通过市场拓展、资本积累、效益增长以及技术投入等方面的财务指标，审查企业内管干部任职期间企业的经营增长水平、资本增值状况及持续发展能力。可参考指标包括：销售（营业）增长率、资本保值增值率、任期年均资本增长率、销售（营业）利润增长率、总资产增长率等。

（二）企业重大管理活动和经济决策审计

审查企业内管干部任职期间，企业重大决策、重要人事任免、重大项目安排和大额度资金运作事项（以下简称"三重一大"事项）的决策规则和程序是否建立健全，经济决策方案是否得到良好的执行以及执行的结果是否达到决策目标要求等内容，明确企业内管干部在重大经济决策中应负的责任。重大经济决策制定和执行情况审计的具体内容包括：企业是否建立了"三重一大"事项决策机制，制定的基本程序是否符合规定，是否存在未经决策机构集体讨论、由企业内管干部个人或少数人决策的问题；重大经济决策的内容是否符合国家有关法律法规、政策及规定；重大经济决策是否经国家有关部门核准或审批，所签订协议或者合同内容是否符合企业实际，是否存在损害本企业利益的条款；重大经济决策方案是否得到良好执行，是否明确了具体的管理部门，是否进行过程监控；重大经济决策是否存在重大风险，决策方案中有无预防和控制风险转化为损失的应对措施，决策执行的结果是否达到决策目标要求，是否给企业造成损失或潜在损失等。具体可以体现在以下方面：

（1）"三重一大"制度建设及执行情况。查看企业是否建立了"三重一大"集体决策制度；查阅领导人员任期内单位办公会议纪要，必要时查阅相关会议记录，查看重大经济事项是否经过领导班子集体讨论通过，确定需要深入核查的重大经济事项；抽查重大经济事项的前期论证及执行效果。查阅的执行情况检查重大经济决策程序是否符合有关制度规定，是否取得预期成效；特别要关注大额资金支出、对外投资、经济担保、工程建设、银行贷款等重大经济事项等情况。

（2）重要投资项目的建设和管理情况。审查立项有无审批、建设程序是否合规，工程洽商变更是否经过建设方、监理方、施工方三方签字；工程款支付手续是否完备，是否按合同约定支付款项；工程竣工是否经过合法验收、有无进行竣工决算审计；工程投资是否超预算及报批手续是否齐备；资产交付使用后是否及时转入固定资产管理。

（3）对外投资管理情况。依据对外投资管理职能部门提供对外投资清单，核对企业财务账体现的对外投资与实际对外投资是否相符；核对应收各对外投资单位的投资收益与实收投资收益是否相符；审查任期内新设立对外投资手续是否规范，以实物资产和无形资产对外投资是否按照国家有关规定进行资产评估，是否经过充分的可行性论证，是否按规定报有关部门审批并及时办理国有资产登记；对外投资处置手续是否规范；对外投资是否在对外投资科目中核算；被审计领导人员在所属及关联单位兼职是否经过批准，是否兼薪。

（三）内部控制制度建设及执行情况

审查企业内管干部所在企业内部控制的健全性、适当性和有效性，并结合企业内管干部的职责要求确定其在内部控制建立及执行中应承担的责任。了解单位是否建立了完善的组织机构，职、责、权是否分明，能否起到应有的制约作用；检查单位是否建立了财务核算、货币资金管理、票据管理、资产管理、招标采购、经济合同管理、基建修缮项目管理、科研管理、信息系统内控管理等制度，对照实际业务流程抽查内控制度有效执行。重点关注不相容职务是否分离（如出纳不得兼任稽核）、票据管理、会计档案保管和收入、支出、费用、债权债务账目的登记工作；银行支票和印鉴应分人保管；各种票据的购买、保管、领用、核销等职责应相互分离，并建立备查簿登记；物资采购与验收、付款审批和付款执行应分离；工程概预算编制与审计分离；财务软件使用权限应体现财务不同岗位的相互牵制要求。从内部控制五要素来看，应当注意审查以下内容：

（1）内部环境。审查企业治理结构是否合理，机构设置与权责分配是否明确，内部审计机构是否健全，人力资源政策是否有效制定和实施等。

（2）风险评估。审查企业是否能够及时识别经营活动中与实现内部控制目标相关的内、外部风险，是否采用定性与定量相结合的方法，系统分析风险并合理确定风险应对策略等。

（3）控制活动。审查企业不相容职务分离控制、授权审批控制、会计系统控制、财产保护控制、预算控制、运营分析控制和绩效考评控制等控制措施是否恰当、有效，能否运用控制措施，对各种业务和事项的风险控制在可承受度之内。

（4）信息与沟通。审查企业是否建立信息与沟通制度，内部控制相关信息的收集、处理和传递程序是否明确，内部控制相关信息能否在企业内、外部各方面及时沟通和反馈，是否建立反舞弊机制等。对信息系统内控管理情况进行审计。判断信息系统是否正常运转，设计是否符合不断发展的管理实务需要，是否实现有效保护资产、维护数据完整、全面准确地实时反映收支与结存情况。如在对业务管理系统审计时，主要审查管理信息系统内部控制的规范性、有效性，验证财务数据的真实性、准确性。重点关注收入管理、票据管理流程等重点环节。

（5）内部监督。审查企业是否制定内部控制监督制度，是否明确内部审计机构和其他内部机构在内部监督中的职责权限，是否制定内部控制缺陷认定标准，是否定期对内部控制有效性进行自我评价等。

（四）合法合规性审计

该部分包括审计企业内管在任职期间是否存在**企业经济活动的不合法不合规**，以及企业内管干部遵守廉洁从业规定情况。

（1）任职期间企业经济活动的合法合规性审计。主要审计企业领导人员任职期间的有关经济、管理等行为是否符合国家有关法律法规的规定等。应当重点关注以下情况：公款私存，坐收坐支，私设"小金库"，资金账外循环；违规越权炒作股票、期货等高风险金融品种；违规对外拆借、出借账户；违规对外出借资金等。

如针对采购程序的合法性和合规性进行审计，应审查企业是否按照《中华人民共和国招投标法》、《政府采购法》以及有关部门及单位的招标、采购管理规定执行；审查应该公开招标的采购项目是否进行了公开招标；审查自行招标、采购流程是否规范。

（2）企业内管干部遵守廉洁从业规定情况审计。通过审计、调查问卷及走访被审计企业纪检监察部门、干部管理部门、相关职能管理人员等方式，了解被审计领导人员本人遵守财经法规和廉政规定的情况。主要审查企业内管干部有无违反国家法律法规和廉政纪律，以权谋私，贪污、挪用、私分公款，转移国家资财，行贿受贿和挥霍浪费等行为。主要内容包括：有无以权谋私和违反廉洁从业规定的问题；根据人事、纪检监察部门的意见，需要审计查证的事项；根据群众反映，需要审计查证的问题；其他违法、违纪问题。

经济责任审计还应当关注企业内管干部贯彻落实科学发展观，推动经济社会科学发展情况；遵守有关法律法规、贯彻执行党和国家有关经济工作的方针政策和决策部署情况；与履行经济责任有关的管理、决策等活动的经济效益、社会效益和环境效益情况等。

二、经济责任审计报告阶段

（一）经济责任审计报告

审计报告内容涵盖以下事项：

（1）被审计领导人员的基本情况，主要包括履职年限、分管工作等。

（2）审计通知、审计报告征求意见稿及最终审计报告除发被审计单位外，还需发被审计领导人员个人。

（3）审计评价内容应包括被审计领导人员履行经济责任过程中对存在问题应当承担的直接责任、主管责任、领导责任。

（二）审计评价

内部审计部门应当根据审计查证或者认定的事实，依照法律法规、国家有关规定和政策，以及责任制考核目标等，在法定职权范围内，对被审计领导人员履行经济责任情况做出客观公正、实事求是的评价。审计评价应当与审计内容相统一，评价结论应当有充分的审计证据支持。

（1）经济责任评价应遵循的原则。一是客观性原则。业绩与经济责任评价要客观地反映企业领导人员的实际业绩与问题，避免由于证据不足、个人主观印象等造成的人为误差。二是全面性原则。业绩与经济责任评价不但要充分考虑企业领导人员的责任，还要充分考虑企业领导人员的贡献，全面评估企业领导人员任期的成绩与不足。三是公正性原则。根据有关问题的性质，比照公平、明确的评价标准，分清企业领导人员应当承担的责任，做到责任定位准确、公正。四是发展性原则。对企业领导人员的业绩与经济责任评价，不但要充分考虑其任期企业资产保值、管理服务等情况，还要充分考虑企业领导人员本任期的行为对企业今后发展的贡献。

（2）审计评价中应当按照以下标准区分责任。一是直接责任，是指领导人员对履行经济责任过程中的下列行为应当承担的责任。包括：直接违反法律法规、国家有关规定和单位内部管理规定的行为；授意、指使、强令、纵容、包庇下属人员违反法律法规、国家有关规定和单位内部管理规定的行为；未经民主决策、相关会议讨论而直接决定、批准、组织实施重大经济事项，并造成重大经济损失浪费、国有资产（资金、资源）流失等严重后果的行为；主持相关会议讨论或者以其他方式研究，但是在多数人不同意的情况下直接决定、批准、组织实施重大经济事项，由于决策不当或者决策失误造成重大经济损失浪费、国有资产（资金、资源）流失等严重后果的行为；其他应当承担直接责任的行为。二是主管责任，是指领导人员对履行经济责任过程中的下列行为应当承担的责任。包括：除直接责任外，领导人员对其直接分管的工作不履行或者不正确履行经济责任的行为；主持相关会议讨论或者以其他方式研究，并且在多数人不同意的情况下决定、批准、组织实施重大经济事项，由于决策不当或者决策失误造成重大经济损失浪费、国有资产（资金、资源）流失等严重后果的行为。三是领导责任，是指除直接责任和主管责任外，领导人员对其不履行或者不正确履行经济责任的其他行为应当承担的责任。

（三）需要归档的资料

内部审计部门应当将审计工作材料进行整理归档，其内容包括：审计通知书、被审计领导人员述职报告、审计过程中形成的工作底稿、审计组的审计征求意见稿及反馈意见、审计报告、被审计领导人员所在单位执行审计意见的整改情况、需要归档的其他材料。

第三节　经济责任审计结果运用

一、经济责任审计成果运用的主要途径

企业董事会、管理层、干部管理部门或其他相关部门要加强审计结果运用，内部审计部门将审计成果区别不同情况提供给组织人事、纪检监察、财务管理等部门参考使用。组织人事部门应当将其作为考核、任免、奖惩被审计领导人员的重要依据；纪检监察部门对严重违纪违规的问题按相关法律法规进行处理；财务管理等部门应结合审计中存在的问题进行督查整改并规范管理。

（1）委派或委托内部审计机构对企业内管干部进行经济责任审计的管理层或部门，可以采取适当的方式在一定范围内通报审计结果。

（2）企业内管干部经济责任审计结果，应当作为对企业内管干部考核、任免、奖惩的重要依据，并以适当方式将审计结果运用情况反馈内部审计机构。

（3）经济责任审计结果报告可以归入企业内管干部本人档案。

（4）对于有轻微违纪行为或有苗头性、倾向性问题的企业内管干部，企业可以开展诫勉教育。

（5）若因经济决策失误给企业造成重大损失，或存在资产状况不实、经营成果虚假等问题，企业应当视其影响程度对企业内管干部作出处理。

二、经济责任审计结果利用的途径

（1）完善联席会议制度。一是健全协调机制。联席会议要定期沟通，互通信息，相互配合，形成合力。二是建立重大问题讨论制度。对审计过程中发现的重大问题的定性、处理、评价，可由联席会议讨论商定。三是健全审计成果利用反馈制度。内部审计机构要向组织人事部门报送审计报告，必要时可抄送联席会议成员部门。纪检监察、组织人事和财务等部门对审计报告中有用的信息要加以利用。

（2）健全审计信息报告制度。一是重大问题做专题报告。对审计发现的重大问题要及时向党政领导班子汇报，反映存在的问题、分析产生的原因、请示处理的意见。二是同类问题做综合报告。对多个同类型的部门进行经济责任审计后，要进行归纳分析，找出规律性，提出意见和建议，形成综合报告向党政领导班子汇报，为领导决策提供依据。三是普遍性、倾向性问题做分析报告。对审计过程中发现的带普遍性、倾向性的问题，进行深入的分析和加工，注意从体制、机制、制度和管理上提出预防和解决的意见和建议，向党政领导班子报告，为领导决策服务。

（3）建立审计结果整改落实制度。一是跟踪检查。审计报告出具后，内部审计部门或审计联席会议对被审计单位落实整改情况实行跟踪检查，督促整改。二是通报整改结果。对整改彻底，落实审计意见较好的单位进行通报表扬，对拒不整改的单位进行通报批评，以严肃财经纪律。三是规范案件线索移送制度。审计部门应与纪检监察等部门建立健全案件线索移送制度。审计部门对审计中发现的重大违法违纪案件线索及时移送纪检监察部门；对审计中发现的经济犯罪案件线索及时移送司法部门，纪检监察、司法部门及时将线索利用情况反馈给审计部门。

领导责任的界定举例

GL 在 X 集团下属二级子公司 J 公司中担任董事长，负责 J 公司包括副总经理 MC 在内的经营班子的任命，并代表 X 集团与 J 公司签订考核协议。协议只对运输箱量和公司整体利润予以规定，未对具体航线的利润做出规定。该公司副总 MC 按照 J 公司领导班子分工主要负责东亚航线运价的制定。审计发现 MC 在其任职期间利用职权，违反大货量才能获得优惠运价的规定，在某航线上以最低运价给予自己亲属实际出资成立的货代公司，从中牟取个人利益，损害国有企业利益。

在该案例中，MC 作为 J 公司副总负责某航线的运价制定，他利用这种职权为亲属牟利，并由此导致 J 公司国有收益受到损失。MC 能得到这种为亲属牟利的权力，是由董事长 GL 任命的，但我们不能就说 GL 对国有资产损失应当承担直接责任。因为在该案例中，国有资产的损失是由 MC 滥用职权、违法犯罪直接造成的，而不是因为 GL 任命 MC 为主管该航线的副总造成的，也就是说，GL 任命 MC 为副总经理，只是国有资产流失的充分条件，而不是必要条件。

要求：分析该案例中，谁应该承担直接责任和领导责任。

第八章 建设工程项目审计

本章学习目的

1. 理解建设工程项目审计的含义和特点。
2. 了解建设工程的合同管理审计的内容。
3. 了解招投标审计。
4. 了解工程管理审计。
5. 了解工程造价审计。
6. 了解建设项目财务管理审计。
7. 了解竣工验收审计。
8. 了解后评价审计。

第一节 建设工程项目审计概述

一、建设工程项目审计定义

建设工程项目审计是指组织内部审计机构和人员对建设项目实施全过程的真实、合法、效益性所进行的独立监督和评价活动。

二、建设工程项目审计的内容和方法

在开展建设项目内部审计时，各企业可根据企业实际要求，参照中国内部审计协会颁布的《内部审计实务指南第 1 号——建设项目内部审计》的规定，结合本组织内部审计资源和实际情况，考虑成本效益原则，确定建设项目审计的方式，既可以进行项目全过程的审计，也可以进行项目部分环节的专项审计。

（一）审计重点

针对企业的业务状况，主要对招投标、合同管理、工程管理、工程造价、竣工验收等内容进行审计，大中型建设工程项目也可以委托具有相应资质的中介机构进行审计。在审前调查阶段，应关注以下方面：建设单位（或代建单位）职责范围或业务经营范围、机构设置、人员编制情况、财务会计机构及其工作情况；项目立项及可行性报告批准情况；项目概算的批准与调整情况；项目年度预算安排情况；项目基本建设程序执行情况（含土地、计划批复情况）；项目勘察、设计、施工、监理、采购、供货等方面的招投标和承发包情况；

项目征地拆迁、三通一平等主要前期工程支出情况；项目建设资金筹措计划与实际筹集、到位情况；项目现场管理、财务核算、物资收发、价款结算、合同管理等内部控制制度的建立情况；其他需要了解的情况。

（二）主要方法

审计实施过程中，应围绕提高监督实效，根据项目的具体情况综合运用各种审计手段。主要包括以下几项。

（1）限时告知。审计组应要求被审计单位建立重大事项告知制度。对需要告知的重大事项，被审计单位均应以书面形式及时告知审计组。

（2）召开例会。例会的主要内容是听取被审计单位及项目参建单位工作情况汇报，提出审计意见或建议。所提意见或建议需要被审计单位执行或落实的，审计组应于会后补办相关手续。每次例会均应形成会议记录备查。

（3）应邀参会。被审计单位召开与项目建设有关的重要会议时，审计组应派出人员参加，从审计角度提出意见或建议。所提意见或建议需要被审计单位执行或落实的，审计组应于会后补办相关手续。

（4）现场检查。根据工作需要，审计组应独立或会同有关方面深入施工现场，适时对施工进度、工程质量、安全生产、文明施工、造价控制、各相关监督部门及参建单位履行职责等情况进行检查。

（5）资料审查。审计过程中，审计组应对建设项目的审批文件和证件、概预算编制资料、征地拆迁资料、工程和设备、材料的招投标与合同资料、工程图纸、设计变更、相关签证、各参建单位资质证书、有关技术人员资格证书、会议纪要及工程管理相关资料的真实性、完整性、合规性进行审查。

（6）数据核查。对预算控制价、各项规费的缴纳标准、建设单位管理费、技术服务费、设计费、监理费等费用的计取标准、所购材料、设备数量和价格、工程量计量、议价项目的价费计取、关键工程部位的检测结果等数据的真实性、准确性、合规性进行全面核查。

（7）账务核查。对项目成本核算、账务处理、交付使用资产的真实性与合规性应逐一进行核查。对实行电子记账的项目，可运用计算机技术辅助核查。

（8）资金审查。对项目建设资金来源、管理、使用的真实性与合规性，资金到位的及时性进行全过程审查。必要时，对参建单位取得的建设资金可进行延伸调查。

（9）驻场办公。根据工作需要，审计组可在项目现场设立办公场所，以便于了解项目的进展情况，加强与被审计单位的沟通与联系。办公场所由被审计单位提供。

（10）其他手段。除采用上述手段外，还可以根据项目的实际情况，合理运用访谈、问卷调查、内控测评、统计分析等手段或方法进行审计调查。

三、审计所需资料

（1）项目批文：包括项目建议书、可行性研究报告、初步设计或扩初设计（含设计概算）、施工图设计（含施工图预算）及批复文件，土地证、建设规划许可、施工许可等相关行政许可证书。

（2）招投标资料：包括招标文件、投标书、投标承诺、中标通知书及有关会议纪要、过程记录等。

（3）建设项目咨询、设计、监理、施工、安装等相关单位的资质文件、专业人员资质证书等。

（4）经济合同：包括咨询、设计、评估、监理、施工、咨询、材料（含设备）采购等合同及与项目有关的协议、纪要、变更洽商、签证等。

（5）验收月报（计量报告）及竣工验收资料等。

（6）竣工图，包括土建、装饰、安装、园林、市政、电力等专业图纸（含工程变更）等。

（7）工程结算资料：包括工程量计算资料、单价测算资料、工料分析单（含钢筋翻样单）及汇总计算资料等。

（8）"基本建设项目概况表""竣工财务决算表""交付使用财产总表""交付使用资产明细表""竣工财务决算说明书"等。

（9）项目财务收支账册、凭证、报表及交付使用财产、项目结余物资清单、未完工程项目资料等。

第二节　招投标审计

一、招投标审计的定义

招投标审计是指对建设项目的咨询、勘察设计、监理、施工、设备和材料采购等方面的招标和工程承发包的质量及绩效进行的审查和评价。

二、招投标审计的重点内容

招标审计主要审查符合公开招投标要求的项目是否组织了公开招投标，招投标程序是否合规；有无肢解项目规避公开招投标的情况；邀请招标或单一来源采购程序是否合规，是否经主管部门批准和备案；招投标文件是否按照规定编制等。具体来说，应重视以下几方面。

（1）招标前准备工作的审计。重点检查建设工程是否按规定招标；招标的程序和方式是否符合有关法规和制度的规定，采用邀请招标方式时，是否三个及以上投标人参加投标；是否公开发布招标公告、招标公告中的信息是否全面、准确，重点是防止将必须进行公开招标的项目改用邀请招标方式。

（2）资格预审文件、招标文件及标底（或招标控制价）的审计。检查资格预审文件、招标文件的内容是否合法、合规，是否全面、准确地表述招标项目的实际状况；设备、材料的规格和技术参数与批复文件、设计要求和基本建设计划是否相符；审核标底（或招标控制价）的合理性，标底应当根据批准的初步设计和投资概算编制，不能超出批复的投资概算，重点是检查采取工程量清单计价方式招标时，其综合单价是否按《建设工程工程量清单计价规范》规定填制，工程量是否按经审核的招标图纸准确计算。

（3）开标、评标、定标的审计。检查开标、评标、定标的程序是否符合相关法规的规定，评标标准是否公正；检查投标文件是否符合招标文件的规定，签章、密封是否完整、齐全，有无存在将废标作为有效标；是否存在因有意违反招投标程序的时间规定而导致的串标风险；检查与中标人签订的合同是否有悖于招标文件的实质性内容。

第三节　建设工程的合同管理审计

一、各类专项建设工程的合同审计

各类专项建设工程的合同管理审计，主要审查代建、勘察、设计、监理、施工、采购、供货、咨询、评估机构、拆迁、招投标代理等工作是否依法签订了合同；合同价款计取依据是否充分、有效；合同条款与招标文件和投标承诺是否一致，有无明显缺漏或违背事实的条款。具体应关注以下几方面。

（1）设计（勘察）合同的审计。应检查合同是否明确规定建设项目的名称、规模、投资额、建设地点，具体包括以下内容：检查合同是否明确规定勘察设计的基础资料、设计文件及其提供期限；检查合同是否明确规定勘察设计的工作范围、进度、质量和勘察设计文件份数；检查勘察设计费的计费依据、收费标准及支付方式是否符合有关规定；检查合同是否明确规定双方的权利和义务；检查合同是否明确规定协作条款和违约责任条款。

（2）施工合同的审计。检查合同是否明确规定工程范围，工程范围是否包括工程地址、建筑物数量、结构、建筑面积、工程批准文号等；检查合同是否明确规定工期，以及总工期及各单项工程的工期能否保证项目工期目标的实现；检查合同的工程质量标准是否符合有关规定；检查合同工程造价计算原则、价款的约定方式、风险范围及调整方法是否合理；检查合同是否明确规定设备和材料供应的责任及其质量标准、检验方法；检查合同付款的比例、周期和结算方式是否合适；检查隐蔽工程的工程量的确认程序及有关内部控制是否健全，有无防范价格风险的措施；检查中间验收的内部控制是否健全，交工验收是否以有关规定、施工图纸、施工说明和施工技术文件为依据；检查质量保证期是否符合有关建设工程质量管理的规定，是否有履约保函；检查合同所规定的双方权利和义务是否对等，有无明确的协作条款和违约责任。

（3）委托监理合同的审计。检查监理公司的监理资质与建设项目的建设规模是否相符；检查合同是否明确所监理的建设项目的名称、规模、投资额、建设地点；检查监理的业务范围和责任是否明确；检查总监及现场监理工程师的资格证书；检查所提供的工程资料及时间要求是否明确；检查监理报酬的计算方法和支付方式是否符合有关规定；检查合同有无规定对违约责任的追究条款。

（4）设备和材料采购合同的审计。检查设备和材料的规格、品种、质量、数量、单价、包装方式、结算方式、运输方式、交货地点、期限、总价和违约责任等条款规定是否齐全；检查对新型设备、新材料的采购是否进行实地考察、资质审查、价格合理性分析及专利权真实性审查；检查采购合同与财务结算、计划、设计、施工、工程造价等各个环节衔接部位的管理情况，是否存在因脱节而造成的工期延误、造价增加等问题。

（5）合同变更的审计。检查合同变更的原因，以及是否存在合同变更的相关内部控制；检查合同变更程序执行的有效性及索赔处理的真实性、合理性；检查合同变更的原因以及变更对成本、工期及其他合同条款的影响的处理是否合理。

二、专项建设合同通用内容的审计

（1）检查合同当事人的法人资质、合同内容是否符合相关法律、法规要求。

（2）检查合同双方是否具有资金、技术及管理等方面履行合同的能力。

（3）检查合同的内容是否与招投标文件的要求相符合。

（4）检查合同条款是否全面、合理，有无遗漏关键性内容，有无不合理的限制性条件，法律手续是否完备。

（5）检查合同是否明确规定了甲乙双方的权利和义务。

（6）检查合同是否存在损害国家、集体或第三者利益等导致合同无效的风险；是否有过错方承担缔约过失责任的规定。

（7）检查合同是否有按优先解释顺序执行合同的规定。

第四节　工程管理审计

一、工程管理审计的定义

工程管理审计是指对建设项目实施过程中的工程进度、施工质量、工程监理和投资控制所进行的审查和评价。其主要审计目标是，对工程管理工作的改进情况以及目前工程管理内部管理控制状况进行审计检查，做出客观评价，揭示其中存在的控制风险，总结管理经验和进步，对企业的工程管理工作提出有价值的建议。

二、工程管理审计的内容

（1）工程进度控制的审计。检查施工许可证、建设及临时占用许可证的办理是否及时，是否影响工程按时开工；检查现场的原建筑物拆除、场地平整、文物保护、相邻建筑物保护、降水措施及道路疏通是否影响工程的正常开工；检查是否有对设计变更、材料和设备等因素影响施工进度采取控制措施；检查进度计划的制订、批准和执行情况；检查是否建立了进度拖延的原因分析和处理程序，对进度拖延的责任划分是否明确、合理（是否符合合同约定），处理措施是否适当；检查有无因不当管理造成的返工、窝工情况。

（2）工程质量控制的审计。审查建设单位是否按照相关规定对工程质量实行政府监督、社会监理和企业保证相结合的管理体系；审查施工单位是否建立相应的规章制度，质量、安全、文明施工责任制是否落实，是否按照质量管理体系的要求施工；审查监理单位是否按要求开展现场旁站、巡视或平行检验等形式的监理，是否按照监理规划核查施工单位的质量管理体系；是否按照监理规范对隐蔽工程、分部分项及单位工程进行验收；审查政府质量监督机构是否按规定对工程实体质量进行了抽查、核查；审查工程分包单位和试验室的资质是否符合要求，建筑材料、配件、设备报验签认材料是否齐全，是否符合工程设计要求、施工技术标准的要求和合同约定；审查施工现场工程质量是否与质检资料相一致。

（3）工程投资控制的审计。检查是否建立健全设计变更管理程序、工程计量程序、资金计划及支付程序、索赔管理程序和合同管理程序，看其执行是否有效；检查支付预付备料款、进度款是否符合施工合同的规定，金额是否准确，手续是否齐全；检查设计变更对投资的影响；检查是否建立现场签证和隐蔽工程管理制度，看其执行是否有效。

第五节　工程造价审计

一、工程造价审计的定义

工程造价审计是指对建设项目全部成本的真实性、合法性进行的审查和评价。工程造价审计是投资审计的基础，其目标主要包括：检查工程价格结算与实际完成的投资额的真实性、合法性；检查是否存在虚列工程、套取资金、弄虚作假、高估冒算的行为等。

二、工程造价审计的内容

（1）施工图预算的审计。主要检查施工图预算的量、价、费计算是否正确，计算依据是否合理。施工图预算审计包括直接费用审计、间接费用审计、计划利润和税金审计等内容。一是直接费用审计，包括工程量计算、单价套用的正确性等方面的审查和评价；二是其他直接费用审计，包括检查预算定额、取费基数、费率计取是否正确；三是间接费用审计，包括检查各项取费基数、取费标准的计取套用的正确性；四是计划利润和税金计取的合理性的审计。

（2）合同价的审计。即检查合同价的合法性与合理性，包括固定总价合同的审计、可调合同价的审计、成本加酬金合同的审计。重点检查合同价的开口范围是否合适，若实际发生开口部分，应检查其真实性和计取的正确性。

（3）工程量清单计价的审计。检查实行清单计价工程的合规性；检查招标过程中，对委托的中介机构编制的工程实体消耗和措施消耗的工程量清单的准确性、完整性；检查工程量清单计价是否统一项目编码、统一项目名称、统一计量单位和统一工程量计算规则；检查由投标人编制的工程量清单报价文件是否响应招标文件；检查投标报价的综合单价有无畸高或畸低的现象。

（4）工程结算的审计。检查与合同价不同的部分，其工程量、单价、取费标准是否与现场、施工图和合同相符；检查工程量清单项目中的清单费用与清单外费用是否合理；检查前期、中期、后期结算的方式是否能合理地控制工程造价。

第六节　竣工验收审计

一、竣工验收审计的定义

竣工验收审计是指对已完工建设项目的验收情况、试运行情况及合同履行情况进行的检查和评价活动。

二、竣工验收审计的内容

（1）建安工程投资。审查竣工图及相关资料的真实性、可靠性，竣工资料与实物是否一致。审查分部分项工程费、措施项目费、其他项目费、规费和税金组成的真实性、合法性。一是审查分部分项工程费是否依据双方确认的工程量、合同约定的综合单价计算或发、承包双方确认调整的综合单价计算，重点对工程量进行逐项审核；工程量清单范围内的综合单价和工程量清单范围外的工程量的综合单价组价原则。二是审查措施项目费是否与合同约定的措施项目和金额相一致；调整后并经发、承包双方确认的项目措施费金额计算是否正确。三是审查其他项目费的合规性，包括：计日工的费用、暂估价中的材料费、总承包服务费、索赔事件产生的费用、现场签证发生的费用、合同价款中的暂列金额等。四是审查规费和税金是否按照国家或省级、行业建设主管部门的规定计提。审查税金时，尤其要关注甲供材料的价差部分是否计税，税率的计取是否符合项目所在地区的级别要求等。

（2）设备投资。重点审查建设单位关联企业所供设备、材料的价格是否公正、合理，是否存在从中加价，形成不合理经营利润的问题；是否存在已购设备、材料不能使用于该工程的问题。

（3）待摊投资。审查工程贷款利息、建设单位管理费或代建费、勘察设计费、监理费及其他前期费用是否真实、合规，分摊是否合理，有无挤占工程投资支出的问题；建设单位核销各种非正常损失费用是否经过有权部门审核批准；已摊销待摊投资是否真实、合理。

（4）结余资金。审查结余资金的真实性、合法性，编制竣工财务决算前建设单位是否对结余资金进行了清理，库存设备、材料以及应处理的自用固定资产是否进行了公开变价处理，应收、应付款项是否进行了及时清理。

（5）尾工工程。审查建设单位预留建设项目未完工程投资的真实性和合法性，尾工工程是否按要求控制在概算总投资的一定比例之内，内容构成是否与概算相符。通过对尾工工程的跟踪回访，审查预留建设资金使用的真实性和合规性。

（6）项目总投资。审查跟踪审计过程审定的单项或单位工程投资是否全面完整；因计划调整而增加的项目内容是否列入项目总投资中；竣工决算报表是否按规定期限编报，数据是否真实。

（7）建设项目交付使用资产。审查"交付使用资产总表""交付使用资产明细表"，核实交付的固定资产是否真实、是否办理了验收手续等。

（8）项目投资绩效。依据项目可行性研究报告及概算，与工程竣工后的实际情况进行比对分析，对项目的经济性、效率性、效果性进行评价。对具备条件的跟踪审计项目，可开展项目后评估工作，综合评价项目的经济效益和环境效益。

第七节　建设项目财务管理审计

一、建设项目财务管理审计的定义

建设项目财务管理审计是指对建设项目资金筹措、资金使用及其账务处理的真实性、合规性进行的监督和评价。其中，建设项目财务管理是指依据国家有关方针、政策、法律、法规和建设项目的概（预）算文件，对建设项目所需资金进行合理筹集、正确使用、科学控制的一系列活动，其基本任务是：贯彻执行国家有关法律、法规、方针、政策，做好基本建设资金的预算、控制、监督和考核工作，依法、合理、及时筹集、使用建设资金，严格控制建设成本，提高投资效益。

二、建设项目财务管理审计的内容

审计内容主要包括以下几项。

（1）根据在建工程明细表，复核数据，并与报表数、总账数和明细账合计数核对是否相符，核对期初余额与上期审定期末余额是否相符。

（2）抽查工程款是否按照合同、协议、工程进度或监理进度报告分期支付，其付款授权批准手续是否齐备，是否按合同规定扣除了预付工程款、备料款和质量保证期间的保证金，会计处理是否正确。

（3）抽查建设工程物资领用的会计处理是否正确。

（4）对于计入固定资产成本的借款费用，检查是否按照会计准则处理，会计处理是否正确。

（5）检查工程管理费资本化的金额是否合理，会计处理是否正确。

（6）检查"在建工程"科目累计发生额是否真实，是否存在设计概算外其他工程项目的支出，是否列入了不属于本科目工程支出的其他费用。

（7）建设期间发生的工程物资盘亏、报废及毁损净损失，会计处理是否恰当。

（8）检查是否按照合理的方法计算和分配待摊支出。

（9）检查在建工程转销额是否正确，有无造成交付使用的固定资产价值不实的问题；是否存在将已达到预定可使用状态的固定资产挂列在建工程。

（10）检查已完工程项目的竣工决算报告、验收交接单等相关凭证以及其他转出数的原始凭证，检查会计处理是否正确。

（11）检查在建工程项目保险情况，复核保险范围和金额是否足够。

（12）检查有无长期挂账的在建工程，若有，了解原因并关注是否会发生损失。

第八节　后评价审计

一、后评价审计的定义

项目后评价审计是指项目投资完成之后所进行的评价，它通过对项目实施过程、结果及其影响进行调查研究和全面系统回顾，与项目决策时确定的目标以及技术、经济、环境、社会指标进行对比，找出差别和变化，分析原因，总结经验，汲取教训，得到启示，提出对策建议，通过信息反馈，改善投资管理和决策，达到提高投资效益的目的。项目后评价审计是项目风险管理必要的组成部分，有利于提高风险收益。项目后评价审计是项目周期管理的最后一个环节，是闭环管理的重要内容。通过开展后评价审计，一方面，对项目的决策者、实施者会形成压力，增强项目相关人员的责任心，使其客观正确地评估和认识整个项目存在的风险;另一方面,能及时发现项目竣工运营后存在的问题,查找影响收益的因素,通过信息反馈和及时整改,使项目获得持续发展能力,不断提高投资收益。

二、后评价审计的内容

主要关注以下内容:第一,检查后评价组成人员的专业结构、技术素质和业务水平的合理性。第二,检查所评估的经济技术指标的全面性和适当性。第三,检查项目主要指标完成情况的真实性、效益性。第四,检查所使用后评价方法的适当性和先进性。第五,检查后评价结果的全面性、可靠性和有效性。

一、工程项目背景

某投资项目线路全长 27.7 千米,概算总投资 154.6 亿元,其中工程费用 83.3 亿元,含建筑工程费 55.5 亿元、安装工程费 9.7 亿元、设备购置费 18.1 亿元。工程总工期为 61 个月,经招投标土建工程中标金额为 50.6 亿元,分为 28 个标段,材料等其他中标金额为 16.4 亿元,分为 18 个标段。招投标时间为 2013 年。

二、审计过程

审计组介入的时间为 2015 年。审计的重点为建设项目招投标程序、合同管理以及管线迁移工程造价结算的审计,主要的内容是:第一,标的范围是否完整,招投标文件文字表达是否准确,评标办法是否科学,程序是否合法,同时注重审查是否有违法招投标的情况发生。第二,合同文件内容是否完整,语言表达是否清晰,合同条款是否合法,签订程序是否合规,合同价与中标价是否一致。第三,对供电等管线迁移合同及预结算进行审核。

三、审计中发现的问题

通过对本工程的审计,发现招投标及合同存在以下问题。

第一,招标清单设置不合理造成多项费用重复计列。该工程招标清单未按建设工程工程量清单计价规范的要求编制清单内容,自行增加了多项费用,造成多项费用重复计列,如招标清单中的环保措施费与清单中安全防护、文明施工措施费用重复计列、施工临时围护费的设置与安全防护、文明施工措施费重复计列、劳务工保护保险费与综合单价中意外伤害保险费重复计列等。

第二,评标办法有待改进。施工单位的投标价中部分项目单价远高于控制价或市场价,如某标段旋喷桩空桩的单价为 200 元/米,远高于 45 元/米的市场价,但总价仍属最低,按评标办法规定(按投标总价评标原则)仍确认为中标单位。通过经验分析,该项目清单招标可能存在以下问题:一是施工单位有可能采用了项目间的不平衡报价以期达到低价中标高价结算的目的;二是建设方清单设置不合理,为施工单位的不平衡报价提供了条件;三是评标办法存在漏洞,不能单纯以总价作为评标条件,同时要对分部分项单价的合理性予以评估。

第三，合同条款考虑不严谨。在对该工程合同审计时，发现存在三个方面的问题：一是合同条款过于简单，未考虑施工期信息价与工期结束时当月信息价的差异，容易造成结算纠纷。二是合同涉价条款措辞不当，前后矛盾，给结算和审计带来争议和困难。如基础土方的回填及外运，在合同工程计量与支付条款中规定包含在基础土方的开挖中，不另行计量，但招标清单中又设置了基础土方回填、外运子项，两者相互矛盾。三是一些合同条款与相关规定不相符，如预付款的付款比例、质保期的约定。

第四，水、电等管线迁移工程乱取费问题。该项目的管线迁改工程采用直接委托形式，均未招标，管线迁移工程计价除按安装定额套项，配套的费用定额取费后，另计取了建设单位管理费、基本预备费、标书编制费、前期工程费等不应由施工单位计取的费用。此问题为普遍性问题，由于供水、供电工程项目的施工被相关部门垄断，工程施工收费随意性较大。

请说明跟踪审计在建设工程审计中的作用。

第九章 风险管理审计

本章学习目的

1. 了解企业风险与风险管理的概念。
2. 明确内部审计与企业风险管理的关系。
3. 认识企业风险管理审计的特征。
4. 了解企业风险管理框架。
5. 掌握风险管理审计的目标和内容。
6. 掌握风险管理审计的方法。

第一节 风险管理审计概述

一、关于风险的基本认识

"风险"一词的由来,最为普遍的一种说法是,在远古时期,以打鱼捕捞为生的渔民们,每次出海前都要祈祷,祈求神灵保佑自己能够平安归来,其中主要的祈祷内容就是让神灵保佑自己在出海时能够风平浪静、满载而归;他们在长期的捕捞实践中,深深地体会到"风"给他们带来的无法预测无法确定的危险,他们认识到,在出海捕捞打鱼的生活中,"风"即意味着"险",因此有了"风险"一词的由来。

而另一种据说经过多位学者论证的"风险"一词的"源出说"称,风险(risk)一词是舶来品,有人认为来自阿拉伯语,有人认为来源于西班牙语或拉丁语,但比较权威的说法是来源于意大利语的"risque"一词。在早期的运用中,也是被理解为客观的危险,体现为自然现象或者航海遇到礁石、风暴等事件。大约到了19世纪,在英文的使用中,风险一词常常用法文拼写,主要是用于与保险有关的事情上。

现代意义上的风险一词,已经大大超越了"遇到危险"的狭义含义,而是"遇到破坏或损失的机会或危险",可以说,经过两百多年的演变,风险一词越来越被概念化,并随着人类活动的复杂性和深刻性而逐步深化,并被赋予了从哲学、经济学、社会学、统计学甚至文化艺术领域的更广泛更深层次的含义,且与人类的决策和行为后果联系越来越紧密,风险一词也成为人们生活中出现频率很高的词汇。

目前,学术界对风险的内涵还没有统一的定义,由于对风险的理解和认识程度不同,可以归纳为以下几种。

一是认为风险是事件未来可能结果发生的不确定性。A. H. Mowbray(1995)称风险为不确定性；C. A. Williams（1985）将风险定义为在给定的条件和某一特定的时期，未来结果的变动；March & Shapira 认为风险是事物可能结果的不确定性，可由收益分布的方差测度。

二是认为风险是损失发生的不确定性。J. S. Rosenb（1972）将风险定义为损失的不确定性，F. G. Crane（1984）认为风险意味着未来损失的不确定性，Ruefli 等将风险定义为不利事件或事件集发生的机会。

三是认为风险是指损失的大小和发生的可能性。朱淑珍（2002）在总结各种风险描述的基础上，把风险定义为：风险是指在一定条件下和一定时期内，由于各种结果发生的不确定性而导致行为主体遭受损失的大小以及这种损失发生可能性的大小，风险是一个二位概念，风险以损失发生的大小与损失发生的概率两个指标进行衡量。王明涛（2003）在总结各种风险描述的基础上，把风险定义为：所谓风险是指在决策过程中，由于各种不确定性因素的作用，决策方案在一定时间内出现不利结果的可能性以及可能损失的程度。它包括损失的概率、可能损失的数量以及损失的易变性三方面内容，其中可能损失的程度处于最重要的位置。

四是利用对波动的标准统计测算方法定义风险。1993 年发表的 30 国集团的《衍生证券的实践与原则》报告中，对已知的头寸或组合的市场风险定义为：经过某一时间间隔，具有一定工信区间的最大可能损失，并将这种方法命名为 Value at Risk，简称 VaR 法，并竭力推荐各国银行使用这种方法；1996 年国际清算银行在《巴塞尔协议修正案》中也已允许各国银行使用自己内部的风险估值模型去设立对付市场风险的资本金；1997 年 P. Jorion 在研究金融风险时，利用"在正常的市场环境下，给定一定的时间区间和置信度水平，预期最大损失（或最坏情况下的损失）"的测度方法来定义和度量金融风险，也将这种方法简称为 VaR 法（P. Jorion, 1997）。

国际内部审计师协会（IIA）2001 年颁布的《国际内部审计专业实务框架》将风险的定义总结为："风险是指对实现目标有影响的事件实际发生的可能性，风险通过影响程度和发生的可能性来衡量。"企业成败和寿命长短与风险防范存在一定联系。一般而言，风险是指在一定条件下和一定时期内可能发生的各种结果的变动程度，或者可能对目标的实现产生影响的事件发生的不确定性。风险不只是损失的不确定性，也包括盈利的不确定性。

按照风险产生的来源，可以把风险分为外部风险和内部风险。根据 2005 年《内部审计具体准则第 16 号——风险管理审计》中规定，外部风险是指外部环境中对组织目标的实现产生影响的不确定性，包括法律风险、整治风险、经济风险等，主要来源因素为：①国家法律、法规及政策的变化；②经济环境的变化；③科技的快速发展；④行业竞争、资源及市场变化；⑤自然灾害及意外损失；⑥其他。

内部风险是指内部环境中对组织目标的实现产生影响的不确定性，包括战略风险、财务风险、经营风险等，主要来源因素为：①组织治理结构的缺陷；②组织经营活动的特点；③组织资产的性质以及资产管理的局限性；④组织信息系统的故障或中断；⑤组织人员的道德品质、业务素质未达到要求；⑥其他。

最主要的风险因素体现在内部控制的质量、管理人员的能力、管理人员的正直程度、会计系统的近期变动、单位的规模、资产的流动性、重要人员变动、业务的复杂性、快速的增长、经济环境的恶化、管理人员对完成目标的压力等方面。

二、企业风险和风险管理

（一）企业风险

国务院国有资产监督管理委员会在 2006 年印发的《中央企业全面风险管理指引》中指出："企业风险，是指未来的不确定性对企业实现其经营目标的影响。"国资委将企业风险分为：战略风险、财务风险、市场风险、运营风险、法律风险五个主要部分，具体内容见表 9-1。

表 9-1　国资委对国有企业风险的分类

企业风险	内　　部	外　　部
战略风险	新技术、新产品、并购风险、品牌建立、收益变化	市场需求变化、失去主要客户或供应商、竞争对手
财务风险	现金流、资产流动性	经济周期、信用风险
市场风险	定价、促销政策	股票市场、外汇汇率、贷款利息、期货市场
运营风险	安全生产、网络安全、环境保护、人力资源、新项目、价格谈判、火灾、车船事故、人身伤亡	管理责任、供应链、水灾、偷盗、恐怖袭击
法律风险	知识产权、员工纠纷	合规、法律改变、诉讼

按照能否为企业带来盈利等机会为标志，将企业风险分为纯粹风险和机会风险，其中，纯粹风险是指只有损失机会而没有获利可能的风险，机会风险是指既有损失的机会也有获利可能的风险。

（二）企业风险管理

COSO 在 2004 年颁布的《企业风险管理框架》中指出："企业风险管理是一个过程，它由董事会、管理当局和其他人员执行，应用于战略制定并贯穿于企业之中，旨在识别可能会影响主体的潜在事项，管理风险以便其在风险容量之内，并为主体目标的实现提供合理保证。"

中国内部审计协会在 2005 年发布的《内部审计具体准则 16 号——风险管理审计》中指出："风险管理，是对影响组织目标实现的各种不确定性事件进行识别与评估，并采取应对措施将其影响控制在可接受范围内的过程。风险管理旨在为组织目标的实现提供合理保证。"

国务院国有资产监督管理委员会在 2006 年印发的《中央企业全面风险管理指引》中指出："全面风险管理，指企业围绕总体经营目标，通过在企业管理的各个环节和经营过程中执行风险管理的基本流程，培育良好的风险管理文化，建立健全全面风险管理体系，包括风险管理策略、风险理财措施、风险管理的组织职能体系、风险管理信息系统和内部控制系统，从而为实现风险管理的总体目标提供合理保证的过程和方法。"

我们认为，风险管理是对影响组织目标的各种不确定性事件进行识别与评估，并采取应对措施将其影响控制在可接受范围内的过程，通过在企业管理的各个环节和经营过程中执行风险管理的基本流程，培育良好的风险管理文化，建立健全全面风险管理体系，从而为实现风险管理的总体目标提供合理保证的过程和方法。

三、内部审计与企业风险管理的关系

（一）内部审计

国际内部审计师协会（IIA）在 2013 年的《国际内部审计专业实务框架》中，对内部审计的描述是："内部审计是一种独立、客观的保证工作与咨询活动，它的目的是为机构增加价值并提高机构的运作效率。它采取系统化、规范化的方法来对风险管理、控制及治理程序进行评价，提高它们的效率，从而帮助实现机构目标。"并且指出："内部审计应该就管理层的风险管理过程的充分性和有效性进行检查、评估、报告，并提出改进意见。"

中国内部审计协会 2013 年发布的《第 1101 号——内部审计基本准则》提出："内部审计是一种独立、客观的确认和咨询活动，它通过运用系统、规范的方法，审查和评价组织的业务活动、内部控制和风险管理的适当性和有效性。以促进组织完善治理、增加价值和实现目标。"

可见，无论是国际还是国内的内部审计理念都已明确将风险管理作为内部审计的重要内容，现代内部审计的范围已从传统的财务审计扩大到风险管理和公司治理层次上，有效的风险管理机制和健全的公司治理结构已成为现代内部审计关注的重点。

（二）风险管理审计

我国《内部审计具体准则第 16 号——风险管理审计》颁布实施，为内部审计开展风险管理审计提供了依据。风险管理审计是适应企业风险管理产生的新生事物，我国学者卓继民（2005）出版了关于风险管理审计的第一本著作《现代企业风险管理审计》，指出风险管理审计是风险基础审计的一种延伸，它基本吸收了风险审计的各种特点，只是在此基础上扩大审计关注点到企业的主要战略目标、管理层对风险的容忍度、主要风险评价指标以及企业绩效评价分析等涉及现代企业整体风险管理领域的多方位角度。

尹丽珍、郑建昆等（2005）在《刍议企业风险管理审计》一文中指出，风险管理审计是审计部门采用一种系统化、规范化的方法，通过对企业风险管理部门制定的程序、对策及体制的合理性进行监督、评价和咨询，来改善企业风险管理，增进企业价值的一种审计，是按审计的内容和目的来分类的，它是一种职业工作。

靳建堂（2005）在《风险管理审计初探》一文中指出，风险管理审计是建立在全面风险管理基础上的一种内部审计技术方法，这种方法作为成功的全面风险管理规划的一个重要组成部门，更加关注企业的经营目标、管理层的风险承受度、关键风险衡量指标以及风险管理能力。

纵观这些学者的观点，我们可以归纳出风险管理审计的定义为：

风险管理审计是指公司内部审计机构根据公司全面风险管理的目标和政策，采用一种系统化、规范化的方法对公司风险管理过程中的风险评估、风险应对和风险控制活动进行评价和测试，以识别、预警和纠正公司在实施风险管理过程中可能存在的不适或缺陷，进而提高公司风险管理的效率和效果，保障企业战略目标的实现。

风险管理审计是在账项基础审计和制度基础审计的基础上发展起来的一种审计模式，是指审计人员在对被审计单位的内部控制充分了解和评价的基础上，运用一定的审计手段，分析、判断被审计单位的风险所在及其程度，针对不同风险因素状况、程度采取相应的审计策略，加强对高风险点的实质性测试，将内部审计的剩余风险降低到可接受水平。

风险管理审计是对风险管理的设计与执行情况进行测试和评价，并为管理层提供有关风险管理信息的适度保证。风险管理审计的主要任务是审核风险管理政策和经营战略方针；目标是考察风险管理政策设计的适当性、执行的有效性、风险损失处理的合理性；方法包括风险因素优先性策略、预警分析和综合评价等。

其中，风险因素优先性审计规划策略包括：①确定审计领域；②确定风险因素；③根据风险程度确定风险性质（根据固有风险和控制风险的可能性、损失额、频率确定风险等级）；④确定单项因素风险的权重；⑤计算风险分值，进行审计打分；⑥进行风险排序，依据风险程度优先选择高风险项目；⑦配置审计资源，编制审计计划。

预警分析基本程序包括：①分析风险因素、风险事故，捕捉风险征兆；②确定风险存在；③确定可能性、频率、损失额；④评判风险性质和级别；⑤评估风险，与风险评价标准比较，排定风险次序。

综合评价基本程序包括：①测评、定性、风险排序；②鉴别风险管理措施；③评估风险管理措施；④准备风险措施计划；⑤执行风险措施计划。

风险管理审计基本程序包括：①审计计划制订，具体包括年度审计计划、项目审计计划、审计方案；②风险因素识别、分析与评价；③风险管理措施、方法评价；④风险审计报告；⑤后续审计。

（三）内部审计与企业风险管理的关系

作为现代企业管理的重要内容，内部审计与风险管理的联系日趋紧密。内部审计本身就是企业管理的一种手段和方式，是内部管理的延伸；风险管理是企业管理的重要内容，同时也是现代内部审计的重要内容之一，内部审计负有识别和评估风险的责任。风险管理作为管理层一项关键责任，企业管理层对其负有不可推卸的责任；内部审计人员则有职责定期评价并协助其他部门进行风险管理，在改善管理层的风险管理流程效果和效率方面进行检查、评价、报告和提出审计建议，帮助识别、评价和实施风险管理方法和控制。内部审计和风险管理在企业中的目标是一致的，都是为了实现企业的组织目标。

四、企业风险管理审计的特征

企业风险管理审计是指企业内部审计部门采用一种系统化、规范化的方法来进行以测试风险管理信息系统、各业务循环以及相关部门的风险识别、分析、评价、管理及处理等为基础的一系列审核活动，对机构的风险管理、控制及监督过程进行评价进而提高过程效率，帮助机构实现目标。

企业风险管理审计是一种现代审计模式，它具有以下特征。

（1）审计思路和观念发生根本性转变。账项基础审计注重具体交易事项的审查测试；制度基础审计注重内部控制的控制测试，而企业风险管理审计则是注重确认和测试风险管理部门为降低风险而采取的方式和方法。

（2）审计工作重心开始转移。审计人员的审计工作由原来的内部控制审计扩展到所有风险管理技术审计，审计范围扩大了很多。

（3）企业风险管理审计的方法更科学、更先进。企业风险管理审计是利用战略和目标分析的结论，确定关键风险点，进行风险评估，采取必要的措施降低或消除风险。企业风险管理审计还广泛运用数学分析、统计分析和计算机等技术方法，使审计工作更加简单、快捷。

五、企业风险管理框架

企业风险管理框架又叫风险模型，是用来反映风险管理过程和内容的程序图。具体模型包括澳大利亚-新西兰联合委员会的 AS/NZE-4360（1995 年，首部企业风险管理标准）、加拿大标准委员会模型（1998 年）、David McNamee 模型（1999 年，从企业经营角度将风险管理分为经营风险、行为风险、管理风险三部分，分出风险资产）、COSO 模型（1997 年，内部控制——整合框架的"企业目标-风险-控制"模型）、IIA 研究基金的 ERM 框架（包括评估风险、整合风险、探究风险、保持向前四部分）、2004COSO-ERM 模型等。

风险模型是一个有逻辑的规则系统和公式，它可以对组织中每一个商业活动和项目的总体经营风险建立风险模型。许多内部审计人员运用风险模型来帮助他们规划每年的审计活动。

（一）AS/NZE 4360 模型

1995 年，澳大利亚与新西兰联合委员会公布了风险管理标准，它成为世界上首部比较规范的风险管理规范内容，为建立和实施风险管理过程提供了一般性指南。该委员会公布了风险管理基本模式，后经过修订，于 1999 年公布新模型——AS／NZE-4360。该模型对企业风险管理内容和过程高度概括，清晰明了，受到普遍认可，如图 9-1 所示。

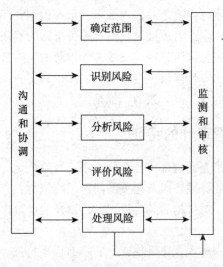

图 9-1　AS/NZE-4360 风险管理过程图

1. 沟通和协调

沟通和协调在风险管理过程的每一步都很重要。因此，企业内外部风险管理过程制订一个沟通计划非常必要，计划阐述的问题主要是对风险本身的理解及风险处置措施的选取等。有效的内外沟通及协调可以保证风险管理的顺利实施。

2. 确定范围

确定范围对风险管理至关重要，它提供了风险评估的环境。这一步的主要任务包括：一是确定风险管理的策略、目标、范围、管理小组及职责等。二是分析识别风险影响者。风险影响者包括企业内部的雇员、管理者、志愿者等，企业外部的商业伙伴、保密机构、政府机构、环境组织、消费者、新闻媒体等。三是开发风险评价准则。内容包括风险承受能力和风险处置方式，受技术、经济、法律、社会、可操作性等因素的影响，它们依赖于企业的风险管理策略、目标等。尽管风险评价准则是在建立风险管理环境时开发，但它们可以在风险识别和风险分析方法选定时进一步开发和提炼。四是定义风险识别过程中的关键元素。把信息安全项目在逻辑结构上分解成一系列的元素，对每一个元素进行风险分析就比较容易了。在信息安全项目分解时一定要全面，要包含所有的重要问题，以保证重大风险不被忽略。

3. 识别风险

对第二步定义的每一关键元素都要系统地检查，以识别什么发生了（产生全面的安全事件列表）和它们是怎样发生的（找出安全事件发生的原因）。风险识别的方法有组内讨论、使用检查列表、人工经验和以往相似项目的记录、调查问卷、系统工程分析等。组内讨论是最有效的风险识别方法，可以充分利用讨论组内每位成员的创造力并关注新出现的问题；检查列表易于使用，但只能检查出列表上的风险，这就需要经常更新检查列表。通常这些方法可以结合起来使用。

4. 分析风险

分析风险的目的是分离可接受的小风险和不能接受的大风险，为风险评价和处理提供数据。分析风险包括安全事件的后果、后果发生的可能性以及它们的影响因子，还包括对现有的管理、技术措施进行安全分析。分析风险的方法有定性分析、半定量分析和定量分析。定性分析法是最常用的方法。可能性表示安全事件发生的概率，可分为不常发生（rare）、不太可能发生（unlikely）、可能发生（possible）、很可能发生（likely）和几乎肯定发生（almost certain）五种情况。后果可以根据对性能、代价及进度等关键因素的潜在影响来考虑，在程度上可分为可忽略（insignificant）、小（minor）、中等（moderate）、重要（major）及灾难（catastrophic）五种。

5. 评价风险

评价风险是把第四步分析出来的风险与第二步开发的风险评价准则进行比较，以判断特定的风险是否可接受或是否需要采取其他措施处置。风险评价的结果为具有不同等级的风险列表。如果风险为低风险或可接受的风险，则可以进行最小程度的处理，但应该对低风险和可接受的风险进行监控及定期检查，以保证这些风险仍然是可接受的；如果风险不是低风险和可接受的风险，则要采取降低风险或转嫁风险等风险处置措施。在评价风险时需综合考虑风险管理的目标、风险管理的代价或不对风险进行处置所带来的后果等问题。

6. 处理风险

处理风险的目的是对识别出来的风险采取什么措施以及谁负责进行处理。风险处置需要根据可行性、代价、风险管理的目标采用最恰当、最实际的方法来把风险降低到可容忍的程度。风险处置的方法有：①回避风险：消极退却；②降低风险：减小安全事件发生的可能性，降低安全事件产生的后果；③转嫁风险：责任外包或保险；④接受风险：承担风险评价准则中规定的企业能够容忍的风险。处理风险应制订风险处置计划，包括落实责任、进度表、预算、预期的处置结果等，还应包括一种机制，用来评估实现风险处置方法的性能准则、个人责任及其他目标。

7. 监测和审核

随着环境的变化及新技术的采用，原来评估的风险可能会过时，因此随着时间的推移，对上面五步输出的结果需要定期回顾。对风险连续的监测与审核可以保证新风险的检测和管理、风险处置计划的实现、管理者和风险影响者对情况的及时了解等。有关风险的定期信息可帮助识别风险的发生趋势、可能遇到的麻烦及出现的其他变化。

风险注册数据库是监控风险的主要管理工具，数据库的字段包含风险等级列表、有关的风险处置计划、每一风险的个人责任等。对风险注册数据库必须定期更新，以保证把新出现的风险添加进去，把过时的风险从数据库中删除掉。

（二）COSO 内部控制——整个框架的"目标—风险—控制"模型

风险框架是组织内一般面对的有关经营风险的可视的逻辑图。这个框架通常是一般性的，易于为组织中的多数人理解。COSO 的"内部控制——整合框架"就具有很广泛的适用性。

COSO 模型从组织目标出发，在完成这些目标的风险以及减轻风险所需的扩展等方面探讨内部控制。COSO 模型如图 9-2 所示。

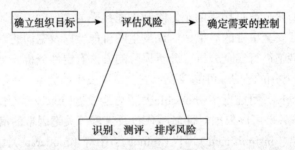

图 9-2　1997 年 COSO 模型：目标—风险—控制

1. 控制环境

控制环境是所有其他组成要素的基础，包括以下要素：①诚信和道德价值观。②致力于提高员工工作能力及促进员工职业发展的承诺。③董事会和审计委员会。包括的因素有董事会与审计委员会与管理者之间的独立性、成员的经验和身份、参与和监督活动的程度、行为的适当性。④管理层的理念和经营风格。⑤组织结构。包括了定义授权和责任的关键领域以及建立适当的报告流程。⑥权限及职责分配。即经营活动的权限和权责分配以及建立报告关系和授权协议。它包括以下几点：一是被激励主动发现问题并解决问题以及被授予权限的程度；二是也描述适当的经营实践，关键人员的知识和经验，提供给执行责任的资源政策；三是确保所有人理解公司目标，每个人知道他的行为与目标实现的关联和贡献的重要程度。⑦人力资源政策及程序。

2. 风险评估

首先，风险评估的前提条件是设立目标。只有先确立了目标，管理层才能针对目标确定风险并采取必要的行动来管理风险。设立目标是管理过程重要的一部分,尽管其并非内部控制要素,但它是内部控制得以实施的先决条件。

其次,识别与上述目标相关的风险。

再次,评估上述被识别风险的后果和可能性。一旦确定了主要的风险因素,管理层就可以考虑它们的重要程度,并尽可能将这些风险因素与业务活动联系起来。

最后,针对风险的结果,考虑适当的控制活动。

3. 控制活动

控制活动指为确保管理层指示得以执行,削弱风险的政策(做什么)和程序(如何做)。它们有助于保证采取必要措施来管理风险以实现企业目标。控制活动贯穿于企业的所有层次和部门。它们包括一系列不同的活动,如批准、授权、查证、核对、复核经营业绩、资产保护以及职责分工等。

(三)IIA 研究基金的企业风险管理框架

2001 年年底,IIA 研究基金的"企业风险管理——趋势和最佳实践"将企业风险管理定义为"对影响组织战略以及财务目标的所有风险进行评估和响应的一种严格的、协调的方法",并依据其概念,公布了 IIA 的 ERM 框架,包括:①评估风险(estimating risk);②整合风险(shaping risk);③探究风险(exploit risk);④保持向前(keep head)。其企业风险管理方法及过程如图 9-3 所示。

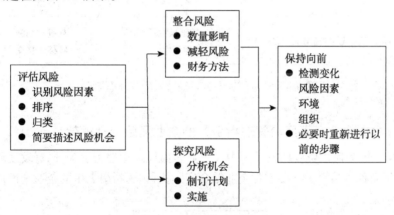

图 9-3　IIA 企业风险管理框架图

1997 年 COSO-ERM 与 IIA ERM 的主要区别在于,COSO 的 ERM 是以企业风险管理为切入点,在程序建立过程中,以影响组织目标实现的风险进行控制设计。而 IIA 的 ERM 更注重风险过程中的适时调整,为实现、维持和发展组织目标而进行风险监测。

(四)安达信的信息技术风险管理框架

原世界第一大会计师事务所阿瑟·安达信因涉嫌安然丑闻,已于 2002 年倒闭,但是,它对会计、审计及企业管理方面的贡献不可抹杀。安达信的咨询公司在实践中形成了经营风险管理的框架,如图 9-4 所示。

安达信认为,一旦管理者确认出必须加以管理的信息技术相关风险之后,就需要制定和实施相应的风险管理程序。该程序包括六个步骤。

（1）确立管理目标和目的。该步骤在于传达高层管理者设定的项目目标和目的，确定风险承受限度。

（2）评估经营风险。识别危及企业目标实现关键业务的基本因素；探究风险因素、风险事故；辨别风险性质；测评风险程度。

（3）制定经营风险管理战略。

（4）制定或实施风险管理、控制程序。

（5）监督经营风险管理程序的实施效果。

（6）改善经营风险管理过程。

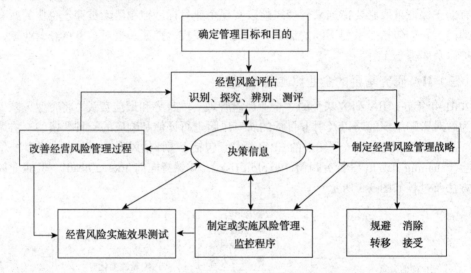

图 9-4　安达信咨询公司经营风险管理框架图

（五）《中央企业全面风险管理指引》的企业风险管理框架

2006 年，国务院国资委印发了《中央企业全面风险管理指引》（国资发改革〔2006〕108 号，以下简称《指引》），要求各企业结合实际执行。《指引》中的企业全面风险管理框架如图 9-5 所示。

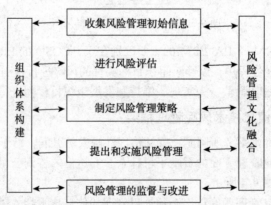

图 9-5　《中央企业全面风险管理指引》风险管理框架图

第二节　风险管理审计的目标和内容

一、风险管理审计的目标

对企业风险管理进行监督和评价是现代内部审计发展的结果，企业风险管理审计的目标取决于对企业内部审计的功能定位。众所周知，企业内部审计的目标在于帮助企业实现目标，增加组织的价值和改善组织的经营。企业内部审计的目标决定了企业风险管理审计的目的在于：通过内部审计机构和人员对企业风险管理过程的了解，审查并评价其适当性和有效性，提出改进建议，促使企业目标的实现。

（一）风险管理审计的总目标

总目标是审计主体通过审计活动所期望达到的境地或最终结果。企业风险管理审计的总目标是审计部门和审计人员按照组织风险管理方针和策略的部署，以风险管理目标为标准，审核被审计部门在风险识别、评价和管理等方面的合理性和有效性，在损失可能发生之前做出最有效安排，使损失发生后所需的资源与保持有效经营必要的资源能够达成适度平衡，帮助组织实现预期目标。

（二）风险管理审计的具体目标

审计具体目标包括一般审计目标和项目审计目标。前者是所有审计项目必须达到的目标；后者则是按每个风险管理项目分别确定的审计目标，仅适用于某一特定项目的审计。企业风险管理审计的一般审计目标包括：①风险范围确定的合理性，如组织战略范围、业务范围、风险范围等；②风险评价标准与指标体系的科学性，如评价方法、指标设置、指标计算等；③风险识别、评价的科学性；④风险管理措施、计划和程序的合理性；⑤风险实际处理的合理性。

二、风险管理审计的内容

风险管理包括组织整体及职能部门两个层面。内部审计人员既可对组织整体的风险管理进行审查与评价，也可对职能部门的风险管理进行审查与评价。除此之外，本节还对主要风险领域审计内容进行具体概括。

（一）风险管理机制的审查与评价

企业的风险管理机制是企业进行风险管理的基础，良好的风险管理机制是企业风险管理是否有效的前提。因此，内部审计部门或人员需要审查以下方面，以确定企业风险管理机制的健全性及有效性。

（1）审查风险管理组织机构的健全性。企业必须根据规模大小、管理水平、风险程度以及生产经营的性质等方面的特点，在全体员工参与合作和专业管理相结合的基础上，建立一个包括风险管理负责人、一般专业管理人、非专业风险管理人和外部的风险管理服务等规范化风险管理的组织体系。该体系应根据风险产生的原因和阶段不断地进行动态调整，并通过健全的制度来明确相互之间的责、权、利，使企业的风险管理体系成为一个有机整体。

（2）审查风险管理程序的合理性。企业风险管理机构应当采用适当的风险管理程序，以确保风险管理的有效性。

（3）审查风险预留系统的存在及有效性。企业进行风险管理的目的是避免风险、减少风险，因此，风险管理的首要工作是建立风险预警系统，即通过对风险进行科学的预测分析，预计可能发生的风险，并提醒有关部门采取有力的措施。企业的风险管理机构和人员应密切注意与本企业相关的各种内外因素的变化发展趋势，从对因素变化的动态中分析、预测企业可能发生的风险，进行风险预警。

（二）风险识别的适当性及有效性审查

风险识别是指对企业面临的以及潜在的风险加以判断、归类和鉴定风险性质的过程。内部审计人员应当实施必要的审计程序，对风险识别过程进行审查与评价，重点关注组织面临的内外部风险是否已得到充分、适当的确认。

（1）审查风险识别原则的合理性。企业进行风险评估乃至风险控制的前提是进行风险识别和分析，风险识别是关键性的第一步。

（2）审查风险识别方法的适当性。识别风险是风险管理的基础。风险管理人员应在进行实地调查研究之后，运用各种方法对尚未发生的、潜在的及存在的各种风险进行系统的归类，并总结出企业面临的各种风险。风险识别方法所要解决的主要问题是：采取一定的方法分析风险因素、风险的性质以及潜在后果。

需要注意的是，风险管理的理论和实务证明没有任何一种方法的功能是万能的，进行风险识别方法的适当性审查和评价时，必须注重分析企业风险管理部门是否将各种方法相互融通、相互结合地运用。

（三）风险评估方法的适当性及有效性审查

内部审计人员应当实施必要的审计程序，对风险评估过程进行审查与评价，并重点关注风险发生的可能性和风险对组织目标的实现产生影响的严重程度这两个要素。同时，内部审计人员应当充分了解风险评估的方法，并对管理层所采用的风险评估方法的适当性和有效性进行审查。

1. 审查风险评估方法应重点考虑的因素

内部审计人员应当对管理层所采用的风险评估方法进行审查，并重点考虑以下因素：①已识别风险的特征；②相关历史数据的充分性与可靠性；③管理层进行风险评估的技术能力；④成本效益的考核与衡量；⑤其他。

2. 评价风险评估方法适当性和有效性的原则

内部审计人员在评价风险评估方法的适当性和有效性时，应当遵循以下原则：①定性方法的采用需要充分考虑相关部门或人员的意见，以提高评估结果的客观性；②在风险难以量化、定量或评价所需数据难以获取时，一般应采用定性方法；③定量方法一般情况下会比定性方法提供更为客观的评估结果。

（四）风险应对措施适当性和有效性审查

1. 风险应对措施的主要类型

内部审计人员应当实施适当的审计程序，对风险应对措施进行审查。根据风险评估结果做出的风险应对措施主要包括以下几个方面：①回避，是指采取措施避免进行会产生风险的活动；②接受，是指由于风险在组织可接受的范围内，因而可以不采取任何措施；③降低，是指采取适当措施将风险降低到组织可接受的范围内；④分担，是指采取措施将风险转移给其他组织或保险机构。

2. 评价风险应对措施的适当性和有效性

内部审计人员在评价风险应对措施的适当性和有效性时，应当考虑以下因素：①采取风险应对措施之后的剩余风险水平是否在组织可以接受的范围之内；②采取的风险应对措施是否适合本组织的经营、管理特点；③成本效益的考核与衡量。

除此之外，内部审计人员还应向组织适当管理层报告审查和评价风险管理过程的结果，并提出改进建议。风险管理的审查和评价结果应反映在内部控制审计报告中，必要时应出具专项审计报告。

（五）主要风险管理领域审计内容

1. 人力资源风险审计

人力资源风险是由于外部环境的不确定性、人力资源的特殊性以及管理能力的有限性导致人力资源本身发生低效率、损失浪费或人力资源本身给组织带来损失的可能性。

1）人力资源风险类型

人力资源录用风险，是在录用过程中，由于录用时的信息不对称导致不合格人员被录用而形成的潜在风险。

人力资源使用风险，是在使用和培养过程中，由于管理措施不当或人力资源本身原因对组织目标造成损害的可能性。

人力资源流失风险，是由于人力资源流出可能给组织造成损失的可能性，如关键人物离职、泄密导致竞争力下降等。

2）审计要点

（1）个体目标与组织目标的差异。由于追求自己的目标而损害组织利益，或过于迁就组织目标而损害个体利益导致个体积极性受损。

（2）感情因素。组织对个体的认同感和成就感是重要因素，如果失衡，则会导致个体积极性的挫伤，矛盾冲突引发风险。

（3）事业发展。如果组织不存在个体发展空间，或组织发展空间与个体发展空间不一致，则导致人力资源流出风险。

（4）公平因素。组织内部不同员工之间的公平、员工投入与报酬的公平、员工与组织外部比较的公平等，不公平必然引发风险。

（5）薪金福利待遇。薪金福利待遇低下或持续止步不前必然引发风险。感情留人、事业留人、待遇留人，是最好的风险防范措施。

2. 采购风险管理审计

1）外部风险

物资采购外部风险是由于自然环境、价格变动、经济政策、技术进步、质量下降、合同欺诈等因素造成的意外风险。

2）内部风险

物资采购内部风险是由于采购量不能及时供应生产之需要，造成缺货损失导致生产中断，或者是盲目采购物资，造成积压，产生巨大机会成本，这主要是计划不周带来的风险。

3）审计要点

（1）采购决策方案审计（采购数量、采购费用、采购方式）。采购决策是指根据企业经营目标的要求，提出各种可行采购方案，对方案进行评价和比较，按照满意性原则，对可行方案进行抉择并加以实施和执行采购方案的管理过程。采购决策是企业经营管理的一项重要内容，其关键问题是如何制订最佳的采购方案，确定合理的商品采购数量，为企业创造最大的经济效益。

采购决策的方法既包括定量决策方法，也包括定性决策方法，主要有采购人员估计法、期望值决策法、经理人员意见法、数学模型法和直接观察法。采购人员估计法是召集一些采购经验较丰富的采购人员，征求他们对某一决策问题的看法，然后将他们的意见综合起来，形成决策结果；期望值决策法是根据历史资料来进行决策；经理人员意见法是先征求部门经理的意见，再做出决策；数学模型法是企业为了达到采购存储总费用最低的目的必须采用的方法，以计算最佳采购批量；直接观察法是采购部门的决策者在对简单问题决策时，按照一定的标准或按关键采购标准，淘汰不符合标准的方案，对符合标准的方案按优劣顺序及可行性排列，选择满意的方案。总之，根据决策问题的特点，选择一种方法或几种方法结合起来，能提高采购决策的正确性，减少采购风险。

（2）采购计划完成情况审计。采购计划是指企业管理人员在了解市场供求情况，认识企业生产经营活动过程和掌握物料消耗规律的基础上对计划期内物料采购管理活动所做的预见性的安排和部署。采购计划是根据生产部门或其他使用部门的计划制订的包括采购物料、采购数量、需求日期等内容的计划表格。

为了保证采购计划的顺利完成，在实际工作中要建立强有力的管理机构，并保持领导班子的稳定性和连续性，切实加强领导，保证项目采购工作的顺利进行。此外，还要尽早做好采购准备工作，选择合适的采购代理机构等。

（3）采购成本审计。采购成本指与采购原材料部件相关的物流费用，包括采购订单费用、采购计划制订人员的管理费用、采购人员管理费用等。

就企业采购来说，节约成本的方法主要有以下八种：价值分析法与价值工程法、谈判、早期供应商参与 ESI、杠杆采购、联合采购、为便利采购而设计 DFP——自制与外购的策略、价格与成本分析以及标准化采购。

（4）仓储保管审计。保管仓储是指保管人储存存货人交付的仓储物，存货人支付仓储费的一种仓储经营方法。在保管仓储中，仓储经营人以获得仓储保管费最多为经营目标，仓储保管费与仓储物的数量、仓储时间和仓储费率三者密切相关。

仓储企业要加强仓储技术的科学研究，不断提高仓库机械化、自动化水平，组织好物资的收、发、保管保养工作，掌握监督库存动态，保持物资的合理储备。建立和健全仓储管理制度，加强市场调节和预测，与客户保持联系，不断提高仓储工作人员的思想政治水平和业务水平，培养一支业务水平高、技术水平高、管理水平高的仓储工作队伍。

3. 营销风险管理审计

1）营销环境风险

营销环境风险是由于国家的相关政策及风俗习惯的变化对产品销售产生的风险。

2）竞争对手风险

竞争对手风险是竞争对手的明显优势、市场份额的增加等给自己带来的风险。

3）消费者需求变化风险

消费者需求变化风险是消费者需求变化、替代品的出现导致产品积压带来的风险。

4）营销人员风险

营销人员风险是营销人员自身素质与道德造成营销业务的错误与舞弊给企业带来的风险。

5）审计要点

（1）销售决策审计（销售方式、最优售价、特殊定价）。销售决策包括选择企业服务的市场面，确定企业向市场销售的具体产品的性质和质量，制定合理的价格，展开有效的促销宣传以及分布合理的销售渠道。

（2）销售计划执行审计。销售计划是企业为取得销售收入而进行的一系列销售工作的安排，包括确定销售目标、销售预测、分配销售配额和编制销售预算等。从时间长短来看，销售计划可以分为周销售计划、月度销售计划、季度销售计划、年度销售计划等；从范围大小来看，销售计划可以分为企业总体销售计划、分公司销售计划、个人销售计划等。

（3）销售客户信用审计。对客户信用的审核主要包括以下几方面内容：一是审核客户的财务状况。财务信息直接反映客户经营状况、资产状况和支付能力，需要认真加以核查，从中判断客户的信用能力和风险。通过财务信息审查的客户财务状况主要包括客户利润的增长情况、客户的营运资金状况、客户的资产负债状况及客户资本规模四个方面。二是需要审核客户的产品特征。客户的信用能力往往与其产品的生产和销售特征密切相关。审计人员可以通过仔细了解、核查客户的产品特征，发现客户的信用特点并对风险进行预警分析。三是审核客户的信用记录。通过对客户的交易行为的考察和记录，对其信用程度进行判断。

（4）销售开单结算审计。销售开单是将货品发出并交付客户的业务处理过程，当所销售的货品发出时，企业可以在发货后开具销售开单。

（5）市场研究、目标市场选择与开发审计。市场研究是指为实现信息目的而进行研究的过程，包括将相应问题所需的信息具体化、设计信息收集的方法、管理并实施数据收集过程、分析研究结果、得出结论并确定其含义等。所谓目标市场，就是指企业在市场细分之后的若干"子市场"中，所运用的企业营销活动之"矢"而瞄准的市场方向之"的"的优选过程。通过市场细分，有利于明确目标市场，通过市场营销策略的应用，有利于满足目标市场的需要。

第三节 风险管理审计的方法

一、风险管理的主要阶段介绍

（一）风险识别

风险识别主要是根据企业的组织目标、战略规划等识别企业所面临的各类内外部风险，是对企业所面临的潜在的各类内外部风险加以判断、归类和鉴定风险性质的过程，实质上就是对风险进行定性研究。内部审计人员熟悉公司的经营管理过程，以风险敏感性分析为起点开展工作,有效识别风险,从潜在的事件及其产生的原因和后果来检查风险,收集、整理可能的风险,并充分征求各方意见以形成风险列表。内部审计人员通常要关注的主要风险有:财务和经营信息不足而导致决策错误;资产流失、资源浪费和无效使用;顾客不满意,企业信誉受损等。

(二)风险评估

风险评估是对已识别的风险,评估其发生的可能性及影响程度。风险评估主要应用各种管理科学技术,采用定性与定量相结合的方式,找出主要的风险源,并评价风险的可能影响,最终定量估计风险大小。风险评估的目的是确定每个风险要素的影响大小,一般是对已经识别出来的风险进行量化估计,从风险发生的可能性和影响两方面对风险进行评估,通过公式:风险值=风险概率×风险影响,计算出风险值。审查时重点考虑以下因素:已识别的风险的特征、相关历史数据的充分性与可靠性、管理层进行风险评估的技术能力、成本效益的考核与衡量及其他因素。

二、风险识别

风险识别是企业风险管理审计的第一步,是对企业面临的以及潜在的风险加以判断、归类和鉴定风险性质的过程,应遵循全面性、系统性、制度化和经常化等原则。由于风险随时存在,因此风险识别和风险分析的过程是一个循环往复的过程。了解企业风险可以使审计师确认影响其审计的风险并追溯其源头,还可以使审计师发现对该企业进行改造的机会。

风险识别方法很多,如环境分析法、财务报表分析法、流程图法、幕景分析法、决策分析法、动态分析法、文献检查法、实地勘察法、专家调查法、分解分析法等。每种方法都具有自己的优势和局限性,可以根据具体情况综合使用。分解分析法是目前常用的方法。企业是个大系统,将大系统分解为按一定标志构成的子系统,使系统内部的各要素更具同质性,这样有利于探明企业风险的生产源。分解分析法就是将复杂的事物分解成简单的容易识别的事物,从而识别可能存在的风险的方法。如前所述,将影响企业风险的主要因素进行分析后,可以将企业风险分为四类:战略风险、经营风险、财务风险、人力资源风险。然后再对每一种风险进行分析,这种分析可以从不同角度、不同层次进行,并有不同的形式。

审计师在进行内部审计时,可以通过以下方法对企业风险的主要因素进行分析:了解被审计单位的性质、管理体制、经营品种、经营规模、人员结构等,对被审计单位的概况有一个轮廓性的掌握;查阅被审计单位及其下属机构的各种文件,收集被审计单位管理中以文件形式体现的管理制度部分;与被审计单位领导、各层面的管理人员以及其他部门人员进行谈话,全面了解被审计单位的风险管理情况;现场查看并查阅被审计单位的财务管理、生产管理、产品质量管理、原材料和产品进出库管理、销售发票管理、业务合同管理,以及各种经营经济事项的审核、批准、指令等资料,深入了解被审计单位在处理经济业务时的相互关系,并深入了解其各项经济业务的处理程序。

三、风险分析及方法

风险分析是结合企业特定条件(寿命周期、经营战略等),将识别出来的风险的可能性、损失额、发生频率等性质进行鉴别。风险分析的目的是判断风险程度,为合理制定风险管理策略与决定风险处理方案提供充分根据。

（一）风险分析的目标

风险分析的目标是要将比可接受风险严重的次要风险从主要风险中分离出来，并提供数据以有助于风险的评价和处理。

（二）风险分析的程序与内容

1. 风险分析的程序

风险分析的程序如图 9-6 所示。

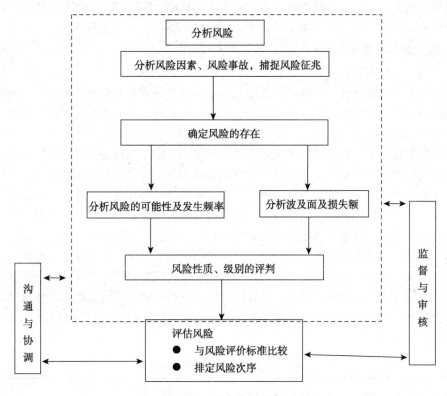

图 9-6　风险分析程序

一般包括：①分析风险因素、风险事故，捕捉风险征兆，确定风险的存在；②分析风险可能性、风险发生的频率；③分析风险发生的可能影响——波及面及损失额。

2. 风险分析的内容

风险分析的内容包括对风险要素（风险因素、风险事故、损失）进行分析，找出风险源，捕捉风险征兆；分析风险后果、可能性及发生频率。风险分析是制定风险策略、确定风险处理方法的前提。

（1）分析风险因素、风险事故，捕捉风险征兆，确认风险的存在。风险因素是指促使或引起风险事故发生的条件，以及风险事故发生时，致使损失增加、扩大的条件，是风险事故发生的潜在原因，是造成损失的间接和内在的原因。根据性质，通常把风险因素分为实质性风险因素、道德风险因素、心理风险因素三种。

风险事故又称风险事件，是引起损失的直接或外在原因，是使风险造成损失的可能性转化为现实性的媒介，也就是说，风险是通过风险事故的发生来导致损失的。如工厂火灾、货船碰撞都是风险事故。

（2）风险管理对风险因素与风险事故的考虑。风险因素借助风险事故形成风险损失。就个别风险而言，风险因素所借助的风险事故是有限的，风险管理就是要根据风险的性质，降低或消除这两个风险要素相遇的机遇，从而降低损失，实现预期目标。

（3）风险征兆是指使风险因素与风险事故结合，有可能形成风险损失的各种现实迹象。风险征兆的捕捉方法有寿命周期分析法、SWOT 分析法、KSF 法、DCCS 分析法、盈亏临界点分析法、财务会计与统计指标分析法、财务危机的"五率"衡量法等。

3. 风险分析的方法

1）寿命周期分析法

所谓寿命周期分析法，是指根据组织处在不同的寿命周期阶段经营风险、财务风险等表现出的不同特征来进行风险分析与管理的方法。企业处于不同的生命周期，经营风险和财务风险也不同（见表 9-2）。表 9-2 表明，企业在创立和导入阶段，由于其资本大多来自投资人，属股权资本，所以其财务风险几乎等于零，而由于其市场地位、社会知名度比较低，产品处于被认知时期，它的经营风险则显得特别高；为了迅速进入成长期，它可能通过大量的促销手段（如低信用政策、赠送）和投入高的广告开支，想方设法抓住顾客，在这个阶段，经营风险还是高，财务方面由于没有很依赖债务筹资，故风险不是很高；进入成熟期，企业及产品被基本认可，营销相对稳定，营销风险与财务风险都趋于中档；进入衰退期，决策机构为获得税收上的好处，往往利用股利政策进行企业融资，也利用债务融资，故财务风险加大，经营上由于业务规模收缩，经营风险降低了，从整体上看，若该状态征兆明显，又无好的措施，那么，企业的持续经营将面临挑战。要想重振雄风，可能实行的方案是企业过程再造。企业过程再造强调革命性变革，需要进行资产重组，开发新产品，实行多元化经营。

表 9-2　产品寿命周期各阶段的风险

阶段	经营风险	财务选择		股利融资
		财务风险	融资来源	
导入期	非常高	非常低	股权资本（风险资本）	零
成长期	高	低	股权资本（私募）	一般
成熟期	中等	中等	债权与股权资本（留存收益）	较高
衰退期	低	高	债务	100%

2）SWOT 分析法

SWOT 分析是指对优势（strengths）、劣势（weaknesses）、机会（opportunities）和威胁（threats）四个方面进行的分析比较，借以明确企业自身面临的境界，抓住机遇、迎接挑战、扬长避短、创长补短，制定出适合企业实际可行的竞争战略。取其英文的字头，简记为"SWOT 分析法"。使用 SWOT 法就是找出企业内部的强项和弱项、外部的机遇与威胁，根据竞争需要找到关键的成功要素。

3）盈亏临界点分析法

临界点是一触即发的时点。风险管理人士和内部审计人员都应特别注意风险评价标准中的界定值是否到达，从而决定对风险进行何种级别的警报。

风险分析的盈亏临界点分析法是利用管理会计中盈亏临界点的理论原理，事先根据经营战略确定盈亏及不同程度的关键临界值，通过收集的实际会计数据分析是否接近或达到这些临界值点，并将有关信息报告给有关负责人，为风险管理决策提供参考信息。

4）DCCS法

DCCS分析法又称Boston矩阵分析模型。D——Dog，瘦狗，表示负现金流，亏损；C——Cats，问题猫（也有叫Children，问题小孩），表示财务指标和市场行情有时出现背离状态，往往有高市场增长潜力，暂时的现金流为负数；C——Cows，现金牛，表示现金流和利润皆为正数，但市场潜力需要探讨；S——Stars，明星产品，表示虽然暂时的现金流为负，但存在高市场份额和高市场增长潜力。

以风险为导向理解：Dog代表危机产品，Cats代表风险产品，Cows代表赚钱产品，Stars代表优势产品。该方法是将组织经营的产品或项目逐个地进行财务分析，对其现金流量、盈利情况等重要指标进行计算，并分析每种产品或项目的市场份额和增长潜力，然后将这些产品或项目放在一个矩阵图中，对其现有的市场份额和未来的市场潜力进行对比，物竞天择，根据企业自身的资源和市场环境，做出投资决策，一般原则是"杀狗、养猫、挤奶、向明星"。

所谓DCCS分析法，就是在组织存在多品种经营情况下，通过实行产品战略有效组合的风险分析图，分析每种产品财务与市场特征。企业即便实行多元化经营，由于管理资源和资产资源等的限制，加上不同的营销手段和背景，不同产品的风险也是不同的，为配合经营战略目标，需要对这些产品进行风险分析，参见图9-7。目前，企业家和学术专家在进行投资组合方案分析风险决策时一般使用DCCS分析法。

市场增长		
高	问题猫区域 NCF<0 (财务战略转型)	明星区域 NCF<0 (品牌战略)
低	瘦狗区域 NCF≤0	现金牛区域 NCF>0
	低　　　　相对市场份额　　　　高	

图9-7　DCCS风险分析

5）财务会计与统计指标分析法

财务会计与统计指标分析法是指通过会计、财务、统计指标数值，分析企业的生存状态、运营情况、经营结果及未来趋势，与设定的风险可能性分析、频率分析应该遵循"大数法则"，即如果有足够的事例可供观察，则这些未知与不测力量将有趋于平衡的自然倾向。那些在个别情况中存在的不确定性和风险，将在大数中消失。大数法则告诉我们，在足够多的风险单位中，实际损失结果与预期损失结果的误差将很小。不过，在确定坏账准备率过程中，要求有足够多的赊款数额，这样才能得出合理的坏账准备提取率。

风险可能性分析的结果一般有"很少的"、"不太可能的"、"可能的"、"很可能"、"几乎是确定的"等几种情况。"很少的"意味着在例外情况下可能发生,"不太可能的"意味着在某些时候不大能够发生,"可能的"意味着在某些时候能够发生,"很可能"意味着在多数情况下很可能发生,"几乎是确定的"意味着在多数情况下预期会发生。

四、风险评估及审计计划

风险评估是对已识别的内部和外部风险的分析确认和衡量,之所以要对风险进行评估,是因为风险影响企业单位实现其目标或危害其经营。这种评估能帮助确定何处存在风险、风险的大小、确定风险预警的级别以及需要采取何种措施,也是风险管理审计的基础。风险评估包括两个方面即风险损失频率估计和风险损失程度的估计。

(一)风险损失频率估计

估计风险损失频率,主要是通过计算损失次数的概率分布,这需要考虑三个因素:风险暴露数、损失形态和危险事故,三项因素的不同组合,影响着风险损失次数的概率分布。如果企业建有完善的风险管理信息系统,也可根据信息系统提供的历史数据来估计损失频率。一般依据风险发生的可能性可将风险分成五类:几乎不发生,约每一百年或更长时间发生一次;可能但未曾发生,约每二十年发生一次;发生过数次,约每五年发生一次;经常发生,每两年发生一次;绝对发生,一年发生一次或几次。不同的企业还可予以细分。

(二)风险损失程度的估计

风险损失程度的估计也需考虑三个事项:同一危险事故所致各种损失的形态、一个危险事故牵连的风险暴露数与损失的时间性和金额。而对于财务风险损失程度的估计,最新的方法则是风险值法,即在既定的风险容忍度下,市场状况最坏时确认投资组合最大的不可预期损失。同样,也可按风险损失程度将各种风险划分为五类:①最严重;②很严重;③中等;④不严重;⑤可忽略。当然,不同规模企业可按不同比例予以划分或细分。

根据以上两种风险划分可编制如表 9-3 所示的风险矩阵表,以判断各类风险的重要性和损失程度。

表 9-3 风险矩阵表

损失频率	损失程度				
	最严重 5	很严重 4	中等 3	不严重 2	可忽略 1
绝对发生 5	10	9	8	7	6
经常发生 4	9	8	7	6	5
发生过数次 3	8	7	6	5	4
可能但未曾发生 2	7	6	5	4	3
几乎不发生 1	6	5	4	3	2

按表 9-3,初步可确定 2~4 分为低度风险,5~7 分为中度风险,8~10 分为高度风险。风险度不同,企业的风险控制方法组合也会不同。同时此矩阵表可结合企业实际需求做不同调整。审计人员在评估风险时需考虑如下因素:金额的重要性、资产的流动性、管理能力、内部控制的质量、变化或稳定程度、上次审计业务发展的时间、复杂性、与雇员及政府的关系等。在开展审计业务时,用于检测、证实风险暴露的技术与方法应该能够反映出风险暴露的重大性与发生的可能性。

风险评估的方法分为定性和定量两种方法。定性方法，是指运用定性术语评估并描述风险发生的可能性及其影响程度。例如上述矩阵表中，具体到两个要素上，风险发生的可能性可以为绝对发生、经常发生、几乎不发生等，而风险的严重程度可以是后果严重、中等、不严重，这均是用定性方式所做的描述，应用起来较简单，但是不够精确。定量方法，是指运用数量方法评估并描述风险发生的可能性及其影响程度。这种描述方式比较精确，也比较客观，但应用难度较大，而且并非适用于所有情况。风险评估过程中，要充分考虑各方面的情况，选择适当的方法，做出客观的评估结论。我国内部审计具体准则第16号指出：定量方法一般情况下会比定性方法提供更为客观的评估结果。在风险难以量化、定量评价所需数据难以获取时，一般都采用定性方法。定量方法是目前提倡使用的方法。风险定量评估的方法主要有专家打分法、层次分析法、风险暴露计算模型、沃尔评分法、风险价值法、记分法等。

（三）基于风险评估的审计计划

基于风险评估的审计计划可分为两个步骤。

1. 评测可利用的资源

企业的风险点众多，而内部审计资源有限且相对不足。编制审计计划的第一步就是要评测共有的内部审计资源，通常根据不同级别的内部审计师可提供专业服务的小时数来计算。在计算可供配量的审计资源时要考虑审计人员和其他参与审计的专业人员的级别。审计人员有审计员、高级审计人员、审计经理等不同级别，其他部门的工作人员也要按照级别统计审计资源。

2. 风险分析及风险排序

根据风险分析和风险排序分配审计资源，按照前述风险评估得出的风险因素分值，在可用审计资源范围内，做出审计资源的配置，编制审计计划。通常审计部门优先对风险较大的项目进行审计，并配备最好的人力资源。在确定审计范围时，要考虑并反映整个公司的战略性计划目标，并每年对审计范围进行一次评估，以反映机构的最新战略和方针。编制审计方案时，应该在评估风险优先次序的基础上安排审计工作。

可见，在审计计划阶段，选择被审计对象是审计工作的起点。被审计对象指的是在企业内部被审计的某个部分，它可以是某个子公司、某项经营活动或某个方案，也可以是一个独立的过程或活动。虽然风险发生的概率及造成的损失难以确定，但选择被审计者时对风险的考虑却是毋庸置疑的，这也是风险导向内部审计的第一步。选择的策略是风险因素优先策略。内部审计师以其特有的视角，系统地分析、识别、衡量企业面临的风险，按照风险的高低，制订年度审计计划，确定被审计者的先后次序，当然，要对特殊要求适当考虑，进而对审计资源进行合理配置。

五、基于风险矩阵图与风险测试的审计实施

（一）形成风险矩阵图

充分运用风险评估技术，估计风险严重程度和发生的可能性，形成风险矩阵图。见图9-8。

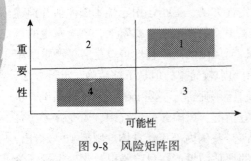

图 9-8　风险矩阵图

如果说以风险评估为基础的审计计划更多地体现了企业整体层面的风险的话，其目的是确定全年审计范围和审计活动项目及先后顺序的话，那么，风险矩阵图的绘制更突出具体经营过程中的风险，是微观层面风险的显示，是审计计划执行的必然环节，是风险管理审计的深入。其目的是进一步确认审计业务本身面临的风险和风险的严重程度，以此为基础进一步明确审计实施阶段的审计内容和审计重点，如果必要的话，需要按照程序调整审计计划。

编制审计计划发生在审计准备阶段，绘制风险矩阵图发生在审计实施阶段。

（二）数字化的风险测试与风险评价

审计测试是审计实施阶段的主要内容，意味着将选择测试的项目变成证据。在风险管理审计中，内部审计师应获得足够的证据，确认企业风险管理目标是否实现。审计测试中通过运用抽样、观察、提问、分析、证实、调查与评估等方法获取有关风险的审计证据，并且揭示出它们的内在品质或特征，目的是为内部审计师形成审计意见提供基础。对内部控制制度进行测试，需要经过穿行测试和小样本测试两个主要阶段。其中，穿行测试可以通过两种途径达到：一是"凭证穿行测试"，即根据组织的记录来追踪整个活动过程；二是"程序穿行测试"，即由审计人员对活动的每一步进行一次到两次的测试。穿行测试是从控制点的分析开始的，审计人员针对项目建设活动中的控制点，对项目建设活动分层进行测试。小样本测试的实质是选择少量的行为活动进行测试，其目的是检查内部控制制度实施的有效性程度，即实际活动效果是否达到了预期的目标。

上述两种测试方式依然适用于风险管理审计的测试。这一过程表现在风险管理审计的实施阶段，通过对审计活动风险的实质性测试，得出被审计业务风险情况的真实结论，并形成审计发现，为审计报告的编写奠定基础，提供数据和支撑。

（三）前瞻性的风险管理审计报告

与常规业务审计报告不同，因不确定性的存在，风险管理审计报告也存在"风险"。如何突出审计报告的前瞻性和可用性？如何体现不同使用者对风险管理审计报告的不同需求？如何降低风险管理审计报告的风险？诸多问题需要讨论和关注。

第一，披露风险表现和风险排序。常规业务审计报告主要表达业务执行过程中在真实性、合规性和效益性方面存在的问题及原因分析等内容，而风险管理审计报告的内容应该披露被审计事项的风险点，并按照风险大小的程度进行排列，明确重要风险和关键风险控制点。比如，采购业务的重要风险是舞弊风险，其后果是"质低价高拿回扣"，关键风险控制点是"供应商的选择环节（如招标投标等）"。

第二，披露被审计单位对利用风险、防范风险的制度、措施及执行情况。常规业务审计报告一般不涉及这方面内容，但风险管理审计报告要从公司治理、内部控制和全面风险管理的整体系统中寻找与具体的风险防范、风险利用有关的规定，并表达这些规定执行的情况。

第三，披露利用风险、风险防范的效果。重点表达风险转化、风险防范的成本、效率和效果，突出风险管理的绩效。

第四，披露风险管理审计的方法、风险评价的条件和标准。结合被审计活动特点，使用恰当的方法和标准，是风险管理审计的必然要求。为提高审计信息的对称性，风险管理审计报告应该对这样的内容有所披露，这样也有助于降低审计报告的风险。

第五，谨慎披露舞弊事项。舞弊是企业面临的主要风险之一，内部审计人员在舞弊审计中的责任是：保持职业警惕性和审慎性，在常规审计过程中注意发现舞弊线索，一旦迹象明朗，则要向组织内合适的部门（一般是纪检监察部门）和高管层、董事会报告。因为舞弊更多地涉及"人"的问题，所以，审计人员在对这部分事项报告时，要注意合法性，最好要咨询法律专家后再做适当披露，以降低越权或违法的风险。

第六，前瞻性地规划提高风险管理质量的建议。常规业务审计报告的"审计建议"部分比较集中在"就事论事"的微观层面，就审计发现的问题，其审计建议一一对应，更有针对性。与之相比较，风险管理审计报告应该在微观建议的基础上，更加关注战略管理、方案选择等方面的建议，以便于指导被审计单位高管层今后能够更加重视企业风险管理工作，从根本上提高风险管理审计的增值功能。

六、风险管理审计的工具方法

（一）风险坐标图

风险坐标图是把风险发生可能性的高低、风险发生后对目标的影响程度，作为两个维度绘制在同一个平面上（即绘制成直角坐标系）。对风险发生可能性的高低、风险对目标影响程度的评估有定性、定量等方法。定性方法是直接用文字描述风险发生可能性的高低、风险对目标的影响程度，如"极低"、"低"、"中等"、"高"、"极高"等。定量方法是对风险发生可能性的高低、风险对目标影响程度用具有实际意义的数量描述，如对风险发生可能性的高低用概率来表示，对目标影响程度用损失金额来表示。

表 9-4 列出了某公司对风险发生可能性的定性、定量评估标准及其相互对应关系，供实际操作中参考。

表 9-4　某公司对风险发生可能性的定性、定量评估标准及其相互对应关系

定量方法一	评分	1	2	3	4	5
定量方法二	一定时期发生的概率	10%以下	10%~30%	30%~70%	70%~90%	90%以下
定性方法	文字描述一	极低	低	中等	高	极高
	文字描述二	一般情况下不会发生	极少情况下才发生	某些情况下发生	较多情况下发生	常常会发生
	文字描述三	今后10年内发生的可能少于1次	今后5~10年内可能发生1次	今后2~5年内可能发生1次	今后1年内可能发生1次	今后1年内至少发生1次

表 9-5 列出了某公司关于风险发生后对目标影响程度的定性、定量评估标准及其相互对应关系，供实际操作中参考。

表 9-5 某公司关于风险发生后对目标影响程度的定性、定量评估标准及其相互对应关系

	定量方法一	评分	1	2	3	4	5
	定量方法二	企业财务损失占税前利润的百分比(%)	1%以下	1%~5%	6%~10%	11%~20%	20%以上
适用于所有行业	定性方法	文字描述一	极轻微的	轻微的	中等的	重大的	灾难性的
		文字描述二	极低	低	中等	高	极高
		企业日常运行	不受影响	轻度影响（造成轻微的人身伤害，情况立刻受到控制）	中度影响（造成一定人身伤害，需要医疗救援，情况需要外部支持才能得到控制）	严重影响（企业失去一些业务能力，造成严重人身伤害，情况失控，但无致命影响）	重大影响（重大业务失误，造成重大人身伤亡，情况失控，给企业致命影响）
		财务损失	较低的财务损失	轻微的财务损失	中等的财务损失	重大的财务损失	极大的财务损失
		企业声誉	负面消息在企业内部流传，企业声誉没有受损	负面消息在当地局部流传，对企业声誉造成轻微损害	负面消息在某区域流传，对企业声誉造成中等损害	负面消息在全国各地流传，对企业声誉造成重大损害	负面消息流传世界各地，政府或监管机构进行调查，引起公众关注，对企业声誉造成无法弥补的损害
适用于开采业、制造业	定性与定量结合	安全	短暂影响职工或公民的健康	严重影响一位职工或公民健康	严重影响多位职工或公民健康	导致一位职工或公民死亡	引致多位职工或公民死亡
		营运	—对营运影响微弱 —在时间、人力或成本方面不超出预算1%	—对营运影响轻微 —受到监管者责难 —在时间、人力或成本方面超出预算1%~5%	—减慢营业运作 —受到法规惩罚或被罚款等 —在时间、人力或成本方面超出预算6%~10%	—无法达到部分营运目标或关键业绩指标 —受到监管者的限制 —在时间、人力或成本方面超出预算11%~20%	—无法达到所有的营运目标或关键业绩指标 —违规操作使业务受到中止 —时间、人力或成本方面超出预算20%
		环境	—对环境或社会造成短暂的影响 —可不采取行动	—对环境或社会造成一定的影响 —应通知政府有关部门	—对环境造成中等影响 —需一定时间才能恢复 —出现个别投诉事件 —应执行一定程度的补救措施	—造成主要环境损害 —需要相当长的时间来恢复 —大规模的公众投诉 —应执行重大的补救措施	—无法弥补的灾难性环境损害 —激起公众的愤怒 —潜在的大规模的公众法律投诉

对风险发生可能性的高低和风险对目标影响程度进行定性或定量评估后，依据评估结果绘制风险坐标图。如：某公司对九项风险进行了定性评估，风险①发生的可能性为"低"，风险发生后对目标的影响程度为"极低"；……；风险⑨发生的可能性为"极低"，对目标的影响程度为"高"，则绘制风险坐标图如下，见图9-9。

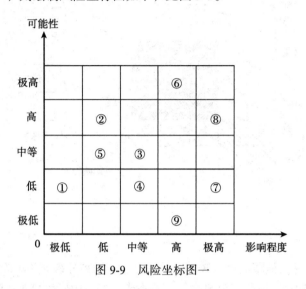

图9-9　风险坐标图一

如某公司对七项风险进行定量评估，其中：风险①发生的可能性为83%，发生后对企业造成的损失为2100万元；风险②发生的可能性为40%，发生后对企业造成的损失为3800万元；……；而风险⑦发生的可能性为55%~62%，发生后对企业造成的损失为7500万~9100万元，在风险坐标图上用一个区域来表示，则绘制风险坐标图如下，见图9-10。

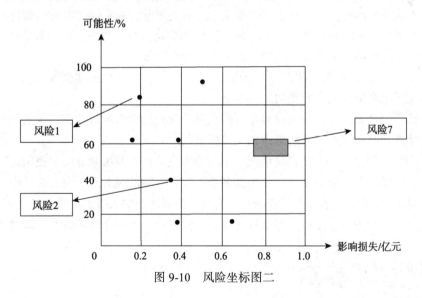

图9-10　风险坐标图二

绘制风险坐标图的目的在于对多项风险进行直观的比较，从而确定各风险管理的优先顺序和策略。如：某公司绘制了如下风险坐标图，见图9-11，并将该图划分为A、B、C三个区域，公司决定承担 A 区域中的各项风险且不再增加控制措施，严格控制 B 区域中的各项风险且专门补充制定各项控制措施，确保规避和转移 C 区域中的各项风险且优先安排实施各项防范措施。

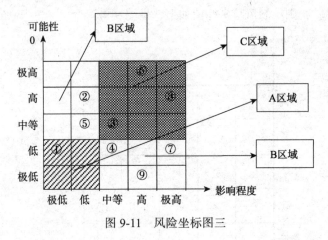

图 9-11　风险坐标图三

（二）蒙特卡罗方法

蒙特卡罗方法是一种随机模拟数学方法。该方法用来分析评估风险发生可能性、风险的成因、风险造成的损失或带来的机会等变量在未来变化的概率分布。具体操作步骤如下：

（1）量化风险。将需要分析评估的风险进行量化，明确其度量单位，得到风险变量，并收集历史相关数据。

（2）根据对历史数据的分析，借鉴常用建模方法，建立能描述该风险变量在未来变化的概率模型。建立概率模型的方法很多，例如，差分和微分方程方法、插值和拟合方法等。这些方法大致分为两类：一类是对风险变量之间的关系及其未来的情况做出假设，直接描述该风险变量在未来的分布类型（如正态分布），并确定其分布参数；另一类是对风险变量的变化过程做出假设，描述该风险变量在未来的分布类型。

（3）计算概率分布初步结果。利用随机数字发生器，将生成的随机数字代入上述概率模型，生成风险变量的概率分布初步结果。

（4）修正完善概率模型。通过对生成的概率分布初步结果进行分析，用实验数据验证模型的正确性，并在实践中不断修正和完善模型。

（5）利用该模型分析评估风险情况。正态分布是蒙特卡罗风险方法中使用最广泛的一类模型。通常情况下，如果一个变量受很多相互独立的随机因素的影响，而其中每一个因素的影响都很小，则该变量服从正态分布。在自然界和社会中大量的变量都满足正态分布。描述正态分布需要两个特征值：均值和标准差。其密度函数和分布函数的一般形式如下：

密度函数：$\varphi(x) = \dfrac{1}{\sigma\sqrt{2\pi}} e^{-\dfrac{(x-\mu)^2}{2\sigma^2}}$，$-\infty < x + \infty$

分布函数：$\Phi(x) = P(X \leqslant x) = \int_{-\infty}^{x} \dfrac{1}{\sigma\sqrt{2\pi}} e^{-\dfrac{(t-\mu)^2}{2\sigma^2}} \, dt$，$-\infty < x + \infty$

其中 μ 为均值，σ 为标准差。

由于蒙特卡罗方法依赖于模型的选择，因此，模型本身的选择对于蒙特卡罗方法计算结果的精度影响甚大。蒙特卡罗方法计算量很大，通常借助计算机完成。

（三）关键风险指标管理

一项风险事件发生可能有多种成因，但关键成因往往只有几种。关键风险指标管理是对引起风险事件发生的关键成因指标进行管理的方法。具体操作步骤如下。

（1）分析风险成因，从中找出关键成因。

（2）将关键成因量化，确定其度量，分析确定导致风险事件发生（或极有可能发生）时该成因的具体数值。

（3）以该具体数值为基础，以发出风险预警信息为目的，加上或减去一定数值后形成新的数值，该数值即为关键风险指标。

（4）建立风险预警系统，即当关键成因数值达到关键风险指标时，发出风险预警信息。

（5）制定出现风险预警信息时应采取的风险控制措施。

（6）跟踪监测关键成因数值的变化，一旦出现预警，即实施风险控制措施。

以易燃易爆危险品储存容器泄漏引发爆炸的风险管理为例。容器泄漏的成因有：使用时间过长、日常维护不够、人为破坏、气候变化等因素，但容器使用时间过长是关键成因。如容器使用最高期限为 50 年，人们发现当使用时间超过 45 年后，则易发生泄漏。该"45年"即为关键风险指标。为此，制定使用时间超过"45 年"后需采取的风险控制措施，一旦使用时间接近或达到"45 年"时，发出预警信息，即采取相应措施。

该方法既可以管理单项风险的多个关键成因指标，也可以管理影响企业主要目标的多个主要风险。使用该方法，要求风险关键成因分析准确，且易量化、易统计、易跟踪监测。

（四）压力测试

压力测试是指在极端情景下，分析评估风险管理模型或内控流程的有效性，发现问题，制定改进措施的方法，目的是防止出现重大损失事件。具体操作步骤如下。

（1）针对某一风险管理模型或内控流程，假设可能会发生哪些极端情景。极端情景是指在非正常情况下，发生概率很小，而一旦发生，后果十分严重的事情。假设极端情景时，不仅要考虑本企业或与本企业类似的其他企业出现过的历史教训，还要考虑历史上不曾出现，但将来可能会出现的事情。

（2）评估极端情景发生时该风险管理模型或内控流程是否有效，并分析对目标可能造成的损失。

（3）制定相应措施，进一步修改和完善风险管理模型或内控流程。

以信用风险管理为例。如：一个企业已有一个信用很好的交易伙伴，该交易伙伴除发生极端情景外，一般不会违约。因此，在日常交易中，该企业只需"常规的风险管理策略和内控流程"即可。采用压力测试方法，是假设该交易伙伴将来发生极端情景（如其财产毁于地震、火灾、被盗），被迫违约对该企业造成了重大损失。而该企业"常规的风险管理策略和内控流程"在极端情景下不能有效防止重大损失事件，为此，该企业采取了购买保险或相应衍生产品、开发多个交易伙伴等措施。

一、美国安然公司（Enron）为什么会出事

2000 年，安然是美国最大的石油和天然气企业之一，当年的营业收入超过 1000 亿美元，雇佣员工 2 万人，是美国《财富》500 强中的第七大企业。但就在 2001 年年末，安然宣布第三季度 6.4 亿美元的亏损，美国证交会进行调查，发现安然以表外（投资合伙）形式，隐瞒了 5 亿美元的债务，亦发现该公司在 1997 年以来虚报利润 5.8 亿美元。

与此同时，安然的股价暴跌，由 2001 年年初时的 80 美元跌至 80 美分。同年 12 月，安然申请破产保护令，但在之前 10 个月内，公司却因为股票价格超过预期目标而向董事及高级管理人员发放了 3.2 亿美元的红利。

安然事件发生后，在对其分析调查时发现：安然的董事会及审计委员会均采取了不干预（hands-off）监控模式，没有对安然的管理层实施有效的监督，包括没有查问他们所采用"投资合伙"的创新的会计方法。事件发生之后，部分董事表示不太了解安然的财务状况，也不太了解他们的期货及期权的业务。

由于安然重视短期的业绩指标，管理层的薪酬亦与股票表现挂钩，这诱发了管理层利用创新的会计方法和做假，以赢取丰厚的奖金和红利。虽然安然引用了非常先进的风险量化方法监控期货风险，但是营运风险的内部控制形同虚设，管理高层常常藐视或推翻公司制定的内控制度，这是最终导致安然倒闭的重要因素。

二、美国世通公司（Worldcom）为什么会倒闭

世通是美国第二大电信公司，事发前在美国《财富》500 强中排名前 100 位。然而就在 2002 年，世通被发现利用把营运性开支反映为资本性开支等弄虚作假的方法，在 1998 年至 2002 年期间，虚报利润 110 亿美元。

事发之后，世通的股价从最高的 96 美元暴跌至 90 美分。世通于 2002 年年末申请破产保护令，成为美国历史上最大的破产个案，该公司于 2003 年年末完成重组。世通的四名主管（包括公司的 CEO 和 CFO）承认串谋讹诈，被联邦法院刑事起诉。

这是美国最大的个案，美国证交会和法院在调查中发现：世通的董事会持续赋予公司的 CEO（Bernard Ebbers）绝对的权力，让他一人独揽大权，而 Ebbers 却缺乏足够的经验和能力领导世通。美国证监会的调查报告指出：世通并非制衡机制薄弱，而是完全没有制衡机制。世通的董事会并没有负起监督管理层的责任，该公司的审计委员会每年召开会议仅花 3~5 小时，会议记录草草了事，每年只审阅内审部门的最终审计报告或报告摘要，多年来从未对内审工作计划提出过任何修改建议。

由于世通为公司的高级管理层提供的丰厚薪酬和奖金远多于他们对公司的贡献，这使得他们形成了一个既得利益的小圈子。这种恶性循环，最终导致世通倒闭。

三、200 年的英国巴林银行（Barings Bank）为何破产

巴林银行在 20 世纪 90 年代前是英国最大的银行之一，有超过 200 年的历史。1992—1994 年期间，巴林银行新加坡分行总经理里森（Nick Lesson）从事日本大阪及新加坡交易

所之间的日经指数期货套期对冲和债券买卖活动，累积亏损超过10亿美元，导致巴林银行于1995年2月破产，最终被荷兰ING收购。

调查中发现：巴林银行的高层对里森在新加坡的业务并不了解，事发三年内居然无人看出里森的问题。其实，巴林银行1994年就已经发现里森在账上有5000多万英镑的差额，并对此进行了几次调查，但都被里森以非常轻易地解释蒙骗过去。

造成巴林银行灾难性厄运的原因是，巴林银行缺乏职责划分的机制，里森身兼巴林新加坡分行的交易员和结算员，这使他有机会伪造存款和其他文件，把期货交易带来的损失瞒天过海，最终造成了不可收拾的局面。

另外一个致命问题是，巴林银行的高层对财务报告不重视。巴林银行董事长Peter Barings曾在1994年说：若以为审视更多资产负债表的数据就可以增加对一个集团的了解，那真是幼稚无知。但如果有人在1995年2月之前，认真看一下巴林银行任何一天的资产负债表，里面都有明显记录，可以看出里森的问题。遗憾的是，巴林银行高层对财务报表不重视，使之付出了高昂的代价。

新加坡政府在巴林银行调查报告结论中有这样一段话："如果巴林集团在1995年2月之前能够及时采取行动，那么他们还有可能避免崩溃。截至1995年1月底，即使已发生重大损失，这些损失毕竟也只是最终损失的四分之一。如果说巴林的管理层直到破产之前还对这件事情一无所知，我们只能说他们一直在逃避事实。"

里森在自传中也说："有一群人本来可以揭穿并阻止我的把戏，但他们没有这么做。我不知道他们在监督上的疏忽与犯罪的疏忽之间的界限何在，也不清楚他们是否对我负有什么责任。"

四、日本八佰伴（Yohan）惨败在哪儿

八佰伴是日本最大的百货公司之一，在20世纪90年代全球鼎盛时期，八佰伴在全球16个国家拥有400多家百货公司，以雄霸世界零售业第一把交椅而扬名。

1997年9月，八佰伴宣布破产，向法院申请"公司更生法"保护，当时八佰伴的负债额达到1613亿日元，是日本战后最大的一宗企业破产案。

在调查中发现，导致八佰伴破产的致命原因有三个：第一，八佰伴低估经营非核心业务的风险，在急速成长过程中，八佰伴逐渐背离了百货和超市的主业，集团的这些辅助变成了负资产，这些辅助都为八佰伴带来了沉重的负担。

第二，八佰伴低估了扩张业务的风险，1990年至1996年的短短六年间，八佰伴在中国内地的零售点由零扩张到50多家，在扩张过程中，它明显低估了扩张业务的风险，加上八佰伴当时遇到国家宏观调控，为了实现集团主席的梦想，只好通过信贷维持扩张。面对较预期为差的回报及不断扩大的资金需求，八佰伴最终陷入难以自拔的困境。

第三，八佰伴也低估了开发海外新兴市场的风险。由于日本市场零售业饱和，强大竞争对手林立，八佰伴采取了积极开发海外市场的战略，却低估了开发新兴市场的风险。1972年八佰伴将巴西视为第一海外市场，但由于当时巴西经济动荡，最后只有惨淡收场。20世纪90年代初，八佰伴开始进军中国市场，甚至将总部迁至上海。但由于中国消费者当时还未能完全接受超市和百货公司的销售模式，中国消费能力还处于比较低的水平，加上遇到中国宏观调控和国内合资伙伴已核准资金不能如期到位等问题，引致资金回报率不断下落，

辛苦经营了十多年的八佰伴终于以清盘结束业务。

五、中国香港百富勤公司为什么突然入不敷出

百富勤原来只是一家有三亿港元资本的本地小型投资银行,由于业务进展迅速,短短10年间,发展成了一家拥有240亿港元资产的跨国金融集团,成为亚洲除日本外的最大投资银行。

可是,这个金融奇迹却同样在金融风暴冲击下遭遇了灭顶之灾,百富勤在短短一年内出现入不敷出现象,致使它在1999年1月宣布破产。消息传出当天,中国香港恒生指数下挫8.7%。

中国香港政府在调查百富勤的报告中表示,没有证据显示百富勤倒闭涉及任何欺诈行为,它倒闭的原因主要是由于缺乏有效风险管理、内控体制和完善的财会报告系统。

百富勤虽然设立了信贷委员会和风险管理部门,但却未能制衡业务部门强大的权力,特别是在经济不景气的时候,追求业绩的目标完全盖过了防范风险的意识,这种脆弱的企业风险管理文化,最终使百富勤的股东和员工付出了沉重的代价。调查还发现,百富勤没有控制好金融市场的风险,它在亚太区发展业务,主要针对的是印尼和泰国市场,其在这两个市场营业额占集团营业额的五成多,但百富勤却忽略了发展新兴市场的风险。在金融风暴下,泰国首当其冲,泰铢大幅贬值、期间,印尼盾也大幅下跌了70%,另外,由于利息飙升,百富勤在该区内投资的债券及股票价格暴跌,在短短的数月内,百富勤在该区内业务损失了好几亿元。为了争取业务,百富勤为印尼Steady Safe出租车公司提供了港币2.6亿元的过渡性短期贷款,这笔贷款的金额相当于百富勤资本金的15%,但Steady Safe公司的收入全为印尼盾,随着印尼盾汇价大跌和政府实施外汇管制,Steady Safe根本无法偿还这笔贷款,加上债券股票的损失,使百富勤的财务状况在短时间内急转直下,这反映了百富勤低估了利率和汇价波动的风险,最终导致倒闭收场。

六、投资与出售股权权益引致的重创

某家中国国有控股(主营业务为非汽车制造)的上市企业(以下简称国企A),于19×4年以约4.2亿元人民币收购了某汽车制造公司95%的权益,两年后,国企A以3.2亿元人民币向一家马来西亚公司出售它在汽车公司中50%的权益,国企A也因而在19×6年记录了一笔4000万元人民币的营业外收入。但其后,那家马来西亚公司并没有按协议支付交易金额,交易被迫中断。19×7年,国企A又重新与三家公司签约,以3.2亿元人民币的同样金额将汽车公司的50%权益转售给这三家公司,但这三家公司最终都没有向国企A支付任何款项。

国企A因投资与出售股权权益引致重创,问题究竟出在哪儿?调查中发现了如下问题:第一,国企A没有就对外投资建立完善的风险管理,投资前既没有清楚地考虑其高级管理层缺乏汽车制造业的经验,也没有做好可行性研究的各种分析。第二,在将投资权益出售给马来西亚公司时,并未充分考虑对方的信誉和偿付能力,也没有利用买卖协议为可能出现的违约事件提供保障。第三,在后来将投资权益转售给三家公司时,并未披露这三家公司均为关联的"空壳公司"。第四,国企A实质上一直没有出售汽车公司的股权,但财务系统却错误地把应收三家关联公司的款项列示为长期应收款(而不提呆坏账准备),还错误

地把余下的 45%投资列示为"联营公司"。第五，汽车公司从成立至 19×9 年的五年间，一直未能调试投产，也没有竣工验收，最终，该国企以大幅度低于成本的价钱，将汽车公司出售出去，造成严重亏损。这是典型的投资失误案例。

七、投资非核心性业务的症结所在

某国有企业（以下简称国企 B）于 19×6 年至 19×8 年的两年间，动用接近 10 亿元人民币，投资了 15 家公司，且每家公司的权益均为 10%~30%，这些公司的业务范围包括金融、包装材料、汽车零部件、房地产开发、贸易和通信等。

调查中发现：国企 B 没有就对外投资建立完善的风险管理系统，它既没有一个清晰的投资策略，也没有清楚地考虑作为小股东投资未上市企业能否增值和变现的风险。再有，这 15 家公司大部分没有为国企 B 提供经审计的财务报表，也一直未派股息。而且国企 B 并没有利用投资协议来保障其权益，包括没有参与这些公司的董事会、没有要求定时提供经有信誉的会计师审计的财务报告，也没有要求最低投资回报的保障。

八、某中国香港上市公司

某国有控股在中国香港上市的公司（以下简称国企 C）没有遵守上市规则的要求，在没有得到股东批准的情况下，向一位董事的关联公司提供了港币 1.6 亿元的贷款和港币 1.96 亿元的银行信用证担保，该贷款和信用证担保的总额占上市公司资本金的 30%左右。款项贷出后，该关联公司一直不予还款，而国企 C 为该关联公司所提供的银行信用担保当中的港币 9500 万元已被有关银行提出追讨。

调查中发现：第一，国企 C 的公司治理结构不规范，一小撮人独揽大权，在管理上缺乏权力制衡机制，纵容公司的董事非法占用上市公司资金。第二，国企 C 并没有建立合规方面的风险管理机制，以确保公司不会出现违规事件而影响声誉和蒙受严重损失。第三，国企 C 的财务报告系统既没有为上述关联交易做出适当的披露，也没有为拖欠的贷款提取坏账准备。

要求：分析以上内部审计人员在实施风险管理审计时应该注意哪些问题。

第十章 舞弊审计

本章学习目的

1. 掌握舞弊审计的概念和分类。
2. 了解舞弊审计的固有特点。
3. 了解舞弊审计产生的动因。
4. 掌握舞弊审计的目标和内容。
5. 了解贿赂舞弊的特点。
6. 掌握舞弊审计的方法。

第一节 舞弊审计概述

一、舞弊审计的概念

美国《审计准则公告第 16 号》中规定：舞弊就是故意编制虚假的财务报表。中国《独立审计具体准则第 8 号》中指出：舞弊定义为导致会计报表产生不实反映的故意行为。

《内部审计具体准则第 6 号——舞弊的预防、检查与报告》中对舞弊的定义是：舞弊是指组织内、外人员采用欺骗等违法违规手段，损害或谋取组织经济利益，同时可能为个人带来不正当利益的行为。《中国注册会计师审计准则第 1141 号——财务报表审计中对舞弊的考虑》中对舞弊的定义是：舞弊是指被审计单位的管理层、治理层、员工或第三方使用欺骗手段获取不当或非法利益的故意行为。舞弊是一个宽泛的法律概念，但本准则并不要求注册会计师对舞弊是否已经发生做出法律意义上的判定，只要求关注导致财务报表发生重大错报的舞弊。

综上所述，我们认为舞弊，是指公司内、外人员采用欺骗等违法违规手段，谋取个人不正当利益，损害正当的公司经济利益的行为；或谋取不当的公司经济利益，同时可能为个人带来不正当利益的行为。

舞弊具有如下特征。

第一，舞弊是一种违反法规的行为。舞弊所采用的手段是不符合国家的法律、法规或者是违反组织的规章制度。

第二，舞弊是一种故意的行为。舞弊与错误的区别在于这一行为是有目的、有意而为之，即主观上具有故意的特征。

第三，舞弊行为可能损害组织的利益，也可能是为组织谋取利益，但这种谋取的利益是通过不正当手段获得，当该行为被曝光后，最终会给组织带来伤害。

第四，舞弊行为可能给舞弊者带来不正当利益。舞弊者本人可能从舞弊行为中获取间接或直接的个人利益，但这不是舞弊的必然现象。

第五，舞弊的实施者可以是组织内部人员，也可能是组织外部的人员，通常外部人员实施的舞弊都会损害组织的利益。

舞弊行为的存在，表明组织的控制存在着薄弱环节，如果不能加以制止，可能会对组织产生更进一步的破坏。因此，不管舞弊行为涉及的金额有多大，其性质都是严重的。

舞弊审计是指审计人员对被审计组织的内部人员及有关人员为谋取自身利益或为使本组织获得不当经济利益而其自身也可能获得相关利益采用欺骗等违法违规手段使组织经济利益遭受损害的不正当行为，使用检查、查询等审计程序进行取证并向委托者或授权者出具审计报告的一种监督活动。

二、舞弊审计的分类

从组织经济利益的角度来看，舞弊可以分为损害组织经济利益的舞弊和谋取组织经济利益的舞弊。

（一）损害组织经济利益的舞弊

损害组织经济利益的舞弊是指组织内外人员为谋取自身利益，采用欺骗等违法违规手段使组织经济利益遭受损害的不正当行为。有下列情形之一者属于此类舞弊行为。

（1）收受贿赂或回扣。

（2）将正常情况下可以使组织获利的交易事项转移给他人。

（3）贪污、挪用、盗窃组织资产。

（4）使组织为虚假的交易事项支付款项。

（5）故意隐瞒、错报交易事项。

（6）泄露组织的商业秘密。

（7）其他损害组织经济利益的舞弊行为。

由于组织的运营环境不同，可能还有上面未列举的损害组织经济利益的其他类型舞弊行为发生，需要内部审计人员运用职业判断来确定究竟哪些行为可能损害组织的经济利益。

（二）谋取组织经济利益的舞弊

谋取组织经济利益的舞弊是指组织内部人员为使本组织获得不当经济利益而其自身也可能获得相关利益，采用欺骗等违法违规手段，损害国家和其他组织或个人利益的不正当行为。

谋取组织经济利益的舞弊行为可以使组织的经济利益增加，从局部和短期看，这种舞弊行为给组织带来了利益，其防范工作不像前一种舞弊行为那样被管理层所重视。甚至在内部审计机构和人员发现该类型舞弊时，管理层可能还会给予舞弊者某种程度的保护。但这种舞弊行为会损害国家或其他组织、个人的经济利益，从长远看，这类舞弊行为一旦被揭露，则组织的经济利益还是会受到损害，如失去资本市场的信任、组织形象受损、支付违法违规的罚款等。这种损害行为也可能使舞弊者获得不正当的个人利益。内部审计机构应向适当的管理层说明该类型舞弊对组织长远发展带来的负面影响，并争取高级管理层支持其对该类型舞弊的预防和检查。有下列情形之一者属于此类舞弊。

（1）支付贿赂或回扣。

（2）出售不存在或不真实的资产。

（3）故意错报交易事项、记录虚假的交易事项，使财务报表使用者误解而做出不适当的投融资决策。

（4）隐瞒或删除应对外披露的重要信息。

（5）从事违法违规的经营活动。

（6）偷逃税款。

（7）其他谋取组织经济利益的舞弊行为。

与财务报告相关的舞弊种类包括侵占资产和对财务信息做出虚假报告。

三、舞弊审计的固有特点

相对于传统的财务审计，舞弊审计有其固有特点。

（一）思维方法

传统财务审计的思维特点是：根据既定的会计准则和审计准则，抽取样本数据，根据实际情况对照公认准则，得到具体发现，从而得出结论。这是一个从一般到特殊的演绎推理过程。舞弊审计是审计人员通过观察、询问，执行特殊程序和技术收集证据，从一个又一个疑点开始审查，即"跟随谎言去追寻真相"，用一个个有力证据说明疑点，最后得出结论，将特定的舞弊行为揭穿。这是一个从特殊到一般的思维过程。

（二）审计切入点

财务审计的切入点是以内部控制为基础，以防范审计风险为目标，关注当期会计数据中的错误是否超过重要性水平。舞弊审计首先考虑的是行为动机、舞弊机会及控制的薄弱环节，关注的是例外事情、古怪事情。这些事情往往由奇怪的人，在奇怪的地点、奇怪的时间发生奇怪的次数，而奇怪的数字则不问金额大小。正所谓"大错不犯、小错不断"，正是舞弊审计要关注的。

（三）审计目的

财务审计的目的通常是发现偏离公认会计准则的重大差异事项，以验证财务报表揭示的公允性、合法性、充分性。如果审计人员严格按照审计准则要求进行审计工作，并尽到应有的职业谨慎，却没有发现被审计单位的舞弊行为，审计人员一般不需要承担责任。而舞弊审计的目的在于调查揭露故意歪曲事实与非法占用资产的舞弊行为，确定舞弊损失的金额及问题的影响程度和范围，关注例外事项、不正常事项和潜在发出危险信号的事项，寻找舞弊证据，侦破舞弊案件。

（四）审计程序和方法

财务审计严格按照既定的审计准则，从了解内部控制、控制测试、实质性测试等环节进行规范审计取证。如果在实施必要审计程序后，仍不能获得所需要的审计证据，审计人员可以发表保留意见或无法表示意见。而舞弊审计最重要的思维方式是站在舞弊者的角度思考问题，寻找内部控制的薄弱环节。舞弊审计更多的是一种直觉判断过程，是一门艺术，而不是一种正式分析方法。舞弊审计必须做到有证据，不能凭推理去设想与舞弊有关的事项，一旦发现舞弊行为的蛛丝马迹，就要一查到底，一般不考虑成本效益原则。

四、舞弊审计的一般原则

组织管理层应对舞弊行为的发生承担责任。建立健全并有效实施内部控制，预防、发现及纠正舞弊行为是组织管理层的主要责任。

内部审计机构和人员应当保持应有的职业谨慎，合理关注组织内部可能发生的舞弊行为，以协助组织管理层预防、检查和报告舞弊行为。

内部审计机构和人员应在以下几个方面保持应有的职业谨慎。

（1）具有预防、识别、检查舞弊的基本知识和技能，在执行审计项目时警惕相关方面可能存在的舞弊风险。

（2）根据被审计事项的重要性、复杂性以及审计的成本效益性，合理关注和检查可能存在的舞弊行为。

（3）运用适当的审计职业判断，确定审计范围和审计程序，以发现、检查和报告舞弊行为。

（4）发现舞弊迹象时，应及时向适当管理层报告，提出进一步检查的建议。

内部审计并非专为检查舞弊而进行。即使审计人员以应有的职业谨慎执行了必要的审计程序，也不能保证发现所有的舞弊行为。

另外，组织应做好舞弊检查的保密工作。

五、舞弊审计的产生原因

对于舞弊产生的原因，国外有著名的"舞弊三角理论""GONE理论""冰山理论"等。归纳起来，舞弊产生的原因主要有以下几个方面。

（一）动机

无论何种舞弊，首先是有一定动机的。舞弊行为动机主要有四种：第一是经济动机，就是为了使自身的经济利益最大化；第二是利己动机，是为了追求个人地位和威信；第三是思想动机，是为了所谓的"报仇"，为了使某个人得到"应有的惩罚"，为了证明自己"高人一等"；第四是精神病动机，为舞弊而舞弊，为盗窃而盗窃，通常会导致"惯性犯罪"。其中，经济动机是主要的，也是最常见的。压力、贪婪、欲望、需要都会导致动机的产生。

（二）压力

1. 员工的压力

（1）经济压力（生活所迫、贷款买房、奢侈生活、高额债务、经济损失）。

（2）工作压力（独裁式管理、过于严格的制度、对工作不满、工作业绩得不到充分承认、工资待遇太低、升职机会少、不友善的工作环境、期望过高的预期、害怕失业）。

（3）恶习（赌博、酗酒、吸毒）。

（4）其他压力和偶发事件。

2. 组织的压力

（1）法律要求。

（2）贷款需要。

（3）发行股票。

（4）避免"戴帽"或退市。

（5）减轻税负。

（三）机会

机会是导致舞弊行为产生的条件，包括内部控制不健全、缺乏惩罚措施等。受到的信任程度越大、地位越高、权力越大，暴露程度越小，产生舞弊的可能性就越大。

1. 员工的机会

员工的机会主要有控制措施的缺乏、无法评价工作质量、缺乏惩罚措施、信息不对称、无能力觉察舞弊行为、无审计轨迹等。

2. 组织的机会

组织的机会主要有法律不健全、公司治理结构不健全、内部人控制、一股独大的国有股权虚置、注册会计师监管的缺失等。

（四）忠诚性的缺失

忠诚性的缺失是指组织内部拥有权力和责任的个人或集体，容易导致舞弊行为的工作态度或道德观念。忠诚性是自始至终都按照最高的道德价值标准来行动的一种能力，是对受托责任尽职尽责的忠诚度。正是由于忠诚性的缺失，动机、压力和机会才导致舞弊。但是人们在舞弊时不会意识到自己忠诚性的缺失，而会寻找许多自我安慰的借口。

第二节 舞弊审计的目标和内容

舞弊审计的目标在于调查揭露故意歪曲事实与非法占用资产的舞弊行为，确定舞弊损失的金额及问题的影响程度和范围，关注例外事项、不正常事项和潜在发出危险信号的事项，寻找舞弊证据，侦破舞弊案件。

舞弊审计涉及管理层舞弊审计和雇员舞弊审计。除此之外，本章对财务收支舞弊审计、贿赂舞弊与审计以及"小金库"问题等内容进行论述。

一、管理层舞弊审计

（一）组织管理层主要责任

组织管理层应对舞弊行为的发生承担责任。建立、健全并有效实施内部控制，预防、发现及纠正舞弊行为是组织管理层的主要责任。

内部审计机构和人员应当保持应有的职业谨慎，合理关注组织内部可能发生的舞弊行为，以协助组织管理层预防、检查和报告舞弊行为。

预防、发现和纠正舞弊行为是组织管理层的责任。健全有效的内部控制可以遏制舞弊行为的发生。组织的管理层有责任建立健全有效的内部控制制度，并且应当根据内部审计人员的报告和建议，对已发生的舞弊行为进行制止和纠正，对可能的舞弊进行追查、预防，进一步完善内部控制制度。

内部审计机构是组织内部控制的重要组成部分，内部审计人员的责任是通过审查和评价组织内部控制的适当性、合法性和有效性来协助遏制舞弊，有责任发现组织内部控制的重大缺陷。即使是在不以舞弊行为为主要目标的常规内部审计过程中，内部审计人员也应以应有的职业谨慎，警惕可能引发舞弊的机会。内部审计人员必须具备足够的舞弊知识来识别可能发生舞弊的线索。

但是即使以应有的职业谨慎进行内部审计活动，也不能保证内部审计人员能够发现所有的舞弊现象。设计良好的内部控制也可能会因人员的串通、故意伪造文件等各种因素而失效。这些正是内部审计人员运用正常的审计程序而无法审查出来的。

（二）内部审计人员应有的职业谨慎

应有的职业谨慎是内部审计人员应具备的合理谨慎态度和技能。舞弊行为的发生是与组织内部控制存在漏洞相关，并且总会留下一些迹象，如果内部审计人员保持合理的职业谨慎，就能够对这些漏洞或迹象保持警觉，进而可以提醒管理层采取措施预防或发现舞弊行为。

内部审计机构和人员应在以下几个方面保持职业谨慎。

（1）具有预防、识别和检查舞弊的基本知识和技能，在执行审计项目时警惕相关方面可能存在的舞弊风险。

这要求审计人员不仅具有财务知识，还需要对管理学和组织运营方面有相当程度的了解，有足够的工作经验及对任何异常现象都不放过的职业怀疑态度。

（2）根据被审计事项的重要性、复杂性以及审计成本效益性，合理关注和检查可能存在的舞弊行为。

内部审计人员所开展的日常审计工作并不是专门用来针对预防、发现和报告舞弊的，因此，只依靠日常工作程序不能保证发现所有的可能引发舞弊的内部控制漏洞或发现所有已经存在的舞弊行为，需要延伸采取必要的其他程序。由于检查和发现舞弊所需要的成本比日常审计工作大得多，组织不可能测试每一项交易业务；此外，揭示舞弊不能运用推理作为依据，而需要有明确的证据，这也增加了揭示舞弊的审计成本。因此，不可能要求审计人员对所有可能存在舞弊的疑点都保持同等的关注程度，而只能根据其可能对组织造成危害的影响程度和揭示舞弊成本等因素综合考虑，而保持合理的关注。

（3）运用适当的审计职业判断，确定审计范围和审计程序，以发现、检查和报告舞弊行为。

在内部审计中，审计人员若发现存在控制薄弱环节，需要进一步追查，以便发现可能存在的舞弊行为。在确定延伸审计程序的范围、程度等事项时，审计人员需要考虑被审计事项的重要性、复杂性和审计的成本效益等因素，并运用职业判断决定对发现、检查和报告舞弊所采取的审计范围与程序。

（4）发现舞弊迹象时，应及时报告适当的管理层，提出进一步检查的建议。

适当的管理层是指有权进行相应决策，对舞弊行为进行制止、纠正或者完善相关的内部控制制度以预防舞弊行为的管理层。内部审计人员应当在发现舞弊迹象时，及时向适当的管理层报告，并提出相应的调查、纠正和完善制度等相关建议，供管理层参考。

（三）管理层舞弊主要出于信贷资金和纳税的需要

企业为获得金融机构的信贷资金或其他供应商的商业信用，在经营业绩欠佳、财务状况恶化时必然会对会计报表进行舞弊粉饰。因为在市场经济中，金融机构出于风险考虑和自我保护的需要，都不愿将资金给亏损企业或缺乏资信企业。企业为取得银行信贷资金，必然采取虚增资产、虚减负债的办法，达到获取银行信任的目的。其主要手段有：①高估资产；②捏造收入；③少计或不计支出；④少提折旧；⑤收益性支出列为资本性支出；⑥虚拟资产、不良资产长期挂账不予转销；⑦负债转到收益或资本；⑧隐瞒亏损交易；⑨不披露资产抵押情况；⑩隐匿负债。总之给外界展示的形象是"我很有钱、很有实力"。为了公司上市、分红或特定政治目的进行的舞弊，也属于这一类型。

企业所得税是在会计利润的基础上，通过纳税调整，将会计利润调整为应纳税所得额，再乘以适用的企业所得税税率而得出的。企业基于偷税、漏税或推迟纳税等目的，往往也会舞弊粉饰会计报表。其手段主要有：①低估资产；②捏造支出；③少计、不计或推迟计列各种收入；④多提折旧；⑤资本性支出故意列为收益性支出；⑥虚拟资产、不良资产提前转销或多转销；⑦收益转为负债；⑧采用各种形式隐瞒交易利润；⑨虚增销货成本；⑩加大负债。总之给外界展示的形象是"我很穷、我很可怜"。

（四）管理层舞弊的现实需要分析

管理层的现实需要可以归纳为以下几个方面：①业绩考核；②信贷资金；③发行股票；④政绩。

纳税方面，对下列公司应保持警惕：①高速增长公司；②生命线上挣扎的公司；③新上市公司；④股权集中公司；⑤内部监控薄弱公司（独立董事与内部审计缺失等）。

（五）管理层舞弊行动三部曲（见图10-1）

对于管理层舞弊行为，可以通过传统的内部控制测试、计算、检查、观察、询问、比较、比率分析等方法进行追踪，一般是可以揭露出来的，只要审计人员敏感抓住各种舞弊特征，紧跟线索不断追查下去，必将舞弊昭然于天下。

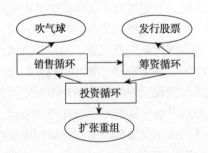

图10-1 管理层舞弊行动三部曲

除此之外，舞弊审计还有自己特有的审计方法——延伸性审计程序，即追踪舞弊的审计程序。延伸性审计程序并没有一个范围限制，它取决于审计人员的思维、想象力和组织管理当局的合作程度，只要审计人员认为必要，任何合法程序都可以成为延伸性审计程序。

（1）评价重大的非经常性交易的合理性。

（2）复核各种会计估计政策及运用情况。

（3）检查各种会计调整分录。

（4）检查各种大额往来账户的真实性和合法性。

（5）突击检查盘点实物资产以发现虚增虚减情况。

二、雇员舞弊及审计防范

（一）雇员舞弊的表现形式

（1）费用报销舞弊（个人消费公款报销）。

（2）工资薪金舞弊。

（3）挪用公司资产。

（4）出租出借账号。

（5）侵吞公司资产（截留、私分、盗窃）。

（6）私设"小金库"。

（7）商业贿赂或回扣。

（二）雇员舞弊的延伸性审计程序

（1）突击盘点两次现金，第一次盘点时舞弊者准备充分不容易发现，在出其不意的第二次盘点中，很容易发现现金的贪污盗窃行为。

（2）突击检查实物，发现短缺资产。

（3）检查大额货币资金来龙去脉的真实合法性，以发现截留、转移等现象。

（4）对客户及供应商进行调查访问，可以发现采购人员、销售人员的舞弊行为。

三、财务收支舞弊审计

（一）虚构收入舞弊审计

1. 常见舞弊手段

（1）虚假销售（无中生有）。

（2）高估销售收入（虚增金额）。

（3）提前确认收入（截止错误）。

（4）低估坏账准备，从而高估应收账款。

（5）拖延坏账注销时间。

（6）客户退回商品，在会计期末之后记录。

（7）在折扣期限内收款，未记录给客户的折扣。

2. 舞弊发现

（1）收入金额绝对值比较（以三年为限）。

（2）毛利率=（销售净额－销售成本）÷销售净额。

毛利率上升（高估收入、低估销售折扣退回，高估存货、低估购货、低估销售成本）可能发生舞弊。

（3）应收账款周转率=销售净额÷应收账款。

（4）应收账款周转期=365÷应收账款周转率，由于虚构的应收账款无法收回，所以延长了收账期。

（5）净利率=净利润÷销售净额，当发生收入舞弊时，公司在虚增收入时未能增加相应费用，从而使该指标上升。

（二）存货/销售成本的舞弊审计

1. 基本原理分析

（1）期初存货+本期购货-期末存货=销货成本。

（2）高估期末存货是实施舞弊又一好的选择，因为这样一来，不仅增加了净利润，而且也增加了资产，从而达到粉饰资产负债表的目的。

（3）收入舞弊是高估利润表上的收入与资产负债表上的应收账款，不会对下一会计期间产生影响。

（4）存货舞弊在高估了某一会计期间"期末存货"的同时，也高估了下一会计期间的"期初存货"，使得下一会计期间的净利润可能被低估。如果管理当局想在以后的会计期间继续高估净利润，就需要继续高估期末存货，而且高估的金额必须能够抵销由于上期期末存货被高估而引起的本期净利润的减少。这样一来，势必会导致存货更大金额的错报，从而使舞弊更容易被发现。

2. 常见舞弊手段

（1）不计、少计购货。

（2）推迟购货记录（截止错误）。

（3）高估购货退回。

（4）提前记录购货退回（截止错误）。

（5）未将折扣从存货成本中扣除（在折扣期限内）。

（6）低估单位销货成本。

（7）未结转销货成本。

（8）陈旧存货未注销。

（9）未计提存货跌价准备。

（10）高估存货价值、高估存货数量。

（11）记录虚购存货、存货数量与单价乘积计算错误。

3. 舞弊发现

（1）关注会计报表金额本身的变动情况。

（2）比较同行的会计报表数字。

（3）比较会计报表数字与实物资产数字。

（4）毛利率分析：当高估存货余额时，销货成本通常被低估，毛利率就会增加，表明可能发生收入舞弊或存货舞弊。

（5）存货周转率＝销货成本÷平均存货，高估存货、低估销货成本，使该比率下降。

（6）存货周转期＝365÷存货周转率，高估存货时，存货周转率下降，存货周转期延长。

（7）存货舞弊会使存货账户余额不断增加，使毛利率上升、存货周转率下降、存货周转期延长。

（8）财务指标的大小并不重要，真正应关注的是各个会计期间财务指标的变动。

（三）低估负债舞弊审计

1. 常见舞弊手段

（1）漏计、少计、推迟应付账款、各种借款和应付工资等负债。

（2）将预收款、定金确认为营业收入。

（3）未记录各种预提费用。

（4）未经授权，以公司资产抵押借款。

（5）未记录可能发生的或有负债。

2. 舞弊发现

（1）相关负债账户余额过小。

（2）与同行业进行比较分析。

（3）连续几个年度的账户余额比较，特别关注：已注销的负债、负债减计额的重大变动、本期确认的金额远远小于前期。

（4）流动比率和速动比率上升，有可能发生了舞弊。

（5）财务费用分析：财务费用＝借款平均余额×平均借款率+应付票据平均余额×平均利息率−应收票据平均余额×平均利息率−银行存款平均余额×平均存款利率。

（四）会计报表披露舞弊发现

（1）流动与长期项目的分类不正确，特别是流动负债与长期负债的分类。

（2）带有误导性的报表附注，如未披露重大事项、抵押、贴现、或有事项等。

（3）一块试金石：（净利润−经营活动现金流量）÷资产总额。该比率应当在零附近上下波动，如果该指标表现为正数且不断增大，要么公司存在财务问题，要么发生了会计报表舞弊。

（五）财务收支舞弊审计案例

案例一：中国台湾博达财务舞弊案例

1. 背景资料

博达科技最早是一家于 1991 年成立的经营计算器外设产品的贸易公司，最初规模很小，资本额为 500 万元。1996 年开始涉足砷化镓化合物生产领域，进行砷化镓磊芯片的生产。上市之前，博达就成为投资者关注的焦点，媒体纷纷报道博达未来可能成为砷化镓世界第一大厂。1999 年 12 月，博达在中国台湾证券交易所挂牌上市，刚一上市股价就迅速飙涨，短短四个月就翻了四倍多。在这期间博达不断向外界宣布营业收入创新高、获得美日大订单、涉足新领域等利好消息，2000年3月博达股价创下368元的历史天价，公司总市值也达到402亿元历史最高点，被誉为中国台湾股市的"半导体股王"。

博达科技创始人、董事长叶素菲是中国台湾颇富传奇色彩的女强人，1958年出生于东部山林一个果农家庭，淡江大学法文系毕业后，就读于比利时鲁汶大学获经济学硕士，续博时中途退学。1991年，她33岁时向客户借500万元创办博达科技，从四名员工、两台计算机开始起家，不到十年，发展到六家制造公司、四家投资公司，从一个自主创业的农家女子成长为科技女杰，成为中国台湾上市科技公司中第一位女性董事长，一度被媒体誉为"最有身价的科技女强人"、"创业女英雄"以及"最美丽的科技界CEO"等。在中国台湾女性科技富豪排名中，她的创业财富仅次于威盛电子董事长王雪红。博达案发之前，媒体有关叶素菲的生平报道大多称赞她眼光独到、有魄力、不服输。然而，在耀眼光环和美丽外表的背后，却包藏着一颗掏空博达的祸心，根据检方指控，博达上市以后，叶素菲和公司高层员工共谋在美国、中国香港、英属维尔京群岛等地虚设公司，利用虚设的公司无中生有地制造假交易、创造假业绩，虚增博达公司应收账款高达141亿元，借以粉饰公司财务报表。另外，叶素菲还利用假交易虚增应付款项，掏空博达公司70多亿元。

2004年6月15日，中国台湾上市公司博达科技无任何预警地宣布，因无法偿还即将到期的债务29.8亿元新台币（注:1美元约折合33元新台币，除标明美元外，案例中货币单位都为新台币），向台北士林地方法院申请重整。博达财务造假因此而曝光，随后又爆发了讯碟、皇统和卫道等一系列上市公司财务舞弊案，一时间整个股市人心惶惶，如何避免投资"地雷股"，成为中国台湾股市的热门话题。博达案被称为中国台湾版的安然事件，其做假手法十分隐蔽和复杂，精巧程度比起安然可谓有过之而无不及，严重冲击了中国台湾股市，引发中国台湾资本市场及相关监管制度诸多重大变革。

2. 从股王到地雷：博达事件震撼中国台湾

从2001年开始，博达股价便一路下滑，2004年6月之前博达股价基本在10~20元徘徊，申请重整消息公布后，股价急速下跌，到2004年6月23日（停止交易前一日）股价跌停至6.4元，总市值仅29.6亿元，2004年9月8日博达被终止上市。博达2004年一季度资产负债表还显示账面有巨额现金63亿元（平均到每股约13.7元），在申请重整之后，叶素菲宣称这些现金大部分投资于衍生工具（信用联结票据等），而且这些现金用途是受限制的，已经无法动用，其后很快被国外银行注销。博达申请重整案在2004年12月被士林地方法院裁定驳回，理由是博达缺乏国际竞争力、缺乏新资金注入，而且所有债权银行反对重整，博达依法进入破产清算程序，投资人和债权人损失惨重。

博达财务危机爆发后，中国台湾证券监管机构和司法机关迅速介入调查。中国台湾士林地检署于2004年6月26日依法羁押了博达董事长叶素菲，并于10月25日侦结博达案，检方以业务侵占、背信、洗钱以及违反商业会计法、证券交易法与公司法多项罪名起诉叶素菲，请求判处叶素菲20年有期徒刑（中国台湾有期徒刑的最高刑罚），并科罚金5亿元。此外，检方同时起诉了涉案的博达其他高管与一般员工。2005年12月12日，中国台湾士林地方法院做出一审判决，判处叶素菲有期徒刑14年，并科罚金1.8亿元。另外，投资者对叶素菲提起民事诉讼，求偿59亿元。

3. 数字游戏：多头交叉虚增业绩

近年来，中国台湾上市公司做假账的手法日趋"国际化"，以规避注册会计师的审查，而博达可谓是集大成者。博达被怀疑的做假手法主要是虚增营业收入、假造应收账款、捏造现金额度、套取公司现金。

自1999年起，博达陆续新增五大人头客户，虚增营业收入和利润，美化公司财务报表，严重误导投资者。博达董事长叶素菲利用公司员工的名义虚设五家人头公司（皆在英属维尔京群岛登记，实际设于中国香港），自1999年起至2004年6月止，不断制造对这些公司的虚假销售，以虚增账面营业收入和利润。为进一步使上述供虚假销售的货品可重复使用，减少虚增业绩的成本，并且应营业额虚增后博达公司进货量随之增加的需求，叶素菲指示内部管理者以人情、业务压力或支付一定利润为条件，寻找到配合虚假销售流程的七家中国台湾岛内厂商作为虚构供货商。

为使虚假销售过程顺利进行，叶素菲指派两名员工常驻中国香港，承租办公室与仓库，接收博达销售给上述五家人头客户的货物，并将这些货物重新包装后，再以上述五家人头公司的名义，回销给岛内七家配合厂商。然而这些岛内配合厂商仅负责货物的进口报关，实际上货物则由叶素菲等人委托货运公司直接由机场运抵博达新竹与三芝工厂存放。

接着，博达公司再以前述模式，将上述货物重新包装后，再度出售给中国香港的五家人头客户。博达以此方式循环销货，大幅度虚增销售收入及应收账款。为了掩盖事实、避免被察觉，叶素菲指示财务人员以博达公司支付货款给配合厂商的名义，将博达的资金汇至叶素菲所掌握的配合厂商所提供的银行账户内，再将部分款项汇给配合厂商的其他银行账户，支付它们的进口报关税金与承诺给付的报酬，其余款项汇到中国香港五家人头公司的账户内，用以清偿人头公司欠博达的货款，冲销博达账上的应收账款。

与一般财务造假相比，博达在造假时不仅虚构了信息流、资金流，还构造了真实的货物流，以达到虚构收入的目的。其特点是在虚构交易过程中，不仅伪造各种交易文件，同时还要形成货物的实际流动，缴纳运费、进出口关税，设置专门人员负责货物报关、运输、存储的管理，整个造假过程环节多、程序复杂，隐蔽性很强。同时造假成本也相当高，要实际缴纳物流过程中各个环节的费用，包括相关进出口税金与运费以及因虚增业绩所缴纳的营业税和所得税、给付配合厂商的报酬等，因而使得博达的资金大幅减少，同时检察官也发现部分款项被叶素菲挪作他用而不知去向。巨额的造假成本，加上叶素菲的掏空行为，严重损害了博达利益，资金在造假循环过程中被大量消耗，最终导致财务危机爆发。

博达虚增营业收入的另一个渠道是博达董事长利用部分员工名义，领取超额的分红配股（员工分红配股作为盈利分配，不计入薪酬费用），再将股票卖出之后，所得价款汇到国外特定公司（通常是人头公司），作为该公司向博达采购的货款，博达出货给特定厂商，创出新的订单，使博达的营业收入数字上升。

其实从博达公布的各年年报数据，也可看出博达通过人头客户虚增业绩的端倪。例如，对五大人头客户的销售占博达各年度销售收入的比例，从2001年的66.5%和2002年的

63.3%，到 2003 年度增至 75.3%。由此推论，博达为了粉饰财务报表，大幅增加对这五大客户的销售，同时各年应收账款占销售收入比例也在持续上升，尤其是到了 2003 年度应收账款占该年度销售收入达 93.9%。再如，博达 2002 年宣传砷化镓磊芯片单月营业收入创两亿元的历史新高，换算成磊芯片的出货量为两万片之多，而当时全世界一个月对砷化镓的需求量约为两万片。

4. 金融魔术：巨额银行存款如何蒸发

博达上市后从股票市场、债券市场与银行总共取得约 150 亿元的巨额资金，除了用于对外投资外（长期股权投资最高时达 45.9 亿元），其余上百亿资金流到哪里去了?2004 年一季度公司账上还有 63 亿元巨额现金，为何在博达出事后，立即被三家国外银行转销，瞬间不翼而飞?这些都是博达事发后所有投资者与主管机关想要解开的一个谜团。

5. 博达的金融魔术技巧和叶素菲"乾坤大挪移"的手法

根据地检署起诉书和中国台湾金管会博达案调查报告，不妨透视一下博达的金融魔术技巧和叶素菲"乾坤大挪移"的手法。具体来说，博达蒸发的巨额虚增外币存款（约 1.8 亿美元）涉及以下四笔财务操作。

第一，博达在菲律宾首都银行（Metropolitian Bank）的虚增存款（8500 万美元）。

博达于 2002 年间因对五大人头客户的虚假销售所产生的应收账款已经畸高，而且逾期过久，为了避免影响公司股价，叶素菲利用石姓主管的个人名义，在英属维尔京群岛设立北亚金融公司（North Asia Finance Limited，简称北亚公司），作为假造财务报表的起点。

在支付高额手续费的条件下，叶素菲代表博达公司与菲律宾首都银行签订合约，将博达公司在该银行的存款用于购买法国兴业银行香港分行所发行的信用联结票据（credit-linked notes，一种信用衍生产品，发行人利用它可将信用风险进行转移而标的资产不需转移），此信用联结票据乃联结北亚公司的信用，博达公司并不能自由动用该账户的存款，而信用联结票据交由首都银行保管。倘若博达或北亚公司发生信用违约或重整事件，菲律宾首都银行即以交付该信用联结票据给博达的方式，抵销博达的存款金额。此附加条款可保护首都银行的权利，一旦博达或北亚公司发生问题，首都银行可以不承认博达的存款。

同时，石姓主管代表北亚公司与法国兴业银行签订融资借款契约，约定于博达购买法国兴业银行所发行的信用联结票据时，北亚公司向法国兴业银行融资借得同额的款项。法国兴业银行等于是出售联结北亚公司的信用联结票据给博达，再将所得的资金贷给北亚公司，其可经由上述服务收取高额手续费，而无任何负担。

在上述契约成立之后，叶素菲与林姓董事陆续将原属博达的资金，共 8500 万美元，利用虚假销售流程，经岛内七大配合厂商，转到中国香港五大人头客户，再由这五大客户以偿还博达货款的名义（减少博达的应收账款），将资金汇入博达在菲律宾首都银行的账户内，并进一步依约购买法国兴业银行所发行的信用联结票据（联结北亚公司的信用），而北亚公司也依约向法国兴业银行借款 8500 万美元。上述契约设计使北亚公司通过法国兴业银行所发行的信用联结票据，取得博达的购买资金。

当 2004 年 6 月 15 日博达申请重整的信息公开之后，菲律宾首都银行于三日后依合约交付上述信用联结票据给博达公司，冲销博达的存款金额，使得博达 8500 万美元的存款凭空消失。

上述精密的财务操作，使得博达公司的应收账款减少，同时虚增巨额的存款，实际该笔资金已通过购买信用联结票据形式，转移到北亚公司，即叶素菲通过上述契约，挪用博达的资金，经由菲律宾首都银行与法国兴业银行，购买联结北亚公司的信用联结票据，等同将资金输送到北亚公司。而这两家外国银行仅是做资金过水的服务，通过契约条款的保障，使之在不用承担责任的情况下仍可领取高额手续费。而博达的董事长与财务人员则隐瞒了上述存款用以购买信用联结票据，亦即博达并不能动用此笔资金的事实，导致误导投资者。

但为何注册会计师向菲律宾首都银行函证存款时，仍然显示这些资金未被限制用途？笔者分析菲律宾首都银行可能是以存款主契约来回复函证，而未将副约购买信用联结票据告知注册会计师。

第二，博达在澳洲共和银行（Common wealth Bank of Australia）的虚增存款（4500 万美元）。

由于博达公司对海外人头公司的应收账款过高，且有逾期过久未收回的情形，2004 年年初注册会计师强烈要求针对这些应收账款提取足够的坏账准备。为了掩盖应收账款恶化的情况，由叶素菲指使邱姓主管以其名义，于 2004 年 1 月间在英属维尔京群岛登记设立 AIM 全球金融公司（简称 AIM 公司）。

由叶素菲代表博达公司与澳洲共和银行香港分行及其子公司澳洲 CTB 公司三方签订契约，出售博达所拥有五大人头客户的应收账款给澳洲 CTB 公司，并且约定 CTB 公司所支付的款项存入博达公司在澳洲共和银行所开立的账户。

接着由 AIM 公司的挂名负责人邱姓主管与 CTB 公司签订契约，约定 CTB 公司将上述应收账款转售给 AIM 公司之后，博达须以共和银行内的存款，认购 AIM 公司以上述应收账款担保所发行的一年期零付息票据，博达并不能自由运用该款项。通过上述设计，博达又将原本出售的应收账款买回来，然而共和银行视博达已经购买零付息票据的资金为存款，博达因此巧妙地将应收账款转变成现金科目。

博达公司连续于 2004 年 1 月至 3 月间，将所拥有的应收账款以九折出售给 CTB 公司，总共取得 4500 万美元，并存放于澳洲共和银行账户内。CTB 再将应收账款卖给 AIM 公司，而博达将全数存款用以认购 AIM 公司所发行的零付息票据。由于 AIM 公司是叶素菲所虚设的人头公司，自然无法偿还零付息票据，所以博达公司自始至终无法运用存于共和银行账户的 4500 万美元的资金。

然而博达公司却将这些不能动用的存款列于财务报表现金科目，并未载明是受限制用途的资金，欺瞒投资者。

同时上述契约也载明当博达公司发生信用违约或申请重整时，澳洲共和银行可以交付上述零付息票据给博达公司，抵销博达在该银行的存款。在博达公司申请重整之后，共和银行随即执行上述债权债务抵销协议，使博达公司 4500 万美元的存款凭空消失。

通过上述设计，博达账面虚增了巨额的外币存款，其整个操作手法从头到尾都是一场空。先是博达自己虚设人头客户，假造销货收入、创造应收账款，进而通过国外银行将应收账款卖给海外人头公司，博达再将应收账款买回。

第三，自导自演海外可转债发行（虚增4000万美元存款）。

叶素菲为解决因从事虚假销售导致资金不足的财务困境，原本打算于2003年4月发行海外可转换债券5000万美元，借以顺利筹措资金，并于8月获准发行。但由于2001年发行的国内可转债中曾有约定，博达日后的国内和海外可转债均不得为有担保之发行，使得博达在2003年9月改发行无担保海外可转债。

当时博达的财务状况已经不佳，发行条件改为无担保，将导致海外投资者的购买意愿低落，海外可转债发行未必会成功。博达董事长叶素菲于2003年10月利用邱姓主管的名义，在英属维尔京群岛设立两家人头公司，由这两家海外公司，经过博达的背书保证，向荷兰合作银行（Rabo Bank）新加坡分行借款4000万美元、菲律宾首都银行香港分行借款1000万美元。

这两家海外人头公司借得5000万美元之后，博达委托中国香港某金融机构（中国台湾某金融机构的香港地区子公司）发行海外可转换公司债，而这两家人头公司便用借来的5000万美元把博达发行的海外可转债全额吃进。博达一开始为人头公司做担保时，这两家国外银行即要求发行海外可转债所募得的资金需回存银行，因此博达将此5000万美元存回荷兰合作银行和首都银行，换取现金存单，但限制动用此存款（必须等到人头公司还钱之后，博达才能动用账上的存款）。倘若博达公司发生信用违约或申请重整，荷兰合作银行及首都银行可将对海外人头公司的债权交付博达公司，抵销博达在这两家银行的存款。

博达于2003年10月下旬完成海外可转债发行，并于11月宣布实施库藏股政策，买回两万张博达股票，促使股票涨到17.4元。博达海外可转换债的转换价格为15.08元，因此这两家人头公司在短时间内，顺利将5000万美元的海外可转换公司债全数转换为约11万张的普通股，并在市场上出售借以套取价差。这两家人头公司出售股票换取现金之后，便偿还向首都银行借的1000万美元，使得博达可以动用此资金并调回中国台湾岛内。然而这两家人头公司欠荷兰合作银行的4000万美元却未偿还，使得这4000万美元的存款从头到尾都不能动用。博达出事之后，其存放于荷兰合作银行的款项遭到冲销。

借此虚发海外可转债的做假手法，博达自导自演了整个海外可转债的发行。除从中套利高达2.6亿元之外，并将在荷兰合作银行中受限制的外币存款4000万美元，虚列为账上的现金，造成财务报表披露不实。

第四，担保海外人头公司的借款（虚增1000万美元存款）。

叶素菲利用公司员工的名义在英属维尔京群岛设立Addle公司,连续于2002年至2003年间向中国台湾一家金融控股公司海外协属公司（Grand capital公司）办理融资借款,总共借得1000万美元。同时,除由叶素菲代表博达公司签发面额1 000万美元的本票交由Grand capital 公司为上述借款担保外，未经公司董事会决议，她擅自代表公司在该金融控股公司旗下银行开立一个外币存款户,将博达公司资金1000万美元存入该账户。叶素菲并与该银行约定Addle公司还款给Grand capital公司前,博达公司不得动用该笔存款。

叶素菲还同意，当Addle公司未还款给Grand capital公司或博达公司发生信用违约事件时，博达授权银行扣取该笔存款偿还Grand capital的债务。在2004年6月15日博达申请重整信息公开后，博达的1000万美元存款即转作清偿Addle公司向Grand capital公司的借款,导致1000万美元的存款凭空消失。

经过上述交易安排,博达仍在财务报表中将1000万美元存款列为现金科目,并且未披露有止扣、限制用途的事实。因上述契约,叶素菲涉嫌挪用公司1000万美元给海外人头公司。

通过上述四笔复杂的交易安排,博达账上的1.8亿美元现金,包括菲律宾首都银行8500万美元、澳洲共和银行4500万美元、荷兰合作银行4000万元和中国台湾某银行1000万美元存款,皆为不可动用或根本不存在的现金,却虚列在报表上。

6. 案例启示

现实中,很多上市公司大股东或管理层出于利益考虑,在公司经营不景气的时候,往往会选择掩盖事实、粉饰财务报表。而造假本身的支出又进一步损害公司财务健康,加之大股东或管理层在造假同时挪用公司巨额资金,公司最终难以为继,只好将烂摊子丢出来,让投资者、债权银行及其他利益相关者承受地雷般的引爆。

地雷股不是一天形成的,不论上市公司采用什么财务操纵手法,终归会留下一些痕迹,投资者要想学会自保,远离地雷股,必须细心观察,从一些痕迹中发现财务舞弊的警讯。

以博达为例,销售集中度异常之高,且销售收入伴随巨额的应收账款,都是公司虚构收入的征兆。为何账上有63亿元现金,还需在2004年6月发行海外存托凭证来偿还将到期的可转换公司债(后来海外存托凭证停止发行)?为何2002年年底账上约有40亿元现金,还需向银团贷款17亿元?这些都是质疑现金真实性的理由。此外,博达上市后,董事会越来越内部化,几位大股东不断抛售股票,四年之内更换四位财务主管,董事、监事频频换人,财务预测频繁调整,大量员工分红配股,都是博达可能存在财务舞弊的警示信号。

当然,现在许多上市公司财务舞弊都是由掌握公司决策的大股东和最高管理层直接主导的,仅从财务报表数据有时很难判断。笔者认为,数字源于人性,研究数字之前,务必了解控制公司的大股东或管理层的人性,关注以下发现财务舞弊的警讯:首先,回归到以人性为出发点,探讨控股股东与外部股东祸福与共的程度(控股股东比率)以及对董事会掌握的程度,这些因素牵涉控股股东努力经营的诱因与掌握权力的多寡,可以说是最内层影响控股股东诚信结构的因素。其次,其他大股东是否出售股票、董事监事与财务主管中是否有多人辞职以及是否经常更换会计师和审计师,这些人是除控股股东以外最了解公司的参与者,因此这些因素可以说是第二层影响控股股东诚信结构的因素。最后,衡量控股股东的决策行为是否偏离诚信原则。例如,公司长期投资比例持续增加,设立许多投资公司,且有复杂的海外投资;公司存在许多重大异常关联交易,可能涉嫌虚增业绩与转移公司资金;控股股东有介入股市的行动,造成股价波动过大;管理当局有激进确认收入的倾向或员工分红配股的金额过高等。

第三节 贿赂舞弊与审计

一、行贿与受贿

1. 行贿形式

(1)现金贿赂。在商业活动中,行贿方将现金给付交易对方或者权力部门作为贿赂,以谋取商业利益的形式。这种贿赂有时在事前为了拉拢对方或权力部门的关键人物；有时在事中，如在采购业务中，供应商给予采购单位的负责人一定的回扣；有时在事后，即在求人办事之后作为"答谢"。

（2）非现金财产贿赂。这种贿赂目的与前者相同，只是将现金改为实物，这种方式往往更加隐蔽。比如，赠送房产与汽车、古玩与字画、银行卡与超市卡；节假日以看望朋友名义行贿实物；权力机关相关人员发生婚丧嫁娶等红白喜事时投其所好，给其各种实物形式的"好处"等。

（3）入股分红。这种贿赂方式给付的不是现金和财物，而是股份。给对方单位负责人或者其家属一定的股份，让其获得分红或者股票上涨的利得。

（4）其他贿赂。这是指除上述现金贿赂等三种方式以外的各种贿赂。例如，旅游贿赂，娱乐贿赂，打麻将故意"输钱"，为其子女、亲戚、朋友安排工作、帮助出国等。

上述贿赂形式可以用账内资金行贿，也可用账外资金行贿，即从"小金库"开支。

2. 受贿形式

（1）负债挂账，即受贿方收到现金或其他财物时，将其入账，并且作为企业的负债长期挂账。

（2）捐赠收入，受贿方将收到的现金或其他财物作为接受捐赠入账，作为单位的积累。

（3）假借赞助费、促销费、场地费、促销费、宣传费、劳务费等名义，收取对方单位或个人财物的受贿行为。

上述受贿往往是集体性质的受贿，如果是个人受贿，那么受贿资金的去向一般有以下几种：存放在家中、转移给亲戚朋友、送子女出国求学等。

二、行贿受贿的基本财务处理

（一）行贿方财务处理

现金或其他财物贿赂，一般以"销售费用"或者"管理费用"的名义进行支付、报销。入股分红，以利润分配的方式，将贿赂资金支付给受贿方，通过"利润分配"账户，将资金分离出去。

（二）受贿方财务处理

负债挂账，即将收到的贿赂资金，挂在"其他应付款"、"预收账款"等往来账户。捐赠收入，即在实际收到贿赂时，计入单位的净资产科目，比如事业单位计入"事业基金——一般基金"科目，企业计入"资本公积"科目。赞助费、促销费、场地费，即企业在采购环节、结账环节、店铺租用环节假借促销费、宣传费、劳务费等名义，将受贿资金计入"其他业务收入"科目。

行贿受贿双方账内账外表现形式如图10-2所示。

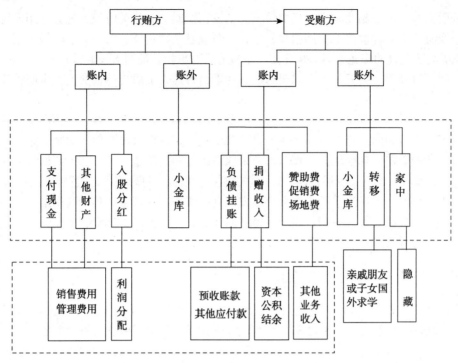

图 10-2　行贿受贿双方账内账外表现形式

三、行贿受贿自身行为的内部控制分析

在受贿行为中，有主动受贿与被动受贿之分。主动受贿其实就是索贿，自己主动要求受贿而不考虑风险，贪图金钱财物，这种受贿本章不予探讨。被动受贿是自己本意不想受贿，出于环境、人情等原因不得已而受贿，这就有一个内部控制的防范问题。行贿方在行贿时是多方位的，既要行贿高层领导中的正职与副职，也要行贿相关中层干部和具体业务经办人。表现形式如图 10-3 所示。

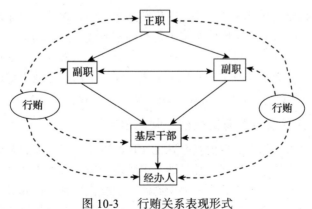

图 10-3　行贿关系表现形式

被动受贿的相关人员一定要做好相关内控防范措施，以下具体程序可以供参考：第一，严词拒收，按照法律制度办事。这一做法可能给对方的感觉是不留情面，无情无义。第二，

收到钱财后及时退回相关人员，说明情况。第三，及时上交相关组织，充分运用反腐败专用账户及时上交，并取得上交的相关凭证，以备规避法律责任。第四，平时做好相关日记账，说明受贿资金的来龙去脉，并且在可能的情况下与相关证明人一起做好平行记账工作，相互之间可以证明。第五，加强思想沟通，注重与行贿人员思想感情交流，申明大义，分析利害，劝退行贿。

行贿人在行贿过程中也有相关的内控防范措施：第一，严密防线，封锁消息，单线联系，只把行贿行为的信息控制在行贿方自己和受贿方，其他人员一般不知晓。第二，反调查措施，行贿受贿一旦被他人发现，就会采取声东击西、制造假象、销毁证据等方法，想方设法阻止调查。第三，变通行贿方式，通过旅游、借钱、打麻将等方式进行行贿活动；通过赝品进行行贿，然后让受贿人到指定地方以真品索回巨额现金，巧妙利用第三方进行行贿等。第四，推卸责任，说明行贿是不得已而为之，因为体制不健全、制度不合理，为自己的违法行为寻找理由、推卸责任。

四、审计发现贿赂的途径

不论是行贿方还是受贿方，他们对待贿赂资金的方式不外乎两种：一是记录在账内，二是在账外循环。传统的审计方法都是注重以账表凭证为基础或者主要审计对象的，对于账外的贿赂资金无法查证。因此，审计人员应该改变方法，拓宽思路，注重审计策略的运用，创造性地开展工作。通过审计发现商业贿赂的途径归纳如下。

（一）加大对相关会计科目的审计

通过前面的分析我们知道，行贿方和受贿方涉及的贿赂资金如果在账内，一般会计入"销售费用"、"管理费用"、"其他应付款"、"预收账款"、"事业基金——一般基金"、"资本公积"、"其他业务收入"等科目。因此，审计人员应该着重检查上述相关账户，通过传统的检查、观察、分析性复核、询问、账证核对、账实核对等方法来发现是否存在商业贿赂。其中分析性复核尤其重要，可以采用比例分析法、趋势分析法分析数据是否有异常。

（二）加强对账外账、"小金库"的审计

对于很多涉及贿赂的企业来说，无论是行贿还是受贿，多数不会体现在账上，总是要想方设法设置账外账或者"小金库"来解决资金的来源或者出处问题。所以审计人员必须加强对账外账、"小金库"的审计。而账外账、"小金库"的审计历来都是审计的重点与难点，这就要求审计人员摆脱传统审计的思维定式，深入了解企业的市场环境、经营环境及经营特点，以敏锐的目光、变换的视角来观察问题、分析问题，从各种联系中寻找蛛丝马迹。

（三）注重对交易双方业务的内部控制制度的审计

如果受贿方是个人，那么收取的资金就无所谓账内账外了，要想利用前两种方法开展审计工作就会显得力不从心。然而，凡是涉及了贿赂的交易肯定不会严格按照正常的程序办事，也就是行贿受贿方相关业务的内部控制制度没有执行到位，或者没有设计到位。审计人员在审计过程中，首先应结合被审计单位所处的行业和经营特点了解被审计单位的内控制度，检查其设计和执行情况。凡是设计不到位或者执行不到位的环节都很可能是商业贿赂的高发地点，应该作为审计重点。

（四）强调内查外调，拓宽审计思路

商业贿赂由于其"账外暗中"、"一对一"等特点，往往只有将账内检查与外围查证、账面检查与逻辑分析相结合，才能寻找到蛛丝马迹，从而找到突破口。审计过程中，要注重跳出账内信息，注重外围调查，充分发动群众，从被审计单位相关的往来单位发现疑点，寻找突破口。

五、贿赂舞弊审计案例

案例二：上海某银行收受贿赂审计

1. 案例介绍

2010年7月初，某银行审计部派出审计小组，对其上海分行进行例行中期审计，在审计过程中，审计小组通过分析性复核发现上海分行贷款核销的比率偏高，比全国同类金融机构高出40%左右，涉及金额达2.8亿元。审计小组认为以上情况有收受贿赂或回扣舞弊的重大嫌疑，立即将情况向总行汇报，同时提出进行舞弊检查的建议。总行对此高度重视，立即责成组成专家审计组、制订舞弊检查审计计划和审计方案，确定审计时间为7月7—12日。专家审计组由高某、陶某、温某组成，并于7月7日开始审计，编制审计工作底稿如表10-1、表10-2、表10-3、表10-4、表10-5和表10-6所示。

表10-1　收受贿赂或回扣舞弊审计程序表

单位名称：某银行上海分行		签名	日期		
项目：收受贿赂或回扣舞弊	编制人	高某	2010-07-07	索引号	1-1
截止日期：2010年6月30日	复核人	陶某	2010-07-07	页次	1
一、审计目标 　1. 确定贷款核销内部控制制度是否建立健全 　2. 审计调查贷款核销舞弊嫌疑是否属实 　3. 确定贷款核销舞弊是否构成经济犯罪 　4. 确定构成经济犯罪的涉案金额以及可能造成的经济损失					
二、审计程序				执行情况	
1. 调查、测试贷款核销管理的内部控制制度是否健全有效				已执行	
2. 对贷款核销明细表进行分析性复核，确定是否异常				已执行	
3. 如有异常，根据发现的线索深入追查				已执行	
4. 抽查原始凭证、原始文件				已执行	

表10-2　贷款核销内部控制调查表

单位名称：某银行上海分行		签名	日期		
项目：贷款核销内部控制调查	编制人	陶某	2010-07-07	索引号	1-2
截止日期：2010年6月30日	复核人	高某	2010-07-08	页次	1
调查内容			是	否	备注
1. 是否建立健全贷款核销管理制度			是		
2. 贷款核销管理体制是否适应贷款核销管理要求				否	
3. 贷款核销是否经房贷部经理审核			是		
4. 贷款核销是否经风险管理部门审核				否	

续表

单位名称：某银行上海分行		签名	日期	
5. 贷款核销是否经主管副行长审批			是	
6. 贷款核销是否经行长审批			是	
7. 贷款核销是否经风险管理部门追踪检查				否
8. 贷款合同是否建立台账			是	
9. 内部审计部门是否对贷款核销进行过审计				否

审计小结：上海分行贷款核销管理制度建立健全，但贷款核销管理体制不顺，组织机构设置不全，制度执行不力，贷款核销风险很高

表 10-3　分析性复核审计流程表

单位名称：某银行上海分行		签名	日期		
项目：分析性复核审计流程	编制人	温某	2010-07-07	索引号	2-1
截止日期：2010 年 6 月 30 日	复核人	高某	2010-07-09	页次	1
一、审计目标 确定贷款核销的舞弊嫌疑是否属实					
二、审计流程				执行情况	
1. 获得贷款核销明细表 　2. 对贷款核销明细表进行分析				已执行 已执行	

表 10-4　贷款核销明细表

单位名称：某银行上海分行		签名	日期		
项目：贷款核销明细表	编制人	陶某	2010-07-09	索引号	2-2
截止日期：2010 年 6 月 30 日	复核人	高某	2010-07-10	页次	1
审计结论或者审计查出问题摘要及其依据	专案审计组运用排序、筛选的方法，对贷款核销明细表中的贷款核销数据进行分析，列出了贷款期限 2 年以内、贷款金额 1000 万元以上的可疑客户清单，涉及金额达 2.8 亿元				
潜在风险及影响	违规贷款核销风险				
审计意见及建议	加强贷款核销管理				
复核意见	结论可以确认				

表 10-5　审计抽查流程表

单位名称：某银行上海分行		签名	日期		
项目：审计抽查流程	编制人	温某	2010-07-10	索引号	3-1
截止日期：2010 年 6 月 30 日	复核人	高某	2010-07-11	页次	1
一、审计目标 确定贷款核销的舞弊嫌疑是否属实					
二、审计流程				执行情况	
1. 审查可疑的已核销贷款人的贷款资格是否合规、业务经营是否正常、贷款核销理由是否成立				已执行	
2. 审查可疑的已核销贷款审批文件是否齐全、核销程序是否完备、审批人是否为同一人或同几人				已执行	
3. 审查可疑的已核销贷款原始文件是否有可疑之处				已执行	

表 10-6 审计抽查表

单位名称：某银行上海分行		签名	日期		
项目：审计抽查	编制人	陶某	2010-07-11	索引号	3-2
截止日期：2010 年 6 月 30 日	复核人	高某	2010-07-12	页次	1
审计结论或者审计查出问题摘要及其依据	经审查，可疑的已核销贷款人的资格符合规定，业务经营正常，但贷款核销理由比较牵强。可疑的已核销贷款经办人均为风险处孔某，审批人均为风险处处长戚某。可疑的已核销贷款均有当地法院的法律文书作为证据，经办人均为法院工作人员邹某。专案审计组到法院进一步核实，发现法院档案中并没有相关法律文书，法律文书为邹某伪造				
潜在风险及影响	违规发放个人住房按揭贷款风险				
审计意见及建议	加强个人住房按揭贷款管理				
复核意见	结论可以确认				

2. 案例介绍

（1）收受贿赂或回扣舞弊审计属于损害组织经济利益的舞弊审计。《内部审计具体准则第 6 号——舞弊的预防、检查与报告》将舞弊行为归纳为损害组织经济利益的舞弊和谋取组织经济利益的舞弊两类。损害组织经济利益的舞弊是指组织内外人员为谋取自身利益，采用欺骗等违法违规手段使组织经济利益遭受损害的不正当行为。收受贿赂或回扣属于损害组织经济利益的舞弊情形之一。在现实生活中，收受贿赂或回扣舞弊行为是一种比较常见的舞弊行为，影响极其恶劣，应作为舞弊审计的重点之一。

（2）收受贿赂或回扣舞弊具有高度的隐蔽性，在内部审计手段有限的情况下审计查处难度非常大。一般来说，收受贿赂或回扣舞弊很大一部分是通过举报发现的，也有一些是通过"红旗"标志法和分析性复核法发现的。本案例内部审计人员实施了分析性复核程序，获取并确认贷款核销的舞弊嫌疑。

（3）专案审计组实施了审计抽查程序以确认贷款核销嫌疑。这里特别要说明的是，收受贿赂或回扣舞弊的取证难度较大，在可能会造成较大损失的情况下，可以寻求司法途径解决取证难题。

六、"小金库"问题

（一）什么是"小金库"

一般认为，凡是违反法律法规及其他有关规定，应列入而未列入符合规定的单位账簿的各项资金（含有价证券）及其形成的资产，均属于"小金库"。"小金库"的存在，不仅会导致会计信息失真，扰乱市场经济秩序，造成国家财政收入和国有资产的流失，而且违背了科学发展观的要求，扭曲了市场对资源的合理配置，削弱了政府宏观调控能力，影响了经济平稳较快发展，甚至诱发和滋生腐败现象，严重败坏党风政风和社会风气。具体来讲有：违规收费、罚款及摊派设立"小金库"；用资产处置、出租收入设立"小金库"；以会议费、劳务费、培训费和咨询费等名义套取资金设立"小金库"；经营收入未纳入规定账户核算设立"小金库";虚列支出转出资金设立"小金库";以假发票等非法票据骗取资金设立"小金库";上下级单位之间相互转移资金设立"小金库"等。

(二)"小金库"的表现形式

(1)在收入方面有:截留收入转移账外、违规收入、超标准收费不入账、出租资产收入不入账、变卖资产收入不入账、下属单位上交管理费不入账、交款收入不开发票、返还收入、手续费不入账等。

(2)在支出方面有:虚报冒领(假出差、假工资、无中生有),重复报销,大头小尾票据,假发票、假业务,真发票、假业务,假发票、真业务等。

(3)已脱钩的经济实体代行行政职能,采取"一条龙"服务,"搭车"收取代办费、咨询费等。

(4)以履行部门职能为借口,投资兴建新的经济实体,用财政资金运作牟取私利,职能部门与经济实体职责不分,行政性收费与经营性收费的混淆。

(三)"小金库"的发现途径

1. 账外发现

与不同层次人员交谈发现矛盾、从文件资料发现线索(年终总结、会议纪要、目标管理责任书等)、从被审计单位的关联单位发现线索。

2. 现金突击盘点

监盘现金时,如果调整后的账面现金余额小于或大于实际库存现金,且存在较大的盘盈或盘亏,均可能是私设"小金库"所为。对于存放于保险柜的存折、存单,不管是单位户或是个人户,一般都是小金库资金。

3. 银行账户检查

银行对账单中一进一出金额相同的资金,是否进行了相应的账务处理。如果账面未做处理,基本可以认定还有其他银行账户或存在出借银行账户情况;检查银行对账单存款余额与单位存款日记账余额,如果长期不符且数额较大,应查明原因;检查"银行存款"账户摘要栏目,有无概念模糊的内容。

4. 固定资产管理与清查

处置固定资产收入与房屋出租收入,往往形成账外资产。

5. 延伸审计

检查企业组织的下属单位、工会、食堂等单位的资金运动,是否存在上级单位资金的体外循环、逃避检查等。

6. 逻辑性分析

结合被审计单位职能与工作范围、规模,对支出的逻辑性进行有效分析,如学校食堂的超市采购发票、小规模单位的大额发票现象等。

7. 往来款调查分析

债权类会计账户是否存在违反规定出借资金或对外投出资金,跟踪利息收入与投资收益去向;债权类会计账户长期挂账,是否存在资金已收回但未在账面反映,向债务人函证;债务类会计账户,是否存在属于收入性质而长期挂账等现象。

第四节　舞弊审计的方法

舞弊审计方法包括舞弊预防、检查和报告三个流程。

一、舞弊预防

舞弊预防是指采取适当行动防止舞弊的发生，或在舞弊行为发生时将其危害控制在最低限度以内。

由于各类舞弊行为总是带有故意欺骗的特征，造成了组织的内部控制失效，如果没有及时制止，可能会使这些舞弊行为蔓延，给组织带来重大的损失。因此，舞弊行为不论其涉及金额的大小，在性质上都应被认为是严重的。组织应当建立健全有效的内部控制，预防舞弊行为的发生。

（一）舞弊预防的主要途径

建立健全组织的内部控制并使之得以有效实施是预防舞弊的主要途径。有效的内部控制通过职责分离、监督性检查、双重控制、合理性校验、完整性校验和正确性校验等各种控制手段，可以减少舞弊行为发生的机会。因此，建立健全有效的内部控制，是预防舞弊的主要途径。

但是，应当注意到，即使是有效的内部控制，也有可能因为人员的串通等各种因素而失效。因此，还需要有舞弊的检查、报告等措施，对确实发生的舞弊行为进行追查、报告，将可能的损失降低到最低限度。

（二）内部审计人员在工作中应关注的方面

内部审计人员在审查和评价内部控制时，应当关注以下主要内容以协助组织预防舞弊。
（1）组织目标的可行性。
（2）控制意识和态度的科学性。
（3）员工行为规范的合理性和有效性。
（4）经营活动授权制度的适当性。
（5）风险管理机制的有效性。
（6）管理信息系统的有效性。
上述内容是内部控制中与舞弊预防密切相关的要点。

组织目标设置不当，超越了执行人的能力范围，反而会对执行人产生不当的压力，使执行人可能会为达到目标而采取各种手段，甚至包括舞弊。因此，组织的目标应当充分考虑组织的客观环境与实际情况，设置得当，使执行者通过努力可以达到。

组织控制意识和态度是否正确、科学决定了组织能否设计出符合组织实际情况、有效的内部控制。员工行为规范对员工的行为直接起到了指导和规范的作用，行为规范是否合理、有效将决定员工的各种行为是否会与组织目标相一致。经营活动授权制度是对各种舞弊行为最为直接的监控手段，各种职责的分离、授权，确保了各个层次的执行人难以滥用职权，做出超越权限的指令，限制了舞弊行为发生的机会，同时也限制了舞弊行为确实发生时的损失程度。

风险管理机制是组织用于应对、消除面临的各种风险的解决方法和策略。因此其有效性对于最大限度地消除风险、减少风险带来的损失，具有重要的意义。

组织的管理信息系统不仅处理组织内部的信息，同时也处理外部的信息。信息在组织内部的交流与沟通，可以使员工更好地完成其职责。同时，管理信息系统对信息的收集与整理也使得员工的工作得到了一定的监督和约束，可以有效地降低舞弊行为发生的机会。

内部审计人员应当对上述几个要点加以关注，并对可能存在的缺陷及时进行反映，以完善组织的内部控制。

（三）可能导致舞弊发生的情形

除内部控制的固有局限外，还应考虑可能会导致舞弊发生的下列情况。

（1）管理人员品质不佳。

（2）管理人员遭受异常压力。

（3）经营活动中存在异常交易事项。

（4）组织内部个人利益、局部利益和整体利益存在较大冲突。

（5）内部审计机构在审计中难以获取充分、相关、可靠的证据。

由于内部控制的固有局限性，内部控制不可能防范所有的舞弊。上述情形的存在更容易促使舞弊者利用内部控制的固有限制，绕开内部控制进行舞弊。舞弊者在组织中所处位置越高，越容易绕开内部控制实施舞弊，或者更容易掩盖舞弊行为，审计人员应对此保持警惕。

内部审计人员应关注内部控制运行的有效性及其可能存在的风险高发点。由于舞弊的方式多种多样，可能存在着本章未列举到的易于进行舞弊的控制薄弱环节。在进行内部控制审计时，为了发现舞弊线索，内部审计人员需要进行风险分析，对每一控制要点的审计都考虑以下因素。

（1）组织现有条件招致重大违法行为的风险。

（2）组织内拥有权力和责任的个人或集体，出于某种原因或动机从事违法活动的可能性。

（3）组织内拥有权力和责任的个人或集体工作态度或道德观念有问题，以致进行违法活动的可能性。

在正常情况下，内部审计机构在审计过程中应取得充分、相关和可靠的审计证据，如果不能取得与审计相关部门的支持与配合，则难以取得符合上述要求的审计证据。审计部门应尽可能取得被审计部门等相关机构的理解与支持，若被审计部门等相关机构在没有合理解释的情况下，依然抵触内部审计机构的工作，审计人员应对此保持警惕，考虑其中隐含舞弊的可能性。

（四）对发现舞弊迹象的处理

内部审计人员应根据审查和评价内部控制时发现的舞弊迹象或从其他来源获取的信息，考虑可能发生的舞弊行为的性质，向组织适当管理层报告，同时就需要实施的舞弊检查提出建议。

内部审计人员应当在日常工作过程中对可能存在的舞弊保持警惕，当审计人员发现舞弊的迹象时，就应报告适当的管理层，使后者能尽快采取措施，遏制舞弊造成的影响。报告的形式可以是口头报告，也可以是书面报告，无论审计人员的报告结果如何，其在做出报告时，都应有合理的证据支持。

二、舞弊检查

（一）舞弊的检查及其实施者

舞弊检查是指实施必要的检查程序，以确定舞弊迹象所显示的舞弊行为是否已经发生。

遏制舞弊是组织管理层的责任，决定是否进行舞弊的检查及如何进行舞弊的检查也同样是组织管理层的责任。内部审计人员的责任是协助管理层完成这一责任。

舞弊的检查通常由内部审计人员、专业的舞弊调查人员、法律顾问及其他专家实施。在某些情况下，由内部审计人员负责检查舞弊可能更为有效，但针对舞弊的检查与内部审计人员日常工作内容毕竟不相同，因此，往往还需要其他专业人士的共同努力才能完成检查舞弊的工作。

（二）内部审计人员检查舞弊的工作要点

内部审计人员舞弊检查的要求有以下几个方面。

（1）评估舞弊涉及的范围及复杂程度，避免对可能涉及舞弊的人员提供信息或被其所提供的信息误导。由于舞弊者通常会消除舞弊痕迹，或者破坏、篡改记录，提供虚假的信息，以及舞弊时往往伴随着相关内部控制被破坏，因此，在常规审计中可以信任的审计证据，或同样条件下取得的可靠审计证据，在舞弊检查中就可能存在着不足以信任或不可靠情形，审计人员应对此保持警觉，以获取可靠的审计证据。

（2）对参与舞弊检查人员的资格、技能和独立性进行评估。通常，在舞弊检查工作中所面临的工作内容往往比较复杂，时间要求紧迫，因此，对内部审计人员的技能要求也高于日常审计工作，需要经验丰富的人员，以应对复杂的局面。在一般性内部审计工作中强调独立性，在舞弊检查中特别强调独立性，除了与前者有相同的要求外，特别强调审计人员应尽可能排除个人偏见和先入为主的思维模式。

（3）设计适当的舞弊检查程序，以确定舞弊者、舞弊程度、舞弊手段及舞弊原因。舞弊检查的工作程序与常规审计不同，它可能需要专门技术与专业人员的支持，针对已经发现的舞弊线索，采取特殊的审计程序与方法，属于发现性工作。例如在日常审计工作中，审计人员寻求整体的合理性、有效性，则舞弊检查中除了从整体的分析中查找线索外，更侧重于微观的、细节的合理性。在舞弊检查中需要对经济利益流出和流入组织的环节特别注意，重点突出那些容易受到舞弊袭击的资产。

（4）在舞弊检查过程中与组织适当管理层、专业舞弊调查人员、法律顾问及其他专家保持必要的沟通。在舞弊检查过程中，人员的配置往往无法事先预测，因为随着检查所发现的内容不同，要求马上跟进检查的方面也不同。审计人员应与参与检查舞弊的各个方面和人员保持有效的沟通，利用其他专业人士的经验与能力，使检查工作能达到效果。

（5）保持应有的职业谨慎，以避免损害相关组织或人员的合法权益。在舞弊审计中，审计人员应对法律知识有所了解，以免由于采取了不恰当的审计程序或方法，损害相关组织和人员的合法权益，使自己处于不利的地位。

（三）舞弊检查结束后的工作内容

在舞弊检查工作结束后，内部审计人员应评价查明的事实，以满足下列要求。
（1）确定强化内部控制的措施。
（2）设计适当程序，对组织未来检查类似舞弊行为提供指导。
（3）使内部审计人员了解、熟悉相关的舞弊迹象特征。

内部审计的工作不仅是具有监督和评价的功能，更重要的是应当对组织的建设起到促进作用，即内部审计工作应具有指导性。确定强化内部控制的措施和设计适当程序，为组织未来检查类似舞弊行为提供指导就体现了内部审计的这一作用。同时，通过对检查过程中所了解的舞弊迹象特征的总结，使内部审计人员在工作过程中不断地自我完善。

三、舞弊报告

（一）舞弊的报告方式

舞弊报告是指内部审计人员以书面或口头形式向适当管理层报告舞弊预防、检查的情况及结果。

由于舞弊检查具有机密性，因此舞弊的报告提交对象应是适当的管理层，通常向组织的高级管理层或董事会报告，报告的层次至少应比舞弊涉及层次高一级。舞弊的报告形式可以是口头，也可以是书面；可以在检查工作结束后提交，也可以在检查工作进行过程中提交。采取口头报告和在检查过程中进行报告的目的是为了及时让适当管理层知晓目前所发现的情况，以便其决定是否采取和采取什么措施来遏制舞弊行为。而在完成舞弊检查工作后，应提交正式的书面报告。

（二）需要向适当管理层报告的情形

发现舞弊是一个渐进的过程，由线索引起而逐渐地深入。审计人员在发现舞弊线索或需要适当管理层采取措施时，就应及时向后者报告，报告的形式可以是口头报告，也可以是书面报告。

在舞弊检查过程中，出现下列情况时，内部审计人员应及时向适当管理层报告。
（1）可以合理确信舞弊已经发生，并需深入调查。
（2）舞弊行为已导致对外披露的财务报表严重失实。
（3）发现犯罪线索，并获得应当移送司法机关处理的证据。

内部审计机构的工作是检查舞弊，其本身没有权力对如何处置舞弊行为做出决策，因此当确信舞弊已经发生或舞弊行为已导致对外披露的财务报表严重失实时，审计人员需要通报适当管理层，使其决定是否需要采取进一步的措施。内部审计人员应和适当的管理层讨论所发现的舞弊行为，由后者决定是否向外部权力机构通报所发现的问题。此时，审计人员的责任范围将扩大到对组织内部适当管理层负责。

（三）完成舞弊检查后的审计报告

审计人员在完成舞弊检查后，应提交书面报告。内部审计人员完成必要的舞弊检查程序后，应从舞弊行为的性质和金额两方面考虑其严重程度，出具相应的审计报告。

（1）报告的内容应包括：舞弊行为的性质、涉及人员、舞弊手段及原因、检查结论、处理意见、提出的建议及纠正措施。内部审计人员在完成舞弊检查工作后提交的报告中，应体现检查的过程及审计人员的专业判断，不仅阐明舞弊的成因、责任人、性质，还应提出改进的建议和纠正措施，后者体现了内部审计机构的建设性，也是为了实现组织利益的最大化。

（2）从成本效益原则考虑，内部审计人员对不同性质和金额的舞弊行为的处理应不同。性质轻且金额小的舞弊行为，对组织造成的危害较小，可以不特别指出，一并纳入常规审计报告；对性质严重或金额较大的舞弊行为，为引起管理层足够的重视，应单独出具专项审计报告。如果该舞弊行为涉及公众利益，对公众有重大影响或十分敏感，即该行为极可能引发法律后果，则应当取得法律专业人士的帮助。

需要强调说明的是，对舞弊性质和金额的判断同等重要，即使某些金额较小但性质严重的舞弊行为也应被重视。决定采取何种方式报告舞弊检查结果时，需要运用内部审计人员的职业判断。

一、银广厦舞弊案例

（一）案例介绍

银广厦的前身为1992年成立的广厦（银川）磁技术有限公司。

1994年1月28日，"广厦（银川）实业股份有限公司"宣告成立。同年6月17日，"银广厦A"在深圳证券交易所上市交易。

公司经营范围：高新技术产品的开发、生产、销售；天然物产的开发、加工、销售；动植物的养殖、种植、加工、销售；食品、日用化工产品、酒的开发、生产、销售；房地产的开发、餐饮、客房服务、经济信息以及咨询服务。

银广厦事件是由《财经》杂志一纸捅破天窗的。《财经》杂志2001年8月发表封面文章《银广厦陷阱》，揭露深圳股票交易所上市公司银广厦1999年度、2000年度的业绩绝大部分来自造假。

经中国证监会查证，银广厦（银川）实业股份有限公司通过伪造销售合同、伪造出口报关单、虚开增值税专用发票、伪造免税文件和伪造金融票据等手段，虚构主营业务收入，虚构巨额利润，1998—2000年虚构利润分别为1176万元、17 782万元和56 704万元，共计76 262万元。中天勤会计师事务所担任银广厦公司1999年至2000年度会计报表审计业务，为其出具了严重失实的无保留意见的审计报告。由于上述问题严重损害了广大投资者的合法权益和证券市场公开、公平、公正原则，财政部对该案所涉及的会计师事务所和注册会计师依法进行处罚；吊销签字注册会计师的注册会计师资格；吊销中天勤会计师事务所的执业资格，并会同证监会吊销其证券、期货相关业务许可证，同时将追究中天勤会计师事务所负责人的责任。

（二）银广厦的造假流程

银广厦财务报告陷阱设置过程可以用"赤裸裸"三个字形容。在被指控造假的1999年和2000年两年,先任天津广厦(天津广厦旗下的二氧化碳萃取业务提供了两年间银广厦几乎全部的报表利润)财务总监升任董事长的董博自称银广厦董事、财务总监、总会计师兼董事局秘书丁功民指示操作了财务造假。而身为银广厦董事局副主席兼总裁的李有强承认董博所言属实,天津广厦的账都是假的。

1999年11月,董博接到了丁功民的电话,要求他将每股的利润做到0.80元。董博便进行了相应的计算,得出天津广厦公司需要制造多少利润,进而根据这一利润,计算出天津广厦需要多大的产量、多少的销售量以及购多少原材料等数据。

1999年的财务造假从购入原材料开始。董博虚构了北京瑞杰商贸有限公司、北京市京通商贸有限公司、北京市东风实用技术研究所等单位,让这几家单位作为天津广厦的原材料提供方,虚假购入萃取产品原材料蛋黄粉、姜、桂皮、产品包装桶等物,并到黑市上购买了发票、汇款单、银行进账单等票据,从而伪造了这几家单位的销售发票和天津广厦发往这几家单位的银行汇款单。

有了原材料的购入,也便有了产品的售出,董博伪造了总价值5610万马克(约2.2亿元人民币)的货物出口报关单四份、德国捷高公司北京办事处支付的金额5400万元出口产品货物银行进账单三份。为完善造假过程,董博又指使时任天津广厦萃取有限公司总经理的阎金岱伪造萃取产品生产记录,于是,阎金岱便指使天津广厦职工伪造了萃取产品虚假原料入库单、班组生产记录、产品出库单等。

最后,董博虚构天津广厦萃取产品出口收入23 898.60万元。后该虚假的年度财务报表经深圳中天勤会计师事务所审计后,并入银广厦公司年报。当年,银广厦公司向社会发布的虚假净利润高达12 778.66万元。银广厦虚构了巨额的出口销售,主要客户是德国诚信公司,而德国诚信公司的货款进账单都是伪造的。

次年,财务造假行动继续进行,只是此次已不再需要虚构原材料供货方。据董博称,依旧是接受丁功民的指示,伪造了虚假出口销售合同、银行汇款单、销售发票、出口报关单及德国诚信贸易公司支付的货款进账单,同时同样指使天津广厦职工伪造了虚假财务凭据。

结果,2000年天津广厦共虚造萃取产品出口收入72 400万元,虚假年度财务报表由深圳中天勤会计师事务所审计,注册会计师刘加荣、徐林文签署无保留意见后,向社会发布虚假净利润41 764.643 1万元。

2001年年初,为进一步完善造假程序,董博虚报销售收入,从天津市北辰区国税局领购增值税专用发票500份。除向正常销售单位开具外,董博指使天津广厦公司职员傅树通以天津广厦公司名义向天津禾源公司(系天津广厦公司萃取产品总经销)虚开290份增值税专用发票,价税合计22 145.659 4万元,涉及税款3764.761 9万元,后以销售货款没有全部回笼为由,仅向北辰区国税局缴纳"税款"500万元。2001年5月,为中期利润分红,银广厦总裁李有强以购买设备为由,向上海金尔顿投资公司借款1.5亿元打入天津禾源公司,又交银广厦。

(三) 处理结果

法院以提供虚假财会报告罪分别判处原银川广夏董事局副主席兼总裁李有强、原银川广夏董事兼财务总监兼总会计师丁功民、原天津广夏副董事长兼总经理阎金岱有期徒刑二年零六个月,并处罚金3万元至8万元;以出具证明文件重大失实罪分别判处被告人深圳中天勤会计师事务所合伙人刘加荣、徐林文有期徒刑二年零六个月、二年零三个月,并各处罚金 3 万元。

二、蓝田公司舞弊案例

（一）背景资料

蓝田股份 2000 年年报显示，公司主营业务收入的 98%来自农副水产品收入和饮料收入。农副水产品主要指的是桂鱼、鲤鱼、草鱼等淡水鱼类，中华鳖、青虾以及莲子、莲藕、菱角、茭白、莼菜等水生植物。饮料则是出现在各个广告媒体上的野莲汁、野藕汁、蓝田矿泉水等。

在蓝田走向成功的路上，留下了很多"动人"的故事。

白捡的"第一桶金"。洪湖盛产一种淡水龙虾，当地人不吃，蓝田以极低价格收购来。每六斤活虾出一斤冰虾仁，冰虾仁的出口价为 20 元/斤。而整个成本仅靠虾壳等副产品加工后的饲料销售收入就可全部抵销，20 元是纯利。

一只鸭子=两台彩电。蓝田所产的鸭子品种为"青壳一号"，只需散养在洪湖里，吃小鱼和草根，而且一只鸭子一年产蛋高达 300 多只（比普通鸭子高出一倍以上）。同时鸭蛋个大味美，价格奇高（有报道称每只鸭蛋的纯利为 0.4 元）。原公司董事长瞿兆玉曾骄傲地说，蓝田"一只鸭子一年的利润相当于生产两台彩电"。

亩产三万元。蓝田股份与中科院水生物科学研究院所共建的农业产业化科技示范基地，通过对渔场的改造，将传统单一的粗放养殖变为名特优新品种的立体养殖"水面有鸭，水里有鱼，水下有藕"，形成一条自给自足的生物链。据瞿兆玉称，一亩水面一年的产值可以达到三万元。

诸如此类的故事在蓝田还有很多。可以说，农业行业的许多"新概念"都被蓝田发挥到了极致，许多企业还在探索中的产业化方式在蓝田已经被运用得"驾轻就熟"。

（二）蓝田的问题

蓝田的业绩神话虽然"美丽"，但却并不"完美"。

蓝田股份 2001 年中报显示，截至今年上半年，公司未分配利润高达 11.4 亿元。但也正是在公司"业绩增长"最快的近三年间，蓝田股份却捂紧钱包，只在 2001 年 6 月进行过一次每 10 股派 1.6 元的分红。钱究竟到哪里去了？在投资者的纷纷质疑下，蓝田股份发布"中期报告补充说明"并指出，"11.4 亿元的未分配利润大部分已转为在建工程和固定资产"。

蓝田股份每年十几亿元的收入大多化为固定资产。如果这是真的，这至少也是不正常的现象。与工业企业不同，农业企业对厂房和设备的要求与依赖程度相对较低。

蓝田股份财务报告的一个与众不同之处是应收账款奇低。公司 2000 年的主营业务收入为 18.4 亿元，但当期的应收账款却只有区区 857.2 万元。蓝田股份对此的解释颇具"地方特色"：由于公司基地地处瞿家湾，"占公司产品 70%的水产品在养殖基地现场成交"。其中上门提货的客户主要是个体户，而当地银行没有开通全国联行业务，银行电汇和银行汇票结算要"绕道 70 公里到洪湖市"，而通过银行专邮到公司在瞿家湾的开户行，时间需要 3~7 天，因此"钱货两清"成为惯例。有业内人士指出，水产品的销售方式虽然会因地域不同各有差异，但通过代理中间商销售是一个必不可少的途径。与个体鱼贩直接"一对一"的销售不可能成为主要方式，尤其在水产品交易量如此之大的蓝田股份。但让人仍不免感到蹊跷的是，一个现金流量如此丰富的地区除了一个小小的农业银行储蓄所外，竟然没有其他任何一家银行在此驻足。

蓝田股份固定资产占资产的百分比高于同业平均值一倍多。

蓝田股份所处的农业和农产品加工行业具有特殊性，资产折旧没有固定的标准而且无法盘点。蓝田股份的高收益含有水分，虚构的利润只能变成固定资产"扔到水里去"。

在与中国蓝田总公司的关联交易上，蓝田股份似乎总在占便宜。公司公告称，野藕汁、野莲汁、红心鸭蛋等产品在中央电视台第一套节目黄金时间的广告，以及公交车、路牌等广告的费用均由中国蓝田总公司支付，而且蓝田股份也没有承诺在未来支付该费用。

蓝田股份长时间占用中国蓝田总公司等关联方的巨额资金，以2000年中报为例，关联方其他应付款余额2.22亿元，其中向湖北洪湖蓝田经济技术开发总公司借款2884万元，其余均为向中国蓝田总公司及其子公司的借款，仅向中国蓝田总公司的借款就达1.93亿元。

蓝田股份上市后的业绩几乎年年翻番增长，公司1996年至1999年的净利润分别为5927万元、14 262万元、36 259万元、51 303万元，直到2000年才有所下降，净利润为43 163万元。其业绩神话主要来自鱼塘效益。2000年上半年，公司总经理瞿兆玉称：洪湖有100万亩水面可以开发，蓝田股份现在只开发了30万亩，而高产值的特种养殖鱼塘只有1万亩，这种精养鱼塘每亩产值可达3万元，是粗放经营的10倍。2000年上市的武昌鱼股份有限公司的招股说明书显示，公司有6.5万亩鱼塘，养殖收入每年五六千万元，单亩产值不足1000元。同样在湖北养鱼，蓝田股份"粗放经营"的养殖业绩是武昌鱼的三倍，"精养鱼塘"更是高达30倍，其可信度颇让人怀疑。

要求：说明审计人员在进行舞弊审计的时候应该注意的问题。

参考文献

[1] 鲍国明,刘力云. 现代内部审计[M]. 中国时代经济出版社,2014.
[2] 陈伟龙. 审计工作底稿[J]. 中国注册会计师,2007(2):56-58.
[3] 初得玲. 对审计档案资料收集整理的几点建议[J]. 山东审计,1998(9):27.
[4] 崔青华. 企业后续审计问题浅析[J]. 现代商业,2013(2):204.
[5] 冯思其. 项目审计计划的作用及编制要求[J]. 广东审计,2000(3):39-40.
[6] 黄蕾. 试析内部审计实施方案的作用及编制应注意的问题[J]. 中国市场,2011(31):76-77.
[7] 黄乔语,时现. 国际内部审计现状与发展启示——基于IIA"2010全球内部审计调查"实证数据的视角[J]. 中国内部审计,2014(12):34-40.
[8] 黄贤东. 论内部审计计划[J]. 科技情报开发与经济,2005,15(6):117-118.
[9] 贾文勤. 实质性测试的类型及其运用[J]. 中国审计,2002(5):65-66.
[10] 姜非. 企业内部审计程序探析[J]. 经济技术协作信息,2009(5):8.
[11] 阚京华. 后SOX法案时代公司内部治理和内部审计变革[J]. 中国内部审计,2014(6):12-17.
[12] 阚士梅,李淑娟. 编制审计方案应把握的原则[J]. 山东审计,2003(7):13.
[13] 李宣. 对实施后续审计工作的几点思考[J]. 经营管理者,2014(21):36.
[14] 李宗彦,章之旺. 内部审计研究:1998—2012——基于SSCI、CSSCI的文献分析[J]. 会计与经济研究,2014(2):52-64.
[15] 刘德运. 内部审计帮助企业增加价值——一个框架[J]. 审计研究,2014(5):108-112.
[16] 刘社兵. 编制内部审计报告要点探析[J]. 科技经济市场,2007(3):9.
[17] 聂俊. 如何编制审计实施方案[J]. 中州审计,2001(6):10.
[18] 苏丽. 内部审计初始成长之路——以建投控股公司内部审计模式转型为例[J]. 中国内部审计,2014(12):10-13.
[19] 孙鹏,杨蓉. 浅议内部审计报告的编制[J]. 投资与合作:学术版,2014(9):136.
[20] 孙卫东. 审计项目计划管理之我见[J]. 理论纵横,2006(12):20-21.
[21] 万志鹏. 如何与被审计单位沟通[J]. 审计文摘,2007(12):56.
[22] 王兵,鲍国明. 国有企业内部审计实践与发展经验[J]. 审计研究,2013(2):76-81.
[23] 王兵,刘力云,鲍国明. 内部审计未来展望[J]. 审计研究,2013(5):106-112.
[24] 王晏. 提高内部审计质量的对策研究[J]. 山西财经大学学报,2014(S1):109.
[25] 王艳华. 浅析内部审计报告的基本模式[J]. 现代商业,2010(15):221.
[26] 文光伟,等. 后续审计的理论与应用[J]. 审计研究,2004(1):40-43.
[27] 肖博蓉. 审计项目计划编制与执行过程控制[J]. 审计文摘,2008(3):74-75.
[28] 熊成湘. 关于内部审计通知书的几个问题[J]. 新会计,2012(4):67.
[29] 阳承姣. 内部审计报告常见问题和质量提升措施[J]. 时代金融,2013(6):25,29.
[30] 杨利勤. 内部审计监督缺位与财务舞弊研究——基于广东新大地的案例分析[J]. 中国内部审计,2014(7):28-30.
[31] 杨荣美. 试论审计计划[J]. 会计之友,2006(4):41-42.
[32] 姚敏. 审计过程中与被审计单位的沟通[J]. 审计文摘,2009(9):85-86.
[33] 张庆龙. 我国企业内部审计职业通用胜任能力框架设计研究——基于问卷调查的分析[J]. 会

计研究，2013（1）：84-91，96.
[34] 张庆龙. 中国内部审计发展中的几个现实问题思考[J]. 会计之友，2014（3）：4-9.
[35] 张薇. 符合性测试与实质性测试原理在审计中的运用[J]. 财会研究，2002（8）：59-60.
[36] 郑萍. 关于内部审计的后续审计[J]. 广东技术师范学院学报，2005（1）：35-37.
[37] 中国内部审计协会. 内部审计实务标准——专业实务框架[M]. 北京：中国时代经济出版社，2005.
[38] 中国内部审计协会. 中国内部审计规范[M]. 北京：中国时代经济出版社，2005.
[39] 《中国内部审计准则释义》编写组. 中国内部审计准则释义[M]. 中国时代经济出版社，2014.
[40] 朱国传. 如何整理与分析审计证据[J]. 中国内部审计，2005（7）：65-66.
[41] 邹来江. 怎样管理审计档案[J]. 农村财务会计，2015（1）：19-20.

教师服务

感谢您选用清华大学出版社的教材！为了更好地服务教学，我们为授课教师提供本书的教学辅助资源，以及本学科重点教材信息。请您扫码获取。

》 教辅获取

本书教辅资源，授课教师扫码获取

》 样书赠送

会计学类重点教材，教师扫码获取样书

 清华大学出版社

E-mail: tupfuwu@163.com
电话: 010-83470332 / 83470142
地址: 北京市海淀区双清路学研大厦 B 座 509

网址: https://www.tup.com.cn/
传真: 8610-83470107
邮编: 100084